国际教育前沿丛书

刘宝存 主编

博洛尼亚进程中的
欧洲学生流动研究

张 惠 著

山西出版传媒集团 山西教育出版社

图书在版编目（CIP）数据

博洛尼亚进程中的欧洲学生流动研究 / 张惠著. —
太原 ：山西教育出版社，2019. 1
（国际教育前沿丛书 / 刘宝存主编）
ISBN 978 - 7 - 5703 - 0301 - 4

Ⅰ. ①博… Ⅱ. ①张… Ⅲ. ①高等学校—学校—人员
流动—研究—欧洲 Ⅳ. ①G645. 5

中国版本图书馆 CIP 数据核字（2018）第 296663 号

博洛尼亚进程中的欧洲学生流动研究
BOLUONIYA JINCHENGZHONG DE OUZHOU XUESHENG LIUDONG YANJIU

责任编辑 陈旭伟
复　　审 郭志强
终　　审 杨　文
装帧设计 薛　菲
印装监制 蔡　洁

出　　版 山西出版传媒集团 · 山西教育出版社
（太原市水西门街馒头巷 7 号 电话：0351 - 4729801 邮编：030002）
印　　装 山西康全印刷有限公司
开　　本 720 mm × 1020 mm 1/16
印　　张 13. 5
字　　数 218 千字
版　　次 2020 年 11 月第 1 版 2020 年 11 月山西第 1 次印刷
书　　号 ISBN 978 - 7 - 5703 - 0301 - 4
定　　价 40. 00 元

总　序

一

当今世界正处在大发展大变革大调整时期，主要表现为以下四个方面。一是国际竞争的加剧。在冷战结束以后，世界格局发生了重大变化，世界各国都在调整国家目标，力图在急剧变化的世界中为自己定位。各国为了实现国家目标，在新世纪的国际竞争中取得战略有利地位，纷纷把教育改革作为国家整体战略的一部分，作为提高民族素质、增强国际竞争力的战略举措。二是知识经济的发展。世界经济的发展经历了农业经济和工业经济之后，正在进入知识经济阶段。与建立在土地和人口基础上的农业经济、建立在资本和资源基础上的工业经济不同，知识经济是建立在知识和信息的生产、分配和使用基础之上的经济。在知识经济时代，知识、技术和信息成为推动经济发展最重要的因素。知识、技术和信息发展靠创新、靠人才，归根结底要靠教育。因此，教育成为各国应对知识经济挑战的首要途径。三是全球化进程的深入。在经济全球化的影响下，世界各国在政治、经济、文化、教育和社会生活等方面的联系、影响、依赖程度不断增强。全球化同时也加剧了国家之间、地区之间乃至学校之间的竞争，世界各国都把创建世界一流的学校、提升教育的全球竞争力作为战略目标。四是信息技术和人工智能的挑战。信息技术和人工智能的发展正改变着我们的生活方式、工作方式、学习方式、思维方式、价值观念及其物质载体，也为教育的改革与发展提供了更为广阔的空间。国际社会大变革把教育推向社会经济发展舞台的中心，优先发展教育、深化教育改革成为世界性的运动，而提高教育质量、促进教育公平则是这场教育改革运动的主旋律。

如果从历史的角度来考察，20世纪80年代以来世界范围的教育改革，不仅是对当代世界政治、经济、科学技术和文化的大发展、大变革、大调整所带来的挑战的应对，也是基于教育自身发展和改革的需要。纵观风云变幻的20世纪，世界教育经历了前所未有的挑战和改革。20世纪30年代，工业化、城市化所推动的社会全面变革引发了以进步主义教育运动为标志的世界性教育改革运动。进步主义教育直接向传统教育宣战，强调把儿童的兴趣作为教育的出发点，重视职业教育、工业教育、科学教育，倡导以解决问题为核心的教学方法，注重培养学生的合作精神和社会责任感。进步主义教育改革运动使人们反思传统与变革、人文与科学、社会与个人之间的关系，并尝试建立一种新的平衡，但并没有取得预期的效果。20世纪五六十年代，在科技进步、经济发展、民主运动、人口剧增和冷战加剧等因素的推动下，以1957年苏联人造卫星的发射为导火线，爆发了新一轮世界性的教育运动。世界各国开始重新审视一度给教育带来一缕新风的进步主义教育思想及其改革运动，结构主义、要素主义教育理论逐渐取代进步主义教育理论取得支配地位，促进中等教育的普及化和高等教育的大众化，改革基础教育课程和教学方法，加强大学的科技人才培养和科学研究，成为国际社会教育改革的主旋律。特别是人力资本理论和终身教育思想的提出，使教育的地位空前提高，改变了人们的价值观念。这一轮的教育改革因70年代的经济萧条戛然而止。因此，20世纪80年代以来的世界教育运动是上一轮教育改革运动在新的社会经济背景下的发展。在中小学教育实现了普及化、高等教育实现了大众化甚至普及化的背景下，世界教育改革的主旋律变成了促进公平、提高质量，也就是为每一个人提供高质量的教育。在新的社会经济背景下，世界各国纷纷把教育放在优先发展的战略地位，打造世界一流的教育体系，确立以培养创新人才为核心的培养目标，改革课程体系和教学模式，加强教育与社会生活的联系，提高教师的待遇和专业化水平，建构终身教育体系，推进教育信息化、教育国际化进程，建立更加灵活、高效的管理机制。与以前的局部改革不同，这是一场关于教育的全面改革，涉及从学前教育到高等教育、从课程教学到管理体制等教育的方方面面；与以前阶段性的教育改革不同，这更是一场长期的教育改革，已经持续30多年的教育改革仍呈方兴未艾之势。

二

自改革开放以来，中国社会发生了翻天覆地的变化。改革开放40年的经济快速增长，使中国从一个经济处于崩溃边缘的穷国一跃而成为世界第二大经济体，人民生活水平大幅度提高，综合国力不断增强。同时，中国也从一个传统社会转变为现代社会，在经济、社会、政治方面实现转型，工业化、城镇化、民主化进程不断加快。经过40年的改革开放，我国社会经济发展进入新阶段。我国面临着国际社会大变革和国内各种社会经济问题凸显的双重压力，既处于新的改革发展战略机遇期，也处于改革的攻坚期和“深水区”。正如《国家中长期教育改革与发展规划纲要（2010—2020年）》所总结的，“我国正处在改革发展的关键阶段，经济建设、政治建设、文化建设、社会建设以及生态文明建设全面推进，工业化、信息化、城镇化、市场化、国际化深入发展，人口、资源、环境压力日益加大，经济发展方式加快转变”。党的十九大明确提出实现社会主义现代化和中华民族伟大复兴，要在全面建成小康社会的基础上分两步走，在21世纪中叶建成富强民主文明和谐美丽的社会主义现代化强国。从现在到2020年，是全面建成小康社会决胜期。要按照党的十六大、十七大、十八大提出的全面建成小康社会的各项要求，紧扣我国社会主要矛盾变化，统筹推进经济建设、政治建设、文化建设、社会建设、生态文明建设，坚定实施科教兴国战略、人才强国战略、创新驱动发展战略、乡村振兴战略、区域协调发展战略、可持续发展战略、军民融合发展战略，突出抓重点、补短板、强弱项，特别是要坚决打好防范化解重大风险、精准脱贫、污染防治的攻坚战，使全面建成小康社会得到人民认可、经得起历史检验。综合分析国际国内形势和我国发展条件，从2020年到21世纪中叶分两个阶段来安排。第一个阶段，从2020年到2035年，在全面建成小康社会的基础上，再奋斗15年，基本实现社会主义现代化。第二个阶段，从2035年到21世纪中叶，在基本实现现代化的基础上，再奋斗15年，把我国建成富强民主文明和谐美丽的社会主义现代化强国。这一系列战略目标的实现，意味着中国社会将迎来更大的变革，意味着一个真正强大国家的崛起，也意味着我们必须重新审视我国教育，探讨教育如何适应国家战略的调整，积极改革创新，为国家整体战略服务。

与国际社会的教育改革大势相一致，中国教育以1985年《中共中央关于教育体制改革的决定》为标志开始了前所未有的全面改革。在新的世纪，面对新问题、新矛盾、新挑战，我国在2010年颁布了《国家中长期教育改革与发展规划纲要（2010—2020年）》，对中国教育的发展提出了新的要求：加快从教育大国向教育强国、从人力资源大国向人力资源强国迈进；到2020年，基本实现教育现代化，基本形成学习型社会，进入人力资源强国行列，办出具有中国特色、世界水平的现代教育。教育规划纲要的颁布，宣告了我国新一轮教育改革运动的开始，我国教育进入大改革、大发展、大变化时期。党的十九大报告把建设教育强国作为中华民族伟大复兴的基础工程，要求必须把教育事业放在优先位置，深化教育改革，加快教育现代化，办好人民满意的教育。无论是当前的社会变革还是教育变革，在我国历史上都没有现成的经验可以借鉴，必须从国际社会寻找可供借鉴的理论、经验和发展路径，并在此基础上实现教育理论创新、实践创新和制度创新。一方面，我国教育科学虽然已经有了很长的历史，但是对于教育改革与发展中的许多问题仍然没有一致的认识。因此，当前我国教育研究特别是比较教育研究的一个重要使命就是围绕世界和我国教育改革与发展的重大理论、政策和实践前沿问题开展研究，探索教育发展的规律，把握国际教育发展的趋势，为我国教育改革与发展提供理论支撑。另一方面，在经过40年的改革开放之后，我国教育改革已经进入“深水区”和攻坚阶段，在我国历史上既没有相应的经验可以借鉴，也不可能完全依靠“摸着石头过河”去探索未知的领域。因此，我们必须把视野扩大到国际社会，研究世界各国教育改革与发展的基本理念、政策措施、得失成败，研究世界教育改革发展的基本脉络和发展趋势，尤其是针对我国教育改革发展中的重大问题和紧迫问题，在世界范围内寻求相应的经验，特别是研究发达国家已经走过的道路和经验教训，并根据我国实际探索适合我国国情的政策措施。

三

北京师范大学国际与比较教育研究院创立于1961年，是中华人民共和国成立后设立最早的国际与比较教育研究机构。1981年，被国务院学位委员会批准为比较教育学专业全国第一批硕士学位授权点。1983年，被国务院学位委员会批准为比较教育学专业全国第一批博士学位授权点。1988年，被国家教委（现教育部）确定为国家重点学科，是比较教育领域中唯一的国家重点学科。1999年12月，成为第一批入选教育部普通高等学校人文社会科学重点研究基地的15家科研机构之一，是比较教育学科唯一的重点研究基地。2011年秋季，招收第一届全英文教学国际硕士研究生，开创了我国比较教育学专业国际硕士教育的先河。2012年，与奥地利、德国、芬兰等国大学联合开设“欧盟伊拉斯谟高等教育研究与创新”硕士项目，这是我国高校第一次以全面合作伙伴身份参与“伊拉斯谟”项目的招生、教学和管理工作。2012年，入选教育部国别区域问题研究基地，成为教育部国际教育研究中心之一。2013年，在成功举办全英文教学国际硕士项目的基础上，全英文教学国际博士项目顺利招生，成为我国比较教育学专业乃至教育学科第一个开设国际博士教育项目的机构。2017年，加入教育部高校高端智库联盟，成为教育领域首批入选的两家智库之一。

北京师范大学国际与比较教育研究院的基本使命是：1. 围绕世界和我国教育改革与发展的重大理论、政策和实践前沿问题开展研究，探索教育发展的规律，把握国际教育发展的趋势，为我国教育改革与发展提供理论支撑；2. 为文化教育部门和相关部门培养具有国际视野、通晓国际规则、能够参与国际事务和国际竞争的高层次国际化人才；3. 积极开展教育政策研究与咨询服务工作，为中央和地方政府的重大教育决策提供智力支撑，为区域教育创新和各级各类学校的改革试验提供咨询服务；4. 积极开展国际文化教育交流与合作，引进和传播国际先进理念和教育经验，把我国教育改革发展的先进经验和教育研究的新发现推向世界，成为中外文化教育交流的桥梁和平台。

经过50多年的发展，北京师范大学国际与比较教育研究院已经成为我国规模最大、语种最全的国际与比较教育研究机构，语种涵盖英语、俄语、法语、德语、日语、朝鲜语、葡萄牙语、西班牙语等世界主要语种，研究对象包括美国、英国、法国、德国、俄罗斯、日本、韩国、印度、澳大利亚、加拿大、新加坡、芬兰等国家以及联合国教科文组织、世界银行、联合国儿童基金会、欧盟、经济合作与发展组织、亚太经济合作组织等国际组织，研究领域包括比较教育的理论与方法、基础教育比较、高等教育比较、教育政策与管理比较、教育思想比较、文化与教育发展比较、国际教育等比较教育研究的主要领域。

50多年来，北京师范大学国际与比较教育研究院一直是我国国际与比较教育研究的重镇。该院以“立足中国，放眼世界”为指导思想，根据我国社会主义现代化建设和教育改革发展的需要，积极承担起国家重大教育研究任务，取得了一大批高水平的研究成果。这套《国际教育前沿丛书》就是近年该院承担的部分国家级和省部级科研项目的研究成果，我们衷心希望这套丛书的出版能够帮助读者了解国际教育改革与发展的前沿，为我国教育改革与发展提供一些借鉴与启示。

北京师范大学把《国际教育前沿丛书》列为“985工程”重点项目予以支持，山西教育出版社在丛书编辑和出版过程中给予了很大支持，在此特别表示感谢。

刘宝存

2018年2月于北京

序

跨境高等教育是当今国际教育发展的主要趋势之一。在过去的20多年间，全球化将地球变为联系更加紧密且相互依存的“世界”的同时，也将“跨境教育”和“无疆界教育”引入了历史舞台。在信息和通信技术、市场经济和贸易自由化，以及不断加速的国际流动等多种力量的共同作用下，高等教育在国际市场中扮演着越来越重要的角色。而在全球化的作用下，跨境流动和区域化之于高等教育的重要性逐渐凸显，区域及国家间的跨境合作持续升温。据《2016年教育概览》显示，在2005—2012年间，全球高等教育领域国际学生的注册率增长了50%。2012年，全球中等教育后阶段的国际学生总数超过450万人，比1975年的5倍还多。与此同时，在区域经济、地理位置、地缘政治、文化纽带等多重作用下，国际学生更趋向于在本地区相邻或相近国家学习，这使得区域就近流动的趋势逐渐加强。欧盟、北美自由贸易区、亚太经济合作组织、东盟等区域经济合作组织纷纷开展了本区域内的学生流动计划，对本区域内的跨境学生流动有着显著影响。据统计，2013年，经济合作与发展组织（OECD）的国家中，19%的国际学生来自相邻国家，捷克、爱沙尼亚、日本、韩国、卢森堡、波兰、斯洛伐克等经济合作与发展组织国家以及俄罗斯、中国等国有60%以上的国际学生来自相邻国家。

而就世界范围内的学生流动总趋势来看，我国目前仍是最主要的学生输出国。2016年是中国加入世界贸易组织（WTO）的第15个年头，随着全球化程度的日益加深和中国经济的持续发展，出国留学持续升温。事实上，从留学输出地区上看，亚洲仍是世界上最大的国际学生生源地区，2015年亚洲生源占全球国际学生的53%；其次是欧洲（占比为23%）和非洲（占比为12%）。从留学输入地区上看，欧洲仍是接收国际学生最多的地区，其次是北美洲。在欧洲的国际学生占全球国际学生的比例为48%，北美洲占比为21%，亚洲占比为18%。就我国而言，2016年出国留学人数为54.45万人，较2012年增长14.49万人，增幅为36.26%；回国人员总数为43.25万人，较2012年增长15.96万人。其中留学回国与出国留学人数“逆差”逐渐缩小。在地域分布方面，我国出国留学人员留学目的国相对集中。2016年我国90%的留学人员赴美国、英国、澳大利亚等十国，其中赴英语国家的留学人员将近80%。

跨境学生流动之于我国高端人才储备、科技创新及社会发展的重要意义，使其成为当前党和国家高度关注的问题。而如何在扩大留学规模的同时，提升我国在国际留学市场中的吸纳能力，以及吸引出国留学人才归国是当前我国的关注重点。因为，吸引学生来华留学是发挥大国影响、传播中国文化、树立中国形象、推动世界认同的奠基工程，也是引进优质教育资源、提升整体国民素质、建设教育强国、实现“两个一百年”奋斗目标和实现中华民族伟大复兴的战略举措，是实现国家利益和国家安全的重要投资。为此，2010年9月，教育部根据国际学生流动的趋势特点以及我国高等学校的容纳能力，出台了《留学中国计划》，开启了我国从教育资源大国迈向教育强国、从人力资源大国迈向人力资源强国的征程，并提出“到2020年使我国成为亚洲最大的留学目的地国家，来华留学生人数达到50万人次”的目标。2016年，中共中央办公厅、国务院办公厅印发了《关于做好新时期教育对外开放工作的若干意见》，紧密对接《中国制造2025》，要求各地区各部门结合实际认真贯彻完善教育对外开放布局，加强与大国、周边国家、发展中国家、多边组织的务实合作，办出具有中国特色、具有世界水平的现代教育，加强与国际组织合作及国际问题研究。教育部出台的《国家中长期教育改革和发展规划纲要（2010—2020年）》中也提出，要加强国际交流与合作，开展多层次、宽领域的教育交流与合作，吸引海外优秀留学人员回国服务，广泛开展国际合作和教育服务，积极参与双边、多边和全球性、区域性教育合作。在留学经费投入方面，我国也在服务国家战略的基础上，不断加大国家政府奖学金投入，引领来华留学向高层次、高质量发展。根据教育部最新统计数据显示，2016年，共有来自183个国家的49 022名学生享受中国政府奖学金在华学习，占在华生总数的11%，相比2012年增加了70%。2016年“一带一路”沿线国家奖学金生占比为61%，比2012年提高了8.4个百分点，成为国家战略人才和人脉储备的重要渠道。获奖学金学生中，硕博研究生比例高达69%，相比2012年占比增加了12个百分点。

面对这种国际形势与时代挑战，如何在汲取国外教育经验的基础上，形成我国的教育对外开放策略是当务之急。目前，中国已经成为世界第二大经济体，在教育领域方面成绩斐然，这为来华留学事业提供了前所未有的发展机遇。但与此同时，来华留学大潮也对我国留学教育工作提出了严峻挑战。例如，如何处理好规模与质量的关系，如何实现国际及区域间学分及学历的互认与衔接，如何改革与完善专业课程设置，如何建立来华留学生教育的评估制度等。我很高兴看到青年学者张惠所著《博洛尼亚进程中的欧洲学生流动研究》一书，正是基于欧洲区域高等教育改革与区域教育资源整合的问题，以学生流动为切入点，深入系统剖析了自“博洛尼亚进程”实施以来，欧洲在推动区域学生流动、制定学生流动推进政策以及具体实施学生流动战略过程中的经验与教训。这对我们了解当前世界范围内跨境学生流动的发展现状、深刻认识跨境学生流动中存在的障碍、把握学生流动中可能采取的措施及可能避免的问题，提供了有益的借鉴。我希望有更多的学者对跨境教育、学生流动等方面进行研究，也期待有更多的研究成果问世。

是为序。

刘宝存

2017年4月于北京师范大学

目录

导 论

第一节 研究缘起与研究问题

一、研究缘起

随着第三次科技革命以及经济全球化时代的到来，高等教育全球化得到了空前繁荣的发展，全球跨境学生流动成为全球高等教育的主要趋势。欧洲作为“大学”的发源地，第二次世界大战前一直是世界学术的中心，有着灿烂的高等教育发展史，曾吸引着世界各地的学生前去求学。第二次世界大战后，欧洲作为“世界高等教育中心”的地位发生动摇，并逐渐被美国所取代。面对当前日趋白热化的高等教育市场竞争，欧洲在高等教育领域实施了一场前所未有的改革——博洛尼亚进程，作为欧洲高等教育一体化过程中的重要阶段，其产生和发展与20世纪后半叶世界高等教育发展形势、欧洲的社会形势以及冷战后欧洲政治、经济、文化的一体化发展有着深刻联系。而欧洲学生流动，作为博洛尼亚进程的重要目标之一，体现着欧洲社会变革过程中欧洲社会对人才提出的新的要求，也是解决欧洲社会发展过程中诸多问题并促进当前欧洲社会变革的重要措施。

跨境高等教育是经济全球化发展的必然结果。随着高等教育全球化的深入发展，跨境教育发展迅猛，尤其是高等教育领域。特别是在世界贸易组织将教育服务列入贸易范畴之后，巨大的商业利益刺激着教育在全球范围内的发展，教育作为一种国际商品，在国际贸易服务中越来越被视为一种重要产业与新经济增长点。与此同时，国际间的区域高等教育合作与往来也空前频繁，并在一系列国际组织（联合国教科文组织[①]、世界银行、经济合作与发展组织[②]等）和区域性组织（欧盟、亚太经济合作组织等）的推动下迅速发展。

（一）跨境学生流动是第二次世界大战后高等教育发展的主要趋势

20世纪以来，特别是第二次世界大战后，随着经济全球化的发展以及高等教育国际化进程的不断加快，全球跨境学生流动出现了史无前例的增长高峰。全球跨境学生流动的人数之多、规模之巨、影响之大前所未有，并呈逐年上升的趋势。根据联合国教科文组织对世界留学生统计的数据显示，1980年全世界留学生总数约为91万人，经过十年的急剧上涨，1990年增加到117万人，1997年则达到了130万人。根据经济合作与发展组织2007年的世界留学生统计报告显示，2004年世界范围内高等教育留学生总数已超过270万人，其中欧美诸国，主要是英国、美国、法国、德国等国家接受的学生超过跨境流动学生总量的50%。[③]联合国教科文组织的统计显示，自2000年以来，全球的留学生人数增长了75%，2009年世界上有343万跨境学习的外国学生，大约是1980年的三倍多（如图1），据预测2025年将达到720万人。

① 联合国教科文组织（UNESCO），是联合国教育、科学及文化组织的简称。该组织于1946年11月4日成立，总部设在法国巴黎。其宗旨是增进教育、科学及文化方面的合作，以促进对全人类不分种族、性别、语言或宗教均得享受的人权与基本自由的普遍尊重，对和平与安全作出贡献。

② 经济合作与发展组织（OECD），简称经合组织，是西方国家政府间的经济联合组织，旨在稳定会员国的财政金融，促进经济增长，提高人民生活水平和扩大贸易等。该组织成立于1961年，目前成员国总数37个，总部设在法国巴黎。

③ SAHLBERG, P. Education Reform for Raising Economic Competitiveness[J]. Journal of Education al Change, 2006, 7(4):259-287.

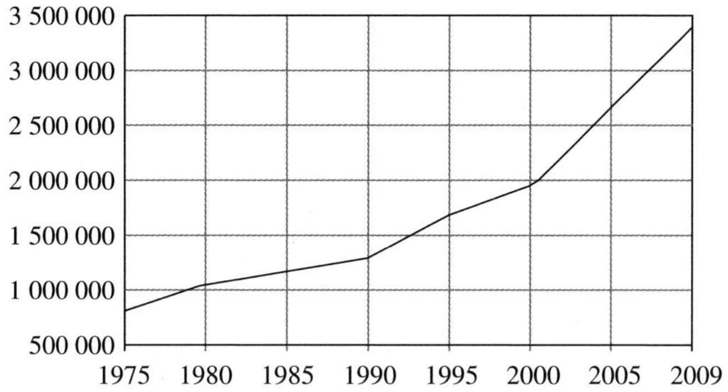

图1　1975—2009年国际跨境流动学生数量增长趋势（人/年）

资料来源：张惠.全球化背景下跨境高等教育的发展动因与趋势[J].继续教育研究,2013(03):8-12.

在对“世界大学排名”的权威发布机构——英国高等教育研究机构QS①发布的“2012年世界大学排名”进行研究后，专家们一致认为，学生国际流动性正呈逐年加强的趋势。“全球跨境学生正在呈指数增长，寻求世界一流大学成为众多跨境流动学生的目标，总体而言，全球学生的流动趋势正在势不可当地崛起。”QS的学术顾问约翰·奥里亚这样表示。②跨境学生流动已成为推动各国高等教育现代化前进的重要手段，是推动整个社会发展的重要环节，其流动目的已不是单纯地为了追求和传播知识，而是以吸纳他国的教育理念和经验、科技文化成果以及教育制度形式等为目的。

而在全球跨境学生流动中，尤以高等教育领域的学生流动的增长最为突出。根据经济合作与发展组织2016年的调查统计显示，2014年全球高等教育注册入学的总学生人数的6%是国际学生。其中国际学生占本国学生总人数比率最高的国家是列支敦士登（44%），其次是新西兰、澳大利亚、英国和瑞士。在硕士和博士学历阶段，国际学生数量最

① QS世界大学排名（英语：QS World University Rankings，简称QS rankings），为QS（Quacquarelli Symonds）组织所发表的年度世界大学排名。排名包括主要的世界大学综合排名及学科排名。QS一开始是和泰晤士高等教育组织合作，两者从2004年起每年都联合发表泰晤士高等教育-QS世界大学排名。随后在2009年正式宣布解散，并在2010年开始推出各自的排名。泰晤士高等教育组织修改了排名准则，QS则继续采用固有的标准。

② 大学排名显示全球学生流动性增强[J].国际人才交流，2012(10):7.

庞大的是美国（26%），其次是英国（15%）、法国（10%）、德国（10%）和澳大利亚（8%）。

世界范围内的学生流动方向大致是从东向西、从南向北，最大的国际学生接收国依次是美国、英国、德国、法国、澳大利亚。经济合作与发展组织指出，欧美发达国家仍然是世界学生流动的主要目的国，而新兴工业化国家和发展中国家则是主要的学生输出国，形成这种流动趋势的原因是：发达国家因其政治、经济地位，在高新技术和知识方面有着明显优势，因而能够具备较强的高等教育质量和科研培训能力，拥有世界一流大学的数量较多；而新兴的工业化国家和发展中国家为达到提升本国经济实力的目的，不断缩小与经济发达国家之间的差距，在留学生政策上，便更倾向于鼓励本国学生到经济发达的国家或地区进行跨境学习。这种世界范围内的学生流动，不仅促进了高等教育国际化的发展，同时也加剧了各国间的人才竞争。

从20世纪50年代的“欧洲煤钢共同体”到60年代的“欧洲共同体”，再到90年代的“欧洲联盟”，欧洲一体化进程沿着从经济、政治一体化逐步向社会深层次发展的路径不断前行。欧洲高等教育一体化通常被看作欧洲政治、经济一体化功能性“外溢”的后果，在欧洲社会整合的过程中发挥着重要的作用。“博洛尼亚进程”作为一项融合与构建“欧洲高等教育区”的教育改革行动，在欧洲一体化进程中扮演着非常关键的角色，对建立一个具有内部凝聚力的、富有竞争力的、向世界开放的欧洲发挥着至关重要的作用。而博洛尼亚进程作为欧洲一体化进程中至关重要的高等教育改革行动，其核心与关键便是学生流动。事实上，1999年欧洲29国高等教育的部长们齐聚意大利，共同签署了《博洛尼亚宣言》，正式宣称要在2010年建成“欧洲高等教育区（EHEA）”，“将欧洲高等教育一体化全面纳入制度化建设”，2003年《柏林公报》则进一步确认“实现欧洲区域内学生、学者和管理人员的流动是欧洲高等教育区建设的根本目标”。博洛尼亚进程中的重要的学术流动项目——“伊拉斯谟学生流动计划”目前已吸引了200多万名大学生参与了跨境流动，其规模和世界影响力还在持续扩大中。

（二）目前我国已成为国际留学生输出大国

21世纪以来，经济全球化的发展、中国加入世贸组织（WTO）以及中国经济形势的好转，为中国学生的跨境流动提供了坚实的物质基础与便利的平台，越来越多的中国学生选择出国留学深造。随着我国经济的快速发展、对外开放的逐步深入以及中国家庭对于教育的重视，留学生数量逐年攀升，其增长速度堪称惊人，目前已成为世界第一留学生输出国。根据我国教育部公布的数据显示，1978—2015年，我国各类出国留学人数多达404.21万人。这期间，留学人数在1979年、1985年、1992年和2001年达到同时期的最高峰。自2007年起，我国出国留学人数出现"井喷式"增长。2007—2011年间，我国出国留学人数连续四年增长比例均超过20%。2011年我国出国留学人数已达到34万人，占当年全球留学生总数的14%。2012年出国留学人数增加到39.9万人，较2011年增加了5.9万人，同比增长超过17%，再次刷新历史最高纪录，中国继续稳坐"全球最大留学生输出国"的宝座。[①] 2015年我国出国留学人数增至52.37万人（其中国家及单位公派留学人数约为4.2万人，自费留学人数约为48.2万人），同比增长13.9%，年度留学人数首次突破50万人。2005—2015年，我国留学生人数复合增长率为16%。《中国留学发展报告(2016)》指出，2015年，中国在海外留学的学生达到126万人，约占国际留学生总数的25%，每四个国际留学生中就有一个是中国人。中国留学生数量占美国、加拿大两国留学生总人数的比例均超过30%。[②]

（三）区域性跨境教育合作已引起了我国相关部门的高度重视

1. 亚太地区经济快速发展对学生流动的呼唤

亚太地区经济快速发展和"金砖四国"的崛起均深刻地改变了21世纪的国际关系格局，强力影响各国教育的发展。而随着亚太区域合作的深入发展，各个领域的亚太合作组织带动了亚洲地区区域高等教育的蓬勃发展。例如，亚太经济合作组织[③]、东南亚国家联盟[④]、亚太议会论

---

① 中国教育在线 . 2013 年出国留学趋势报告［EB/OL］.［2017-4-10］. http://www.eol.cn/html/lx/baogao2013/page1.shtml.

② 王辉耀，苗绿 . 中国留学发展报告（2016）［M］. 北京：社科院社科文献出版社，2016: 5-10.

③ 亚太经济合作组织（Asia-Pacific Economic Cooperation，缩写 APEC）是亚洲及太平洋地区的经济合作组织。该组织于 1989 年 11 月成立。旨在促进亚太地区经济发展，扩大经济交往，发展和加强开放性多边贸易体制，减少区域内贸易壁垒。

④ 东南亚国家联盟（Association of Southeast Asian Nations，缩写 ASEAN），简称东盟。东南亚国家的区域性合作组织。它强调"发展互相间政治、经济和军事合作关系"。东盟的前身是马来亚（现马来西亚）、菲律宾和泰国于 1961 年 7 月 31 日在曼谷成立的东南亚联盟，1967 年 8 月 8 日在泰国曼谷正式成立。

坛、博鳌亚洲论坛等，这些组织在加强国际区域经济合作以及促进亚洲区域经济发展和共同繁荣中做出了突出贡献，为建设一个更加强劲而富有活力的区域开展了一系列的活动，这不仅显示出亚太地区在区域合作中日益重视同周边国家的交流与往来，也为其开展更多领域、更为广泛的合作打下了坚实基础。亚太地区区域合作的迅速发展迫切呼唤着教育以及高等教育领域的更深层次的合作与交流。

2. 近年来我国区域性高等教育合作互动更加频繁

据统计，在过去的几年，中国赴东南亚国家联盟（以下简称东盟）国家的留学生数量稳步增长，从2008年的6.8万人增长至2010年的8.2万人，年平均增长数为6960人；东盟国家来华留学生人数从2008年的3.5万人增长到2010年的4.9万人，平均每年增长7420人。为进一步扩大我国与东盟国家的教育交流与合作，2010年我国举办了第三届“中国东盟教育交流周”，这次会议决定，在中国和东盟之间开展双边交流的学生流动项目——“双十万学生流动计划”。该计划的目标是，在2020年实现中国到东盟的留学生人数以及东盟来华留学生总数均达到10万人左右。为实现这一目标，国家留学基金管理委员会将提供专项奖学金进行扶持，向更多的中国本科生、研究生提供资助和信息服务，使他们能够有机会到东盟国家进行学习和研究；并更加重视中国与东盟高等教育机构的课程开发，以及开展学分、学历、学位互认工作。而为进一步推动“双十万学生流动计划”的落实，我国也建议东盟教育委员会拨出专门经费，用于资助学生在中国与东盟间的流动学习，并鼓励东盟各国支持或鼓励企业单位和相关机构组织设立奖学金，并在相关协议的基础上，增加各类为流动学生提供的奖学金项目的名额，不断扩大学生交流规模。

为增强东亚地区大学间的学生流动，中、日、韩三国教育部代表经过多次磋商，成立了由政府、大学、评估机构、产业界代表组成的“中日韩大学交流合作促进委员会”，共同研究大学交流、高等教育质量保障以及学分互换等问题。2010年4月，三国委员会代表在日本东京举行会议，宣布实施“Campus Asia”（亚洲大学生交流集体行动计划）。该计划的主要目的是促进东亚三国大学间的交流合作，特别是大学生流动的项目，此外也包括改进大学教育质量，并完善大学制度中的相关细节。例如，各国大学间相互承认学生的课程及学分目标等。作为该计划的组织者之一，日本大学理事会主席佑一郎介绍说：“组织者希望，来自政府的支持以及可能的财政支援能够扩大这种趋势，我们希望使整个亚洲变成一个大校园，‘亚洲大学生集体行动计划’最终将惠及中、日、韩之外的亚洲其他国家”。中国教育部学位与研究生教育发展中心主任吴博达也指出，新的行动计划将借鉴欧洲的“伊拉斯谟计划”的经验。但他同时也表示，任何欧洲的经验都必须首先适应亚洲区域不同的文化环境。①

为建立欧亚之间更加紧密的联系，2002年欧盟发起欧亚连接计划，在教育方面与亚洲实现连接。此计划为期5年，目的在于为亚洲国家和欧盟国家高等教育机构的合作提供资金和技术支持。截至2005年，欧盟已经进行了4次项目招标活动，收到近千个项目建议，近4500个高等教育机构参与了项目申请与践行。这些项目对欧盟和亚洲高等教育领域有一定影响。

2010年12月10日，中、日、韩大学交流合作促进委员会第二次会议在中国北京举行。会议通过了《中日韩大学交流“亚洲校园”计划框架》和《中日韩有质量保障的大学交流合作指导意见》，这两个文件作为亚洲大学生流动计划的指导性文件明确指出了三国政府、大学、评估机构、产业界等在大学交流项目中的职责和使命，同时会议就其中一些已经实施了的试点项目达成了多项共识。

2011年5月，来自32个欧亚国家的148名部长以及高级官员齐聚马来西亚吉隆坡，举行了“第四届亚欧教育部长级会议”，会议希望加强亚洲和欧洲之间教育领域的友好合作与往来，加快发展“亚欧教育合作战略”。本届会议的核心议题是：“加强亚欧国家高等教育机构间的学历相互认可度，增进亚欧间学生流动的平衡性。”主要内容有：高等教育质量保障、联合学位及课程培养、学历与学分互认、技术创新合作、职业培训课程以及短期交流，把实践性的技能和理念纳入学生职业生涯规划教育和“终身教育”的环节中；促进亚欧国家间学生流动和信息资源共享，鼓励亚欧会议的成员国增加联合学位、短期交流项目的数量。根据之前几届亚欧教育会议的相关评估报告显示，到欧洲进行脱产学习的亚洲学生数量是到亚洲进行脱产学习的欧洲学生数量的15倍。对于欧亚之间的学生流动情况，马来西亚高等教育部部长阿卜杜勒·穆罕默德努

① 中国学位与研究生教育信息网．亚洲校园计划[EB/OL].（2011-7-14）[2017-4-10]. http://www.chinadegrees.cn/yzhzbxxm/yzxyjh/273837.shtml.

尔说："欧亚间学分与学历的认可度较低是欧亚国家学生流动的最大障碍，因此，要实现亚欧学生的平衡流动、缓解亚洲'只出不进'的困局，其关键是使双方高等教育系统间的学分与学历能够相互承认，尤其是要有利于吸引更多欧洲学生来亚洲学习。在高等教育全球化的市场竞争中，只有欧亚双方加强合作与创新，才能迎接来自学生流动、知识创新以及教育质量提高等多重挑战。"

（四）个人的欧洲留学经历

作者在法国巴黎攻读硕士学位期间对欧洲高等教育的深刻体悟，以及欧洲学生流动相关的见闻，是创作本书的动机。作为一名到欧洲求学的东方留学生，对待东方人眼中的欧洲高等教育有着更加客观的研究态度，对待因东西方思维差异与文化差异所导致的相关的研究差异也有着深刻的认识与感悟，对欧洲高等教育体制的利弊也有着更加客观的认识。例如，在留学期间，我目睹了身边的许多欧洲朋友直接或间接参与到了博洛尼亚进程相关的学生流动项目中，如"伊拉斯谟计划"，以及因流动而对他们的生活和学习产生的多重影响，这些都极大地帮助我更加客观地认识学生流动在欧洲的发展境况以及人们对其所持态度，从而使本书有了更为坚实的实践基础。回国后，我所从事的高等教育研究工作，又使我全面反思了我国高等教育实践以及与发达国家高等教育系统之间的差距，更激发了我对于欧洲高等教育改革以及学生流动研究的思考。

二、研究问题

本书的研究问题主要聚焦于：欧洲学生流动经历了什么样的发展历史？博洛尼亚进程中欧洲学生流动是在哪些动力的驱动下形成并发展起来的？博洛尼亚进程中欧洲学生流动的政策是如何运作的？博洛尼亚进程中欧洲学生流动目前进展如何？取得了哪些成效？博洛尼亚进程中的欧洲学生流动又受到来自哪些方面的阻力？博洛尼亚进程中欧洲学生流动的未来发展趋势是什么？这又对我国有何种启示？

第二节 文献综述与研究意义

一、文献综述

博洛尼亚进程中的学生流动的研究兴起于1999年博洛尼亚进程开启后。经过十余年的发展，其相关领域的学术积累越来越丰富。总体看来，其研究者绝大多数集中在欧洲国家，其余的则分布在美洲、澳洲、亚洲和非洲等地区。研究领域主要集中在欧洲学生流动政策研究、欧洲学生流动现状与成效研究、欧洲学生流动动因研究、欧洲学生流动制度研究、欧洲学生流动障碍研究等。研究视角以政治学、经济学、社会学研究视角为主。研究方法以“描述性研究”“经验总结”“调查研究”“比较研究”“统计分析”为主，以“理论思辨”“历史研究”“个案研究”“跨学科研究”为辅。

（一）博洛尼亚进程中学生流动研究的主要领域

对博洛尼亚进程中欧洲学生流动的研究中，学者所关注的问题主要集中在以下几个方面：

1. 欧洲学生流动政策研究

唐·怀斯特海登、埃里克·比金斯等人在2008年的荷兰特屯大学高等教育政策研究中心的报告《博洛尼亚进程独立评估——欧洲高等教育区的第一个十年的工作》中详细陈述了欧洲委员会对博洛尼亚进程中课程改革、流动性、质量保证、资格框架、认证等领域进行的总体评估研究，并得出结论：总体而言，欧洲高等教育区范围内的国家与十年前相比有着本质性的差异（或许是由于异常的社会维度），国家间的实施进度也存在一些差异。这项报告也声称，欧洲高等教育区内部的学生流动性并不会大幅增加，而从世界各地流向欧洲高等教育区的学生数量却显著增加，并且其速度已经超过全球范围内的国际学生流动的平均速度。①

在英国《大学世界新闻》2012年4月15日刊出的《部长们认为：欧洲学生流动目标远未实现》一文指出，2009年博洛尼亚进程制定了学生

① WESTERHEIJDEN D, BEERKENS E, The first decade of working on the European Higher Education Area: The Bologna Process Independent Assessment [R]. Austrian Federal Ministry of Science and Research, 2010.

流动目标，即欧洲各国去国外攻读学位或短期学习的学生比例应该达到20%。然而，博洛尼亚跟踪小组对于该项目的评估报告指出，这一目标远未实现。至此，在即将召开的欧洲地区47国高等教育部长会议中，部长们须对以下方面签署保证：一要加大对学生流动性的资助力度；二要在捐赠、贷款和奖学金方面开展互助。报告指出，关于提高流动比例，如今确实存在一些亟须排除的障碍。这些障碍因社会背景而有差异，如果不解决好，流动比例的提高反而会导致新的社会不公。对此，欧洲高等教育区各国须采取专门措施，包括扩大流动资金和在捐赠、贷款和奖学金方面展开互助等。部长们也将和高校合作，以提高学生的流动“质量”和“相关标准”，即帮助建设高水平的学术标准，增强学生的就业能力、语言能力及跨文化交际能力，并提高学术职员的质量。欧盟应根据教育项目给予相应拨款；成员国则需认清并解决实际操作中的各种问题，例如签证发行的规则和高等教育领域的工作许可等。①

由伊琳娜·费伦茨与贝恩德·韦希特尔于2012年合编的《欧洲及国家学术流动政策：修辞、实践和流动趋势》对欧洲范围内学生流动相关问题进行了概述，研究包含对8个欧洲国家的深入调查。该书认为，国际学生和人员流动性的推动，在过去几十年成为欧盟的主要政策目标。大规模的流动性计划，如已创建的“伊拉斯谟计划”，将在欧洲层面确保越来越多的欧洲学生参与跨境流动。这些研究是由荷兰高等教育国际交流协会、德意志学术交流中心学术合作协会等共同推动的，并获得了欧盟委员会的财政支持。研究发现，只有极少数欧洲国家有一个完全成熟的流动政策，大多数欧洲国家有针对学生流动性的对策。该书探讨了有关国家之间的输入流动性方法的异同，流动性的定量目标，流动的重点地区、国家以及政策制定者，等等。②

比利时布鲁塞尔学术合作协会项目负责人林韵香发表在《国际高等教育》2012年第三期的《关于学生流动的欧洲国家政策》一文认为，随着“伊拉斯谟·蒙杜斯”政策的推行，流动政策开始有了多重定义，而不仅仅只包含欧盟境内学生交流政策。现在，人们关心的是非欧洲学生

---

① O'MALLEY B, MYKLEBUST J. Ministers to consider mobility measures as countries fall short of target [N]. University World News, 2012.

② FERENCZ I, WÄECHTER B. European and National Policies for Academic Mobility: Linking Rhetoric, Practice and Mobility Trends [M]. Bonn: Lemmens Publisher, 2012: 5-9.

怎样在欧洲获取学位，即转入型学位流动，以及如何发展学术研究人员流动。经比利时布鲁塞尔学术合作协会研究表明，与一些历史上的“学分流动”政策相比，目前新的学生流动政策并没有引起各个国家足够的重视。①

凯赛尔国际高等教育中心的乌尔里希·泰席勒教授发表于《比较与国际教育研究》2012年第一期的《国际学生流动与博洛尼亚进程》中指出，博洛尼亚进程是20世纪50年代以来欧洲国家实行超国家主义行为制度中的高等教育链。现在，个别欧洲国家负责高等教育的部长们已经同意在推动类似的周期结构的研究计划和方案的基础上来提高学生在两个方向的流动性的战略目标：提高欧洲吸收世界其他地区学生来欧洲学习的吸引力（主要是整个研究计划）和促进在欧洲国家内部的流动性。该研究旨在解决实施这一政策所面临的各种各样的问题。虽然个别欧洲国家的选择不能替代对解决方案的整体概述，但一些一般的趋势仍是明显的：首先，博洛尼亚进程为来自世界各地的学生涌向欧洲的内向流动做出了贡献，而不是使欧洲内部的学生流动更快速地增长。其次，在整个进程中，从课程学习到毕业的向外流动比许多专家预期的更频繁，但国家间的差异并未消失。最后，学生的流动性逐渐上升导致了排他性逐渐丧失。②

经合组织在《高等教育的全球化与贸易：机遇与挑战》一书中讲到，欧洲国家的高等教育国际化和欧洲区域的高等教育整合的政策理念自20世纪80年代以来发生了较明显的转变。首先，自第二次世界大战结束以来，地缘政治因素一度在国际化浪潮中起到了重要的作用，政治目标尤为重要。教育国际化在战后重建、去殖民化、民族国家建设、经济建设与民主化改革、合作能力发展、知识转换、建立现代化与国际标准上显得至关重要。其次，是培养“欧洲公民”的政策理念，促使不同文化、语言的发展与共同理解。最后，是重视欧洲地区和国家、教育系

① TEICHLER U. International Student Mobility in Europe in the Context of the Bologna Process [J]. Journal of Higher Education, 2012.

② TEICHLER U. International Student Mobility and the Bologna Process [J]. Journal of Interhational Mobilit, 2013.

统和机构的国际地位与国际竞争力。[①]

2. 欧洲学生流动的动因研究

在哈拉尔德·施默博格、乌尔里希·泰席勒于2011年发表的《欧洲学士学位毕业生的就业能力与流动性——博洛尼亚进程的关键成果》一文中，对欧洲毕业生的就业与流动性的动因进行了细致研究。奥珀等进行的一项调查显示，最重要的动机是体验国际环境，比如学习外国语言和在另一个国家生活，其次才提到学术的动机。在北欧的研究调查中，动机排名是完全一样的：第一，国际经验和提高外语和职业生涯驱动的动机。2006年克鲁普尼克等发现了类似的结果：80%参与"伊拉斯谟计划"的学生提到，有新的经验、练习外语是出国最重要的驱动力。这些原因中都会提到学术和就业的动机。比较伊拉斯谟与其他流动学生发现，后者更侧重学术导向的原因。有趣的是，"伊拉斯谟计划"的调查报告中，一些动机是来自不同的学生群体：女学生、来自较不利的家庭的学生和来自中欧和东欧的学生。[②]

乌尔里希·泰席勒和福尔克·雅尔在《欧洲教育期刊》2001年第4期发表的《课程学习期间和毕业后的流动性》一文中指出：多项资料显示，大学生在国家间、区域间的流动呈垂直性的特点，其主要原因是地区间教育水平、教育条件的差异。在人力资本的流动中，人员的国际流动一般都是从较贫穷的国家或地区流向较富裕的国家或地区，在高等教育领域中亦是如此。作为学生，一般情况下也希望去比本国高等教育质量或科研水平更高的国家进行学习。此外，大学生的境外学习通常情况下也意味着潜在的职业流动，职业流动性对欧洲各国的就业市场也产生了很大的影响。"伊拉斯谟计划""苏格拉底计划"等学生流动项目引发的学生流动，直接加速了欧洲各国、各地区间的学生流动，因为高等教育质量较高、资源丰富的国家，往往能吸引更多国外的优秀学生来本国学习，而很多在国外留学过的学生更倾向于在国外就业，这就使学生流动的输入国拥有更多高素质人才，从而对本国经济发展也起到积极作用，因而垂直流动性会造成一些国家人才流失等消极影响。从某种意义

① OECD. Internationalization and Trade in Higher Education: Opportunities and Challenges[M]. Paris: Centre for Educational Research and Innovation. OECD Publishing. 2004: 91-99.

② RODRIGUES M. Determinants and Impacts of Student Mobility: A Literature Review[J]. Publications Office of the European Union, 2012.

上来讲，这种流动反而加剧了区域间、国家间的不平衡性。[①]

在2010年欧盟委员会推出的一系列“青年在流动”的项目中，提及了有关影响学生流动的动力因素。推进青年流动的原因主要包括：青年失业影响经济复苏的进程；教育质量影响欧洲的未来，欧洲人才培养后劲不足，教育培训质量亟待提高；释放青年潜力是欧洲成功的关键。欧盟认为，教育与培训的质量，成功的劳动力市场一体化和青年的流动性是释放青年人潜力的关键。只有青年的潜能充分释放，欧洲才有未来。为此，欧盟推出“青年在流动”系列举措，并着手制定政策支持欧盟成员国去扶持青年，采取更多措施鼓励青年创业，并解决青年在学习和工作流动时遇到的法律和行政障碍等。

3. 欧洲学生流动现状与成效研究

艾美利亚·维加、阿尔贝托·阿玛拉等在《高等教育》杂志2009年第1期《葡萄牙博洛尼亚进程的实施调查》中指出，与第一轮的调查相比，第二轮调查中大学对学生垂直流动的活动的期望值更高（3.37∶3.00），而科技专业学院却是相反的（3.06∶3.22），原因在于其较低的硕士文凭提供率。而垂直流动活动的期望值将更加糟糕。私营科技专业学院得到了流动性的平均分值最高为4.47，其次是公立大学，为4.20。而在第二轮从其他研究机构吸引学生的能力方面，私立科技专业学院拥有最高的期望值（3.29）。葡萄牙高等教育统计显示，私营部门总体上来说是高等教育的最差候选项。[②]

经合组织在2004年的报告《高等教育的国际化与贸易：机会与挑战》中指出，2001年，欧洲国家的国际学生主要来自欧洲（52%）、亚洲（23%）、北美洲（5%）、南美洲（3%）。欧盟国家间实施“欧洲大学生流动行动计划”，确保至少10%的学生有国外经历。2000—2001年通过该计划交流的欧洲学生估计有11.11万人，其中学生流动最明显的国家有英国（31 520人）、法国（30 456人）、西班牙（23 894人）、

---

① TEICHLER U, JAHR V. Mobility During the Course of Study and After Graduation [J]. European Journal of Education, 2001,36(4): 443-458.

② VEIGA A, AMARAL A. Survey on the Implementation of the Bologna process in Portugal[J]. Higher Education, 2009, 57(1): 57-69.

德国（24 776人）、意大利（15 031人）。[①]

在2008年欧洲高层专家流动性论坛上的报告《让流动为所有人提供机会》中指出，2008年“学生流动高级专家论坛”在提交给欧盟委员会的报告中建议：到2012年应实现90万16—29岁间的欧盟青年参与到学生流动项目里来，也就是说，学生流动人数的比例达到15%；到2015年这个比例应该达到30%，2020年达到50%。而对照现实来看，目前的学生流动数量每年仅为30万人。要实现报告中的学生流动目标，每年参与流动计划的学生数量应占该校学生总数的6%，但实际上这个数目还不到4%。因此基于诸多方面的考虑，2009年《鲁汶公报》将2020年欧洲学生出国留学或培训的目标定在了20%，即至少应有20%的学生在大学期间进行了长期或短期的国外学习。[②]

欧洲委员会在为准备2012年布加勒斯部长级会议发布的《2012年欧洲高等教育区——博洛尼亚进程的实施报告》中指出，流动性一直是“博洛尼亚进程”的核心要素。它一直被作为一个横向维度的行动，用来补充原有进程的行动方针，是进行欧洲高等教育区发展的一个关键举措。文章指出，从统计学的视角来看，研究学生流动或是政策制定的一个区分类别的最大指标是文凭流动和学分流动。另外一个重要的、区分学生流动类型的指标是内向流动和外向流动。根据两项流动的统计分析结果显示，学生流的主要趋势是从欧洲高等教育区和世界其他地方向欧洲高等教育区流动，或者是某一国的学生在欧洲高等教育区中的一国学习并在区内另一国毕业。文章也探讨了阻碍学生流动的因素和解决方法。[③]

乌尔里希·泰席勒在《博洛尼亚进程中的欧洲国际学生流动》中指出，除个别国家以外，大多数欧洲国家的高等教育政策都是主张同时促进“输入型流动”和“输出型流动”的，但就欧洲内部的流动方向来

① OECD. Internationalization and Trade in Higher Education Opportunities and Challenges: Opportunities and Challenges. Paris: Centre for Educational Research and Innovation[M]. OECD Publishing. 2004: 93.

② The high level expert forum. Making learning mobility an opportunity for all[R]. Higher Education Forum, 2009.

③ European Commission. The European Higher Education Area in 2012: Bologna Process Implementation Report [R]. Education, Audiovisual and Culture Executive Agency, 2012.

说，输出型流动的目的国大多是欧洲其他经济发达国家和地区。在各种学生流动类型中，欧洲内部的“短期学生流动”，即“学分流动”，自20世纪90年代起大幅增长，其重要推动力是1987年开启的“伊拉斯谟计划”。它被称作世界范围内学生短期流动的成功范例之一，因为许多学生认为，在欧洲内部的其他国家进行学习是非常有价值的，也就是“在比较中学习”。但有关数据却很难显示欧洲内部的短期学生流动在21世纪初的人数比20世纪90年代是增长了还是削减了，增长速度是加快了还是减慢了。①

施晓光、吴振军等在《比较教育研究》2012年第2期的《欧洲博洛尼亚进程中的“不和谐”之声——基于英国的考察》中指出，“博洛尼亚进程”是过去10年欧洲范围内实施的一项重要的高等教育计划。其目标是在2010年通过欧洲高等教育区和欧洲研究区的建设，实现欧洲高等教育的整体化。对于博洛尼亚进程，欧洲各国做出了不同的反应，作为欧盟成员国的英国，虽属于欧盟，但由于某些原因，英国大学以及社会对博洛尼亚进程的反应与欧洲其他国家大不相同。文章通过文献分析、访谈等形式呈现出英国社会各界在博洛尼亚进程中做出的反应和表现，旨在通过文章使读者听到来自欧盟国家中的另类声音。②

4. 欧洲学生流动障碍研究

乌尔里希·泰席勒、伊丽娜·费伦茨等在《欧洲高等教育流动性筹划》的报告中指出，影响欧洲学生流动的主要障碍有缺乏流动的信息与机会；动机水平低或几乎没有流动的个人权益意识；没有足够的财政支持；外语能力不足；在一个既定的课程或学习班学习的国际经验不足；流动质量的担忧；法律上的障碍，特别是有关签证和移民问题；在国外完成学术工作并获得认可的问题。③

马卡利达·罗德里格斯在《学生流动的决定因素和影响：文献的视角》中指出，以下障碍被认为是学生流动障碍的主要因素：缺少资金（61%），

① 乌尔里希·泰席勒．博洛尼亚进程中的欧洲国际学生流动[J]．杨素红，译．高等教育研究，2012, 33(01): 10-20.

② 施晓光，吴振军，马丁·博利尔．欧洲博洛尼亚进程中的“不和谐”之声——基于英国的考察[J]．比较教育研究．2012, 34(02): 55-59.

③ TEICHLER U, FERENCZ I and WÄCHTER B. Mapping mobility in European higher education Volume I: Overview and trends[R]. The Directorate General for Education and Culture of the European Commission. 2011.

语言障碍（38%），难以得到认可（36%），缺乏信息（35%）。根据2011年欧洲委员会调查报告显示，在欧洲致力于流动的青年学生中，有1/3的学生说，他们没有获得资金资助，而且流动所需经费太多。类似的障碍在欧洲学生相关调查中也提到。例如，2005—2008年的报告就突出了两大影响因素，本国的支持不足（49%）和缺乏个人动机（48%）。在后续报告中，还提到社会性障碍（与家人和朋友分离），以及预期会延迟毕业，语言技能等因素。①

约翰·波纳特在《教育行动研究》2007年第2期发表的文章《耕耘在欧洲高等教育区土壤上》一文中提到，跨越国界的欧洲大学和高中之间的合作可能会带来风险。因为，欧洲国家间语言的多样性正在因缺乏理想的质量保证过程而遭受损害，而语言障碍、学历双方认证、多语言教学与考试等因素都在威胁着大学体制并使预算逐年攀升。而资格证书的多样性和多分层布局的角色导致国家拨款模式的差异，从而削减了国家的改革主动性。很多时候，质量保证机构的报告数据都会使各教育机构对跨境教育产生抵触。与此同时，各国部长和政府部门却都在洽谈全球市场的竞争问题。总之，跨境流动的风险与机遇并存。②

（二）博洛尼亚进程中学生流动研究的学科视角

1. 基于政治学的研究视角

莫哈韦茨以自由政府间主义为分析工具，从国家主权、国家能力、利益获得、政府间谈判等方面分析欧洲整合过程中的国家行为。作者认为该理论分析框架包括三个要素：第一，考虑到政府结合的利益团体、人民群众的舆论意见，按照内部政治、经济环境以及外部结构因素制定出政策的优先偏好；第二，政府在参与国际谈判的过程中，协商出供大家可接受的方案；第三，各国在政府谈判协议的基础上，最终选择在制度内实施结合。③巴克霍特·K在此基础之上进一步将该理论的分析框架应用到欧洲高等教育一体化的整合过程中，认为高等教育领域的激烈竞争将使各国通过实施专业化、规模经济以及比较优势等策略来优化高等

① RODRIGUES M. Determinants and Impacts of Student Mobility: A Literature Review[R]. Luxembourg: Publications Office of the European Union. 2012.

② BURNETT J. Tilling the soil of the European higher education area [J]. Educational Action Research, 2007(2): 283-293.

③ Moravczik A. Preferences and Power in the European Community: A Liberal Intergovernmentalist Approach[J]. Journal of Common Market Studies, 1994(4): 29-85.

教育的资源配置，提高资源利用效率，而这恰是博洛尼亚进程所带来的高等教育市场一体化所产生的效应。[①]

经合组织在2004年的报告《高等教育的国际化与贸易：机会与挑战》中指出，欧洲国家的高等教育国际化和欧洲区域的高等教育整合的政策理念自20世纪80年代以来发生了较明显的转变。自第二次世界大战结束以来，地缘政治因素一度在国际化中起到了重要的作用，政治目标尤为重要。教育国际化在战后重建、去殖民化、民族国家建设、经济建设与民主化改革、合作、能力发展、知识转换、建立现代化与国际标准上至关重要。[②]

2. 基于经济学的研究视角

巴斯·雅克布斯和弗雷德里克·凡德·普罗格在2006年的《经济政策》上发表的《怎样实现欧洲高等教育改革》一文中，从现代福利经济的研究视角出发，对欧洲高等教育的改革政策与发展演变进行了分析，强调了高等教育一定不能落后于国家经济的发展，政府应向高等教育提供更多的财政支持，保障各项活动的有序开展。在作者看来，新的经济增长表明：第三次科技革命后的知识经济时代，知识和科技的生产能力早已经取代了自然资源等原始资本，成为新的经济增长中的重要动力，知识密集型产业的规模正在逐步扩大，高等教育在社会发展中也发挥着重要作用，这也带来了大学发展的黄金时期。从全球范围来看，欧洲许多国家的本科生和研究生纷纷流向美国，但整体来看欧洲大学的平均水平要高于美国。

安迪·格林在《教育政策期刊》1999年第1期上发表的《欧洲与东亚的教育与全球化——趋同与相异趋势》一文中指出，受高等教育全球化以及知识经济的影响，世界各地区教育领域有趋同化发展的现象。这种趋同化的发展，从客观上讲，使得经济对国家的影响逐渐削弱了，全球高等教育呈现多极化发展趋势，区域高等教育的力量正在逐渐凸显，这种全球性力量的逐渐增强影响了各个国家教育发展的趋势。

阿玛拉尔等分析认为，博洛尼亚进程是新自由主义高等教育思想的

---

① Barkholt K. The Bologna Process and Integration Theory: Convergence and Autonomy[M]. Higher Education in Europe, 2002 (1).

② OECD. Internationalization and Trade in Higher Education: Opportunities and Challenges[M]. Paris: Centre for Educational Research and Innovation. OECD Publishing. 2004: 91-99.

一次实际应用，通过缩短本科学制，把毕业生的就业责任转嫁给学生本人，减少国家的社会责任，其实质是高等教育的市场化。[①]此外，Kerri、Scott以及Kohler等学者也从高等教育市场化角度对欧洲高等教育一体化原因进行了分析。[②]

罗萨穆德将新功能主义观点引入到高等教育领域，通过新功能主义的视角研究高等教育领域中的问题，他从功能性溢出、地理性溢出以及政治性溢出三个方面分析了博洛尼亚进程实施背后的内在动因。认为欧洲国家，特别是欧盟国家，在经济与货币领域上是高度一体化的，这就使得“一体化”在高等教育领域产生溢出效应。[③]

休伯特·厄特在《比较教育》2006年第1期发表的《欧盟教育和培训政策：以里斯本战略为转折点》一文中指出，经济竞争概念的提出引起了欧盟高等教育和培训政策的形成机制的变革，高等教育的质量得到了空前的重视，这引发了欧盟在高等教育领域的新发展。随着“里斯本战略”的提出，欧盟在法律原则控制下的行使范围和活动权利范围，通过政府间的协议得到了扩大。而尽管欧盟在高等教育领域的活动不断加强，但其影响仍受到欧盟成员国的限制。

3. 基于社会学的研究视角

唐尼塞斯·克莱蒂斯在《欧洲高等教育》2003年第3期发表的《博洛尼亚进程的社会维度》一文中，强调了社会维度建设在整个博洛尼亚进程中的重要性。作者认为，博洛尼亚进程相关的政策和行动应从社会公正的角度出发，来达到提高社会凝聚力的目标。通过保障高等教育机会公平使欧洲区域内的大部分青年，特别是拥有较低社会背景的学生，完成他们能力所能达到的最高程度的学位，实现学生个人能力的提升，同时获得社会性的发展。他认为，欧洲区域内的大学生流动是促进欧洲高等教育一体化的重要手段之一。[④]

---

① Amaral A. Higher education in the process of European integration, globalizing economies and mobility of students and staff, in Huisman J and Maassen P, Higher Education and the Nation State[M]. London: Pergamon. 2001.

② Verri G. Challenges to Academe in a Time of Globalization[J]. Higher Education in Europe. 2003, 28(3): 307-310.

③ Rosamund B. Theories of European Integration[M]. New York: Palgrave. 2000.

④ KLADIS D. The Social Dimension of the Bologna process[J]. Higher Education in Europe, 2010.

贝巴·希夫泽、乌尔里希·泰席勒在《高等教育政策》2007年第2期的《学生流动性的角色转变》一文中指出，学生的流动性大致呈现出一个非常理想的增长趋势。但学生流动性的目的各异，并拥有着不同的机遇和问题。作为高等教育全球化典范的欧洲高等教育，“博洛尼亚进程”有望使高等教育在欧洲国家和世界范围内更具吸引力。作者认为，流动性是垂直的（流向经济较为发达和学术卓越的系统）或是水平的（在国家的学术质量相差无几的或是同等级机构之间流动），取决于流动性是否覆盖了整段学位课程，在流行的“伊拉斯谟计划”的框架内，多数情况是没有全部覆盖。文章深入分析各种目标、趋势、经验和成果，强调应促进源自世界各地的学生流动和欧洲内部的学生流动。①

莫妮卡·罗曼、法特玛·米兹卡茨等在《罗马经济学杂志》2008年第2期发表的《博洛尼亚进程与学术流动：对罗马尼亚与土耳其的比较研究》一文中，提供了了解欧洲范围内高等教育国际化过程中学生流动的材料。文章指出学生的流动已成为高等教育国际化过程中最为重要的维度，这不仅导致了目前对高等教育需求量的日益增长，人口发展趋势也加剧了新的学位和文凭课程改革。作为两个重要的学生输出国，文章主要探讨应对与克服欧洲学生流动过程中产生流动障碍的解决方案，同时还强调了这两个高等教育系统如何吸引更多的欧洲学生参与进来。②

（三）博洛尼亚进程中学生流动研究的特点与发展趋势

对搜集到的文献进行梳理和研究后，有关欧洲博洛尼亚进程中学生流动的研究呈现出其独特的研究特点：

1. 研究紧跟时代步伐，为欧洲高等教育改革提供政策指引与信息反馈

研究的先进性不但体现在研究本身是否产生于学术研究的前沿，反映时代发展的价值追求，顺应社会发展潮流，还表现在其是否能够引领实践的方向。根据近十多年对博洛尼亚进程实施以来欧洲学生流动的研究来看，学者们多是以当今世界高等教育发展趋势为研究背景，针对博洛尼亚进程实施后欧洲各国改革中的学生流动走势与成效进行分析与反

---

① RIVZAA B, TEICHLER U. The Changing Role of Student Mobility [J]. Higher Education Policy. 2007(20): 457-475.

② ROMAN M, MIZIKACI F, GOSCHIN Z. The Bologna Process And The Dynamics Of Academic Mobility: A Comparative Approach To Romania And Turkey [J]. Revista Romana de Economie, 2008(2): 129.

思，并及时预测未来几年的学生流动趋势和发展特点，对欧洲高等教育改革起到了信息反馈、指导实践的积极作用。以欧洲学生流动为对象的研究工作，主要是以欧洲超国家间组织的政策制定为研究导向和依据。欧洲超国家组织主要是欧洲联盟、欧盟委员会、联合国教科文组织、欧洲委员会和欧洲大学协会等，这些超国家组织都有各自的信息平台，每年会发布各自的政策性文件和发展报告，为未来发展提供政策性指向。

2. 研究视域逐渐拓宽，从区域化视角的内向流动到国际化视角的内向与外向流动相结合的研究发展

欧洲学生流动研究视域的拓宽，主要体现在随着博洛尼亚进程改革的深入发展，各国学者对其认识的不断深入，从而能够站在一个更高的台阶，即从全球范围内的学生流动视角上看待欧洲区域的学生流动。在博洛尼亚进程实施初期的相关研究中，多是将博洛尼亚进程视为一个区域性的研究问题，学者们所关注的重点主要是欧洲内部流动，即学生从欧洲一国流向其他欧洲国家的流动。而随着相关调查研究信息的逐渐丰富，根据每年的欧盟学生流动数据统计分析显示，欧洲区域内部的高等教育整合在促进欧洲内部学生流动的同时，更提升了欧洲在全世界国际学生流动市场中的地位和整体竞争力。一些年份的学生流动统计数据显示，外向学生流动的增加值大于相对应的内向流动数量。因而在后续的研究中更多的是将内向流动与外向流动相结合进行研究，从而对整个欧洲区域的学生流动有更宏观、更全面的把握。

3. 研究规范不断增强，从混淆界定流动类型的研究向“学位流动”与“学分流动”区分研究发展

对欧洲学生流动研究工作的规范性直接关系着欧洲学生流动研究领域的发展成熟度，因为只有规范的研究，其结论才是可信的，其成果才可能丰富研究体系。在初期研究的学生流动统计信息中，未将“学位流动”（“文凭流动”）与“学分流动”（“临时流动”）的学生流动类型加以区分。许多欧洲国家有关学生流动的数据资料中，将短期流动学生的境外学习阶段也归为在本土学习的过程，即并未算作是跨境流动，有些国家有关学生流动数据中只包括部分或根本没有学分流动类型的信息。而随着研究工作的逐渐深入，欧洲学生流动研究的规范也在不断增强，2002年以来的研究文献中，将学生流动类型区分为“学分流动”与“学位流动”。随后相继发布的政策性报告中也将二者从类型上加以区分，如2009年的《欧洲高等教育的博洛尼亚进程：社会因素和学生流动核心

指标》、2010年的《欧洲高等教育机构：流动性的动员》、2011年的《欧洲高等教育的流动性规划》《欧洲本科毕业生的就业与流动：博洛尼亚进程的关键性结果》等。

4. 研究范畴逐渐丰富，从国别研究和宏观的欧洲研究相分离向欧洲国家间的比较研究发展

由于博洛尼亚进程中的学生流动更多的是跨国家、跨区域间的跨境流动，从整体研究对象来看，多是以国别研究和欧洲整体的研究为主，而院校研究和个别高等教育机构的研究相对较少。研究初期，对欧洲学生流动的研究形式多是个别国家的调查报告和欧洲超国家组织发布的欧洲境内的统一的调查报告，欧盟内部的比较类学生流动研究则多以欧盟外部的经验为参照进行研究，而欧洲多国间的较全面的整合研究相对较少，如2003年的《芬兰高等教育政策与前进中的博洛尼亚进程》、2004年的《博洛尼亚进程在法国的实施》、2005年的《挪威对博洛尼亚进程的误解：当国际化变成英语化》《欧洲的博洛尼亚进程：一个拉丁美洲的视角》《英国高等教育与博洛尼亚进程：一项临时的评估》。[①]而随着博洛尼亚进程发展的逐渐深入，人们对博洛尼亚进程中学生流动的研究有了更加广阔的视角，逐渐摆脱了以个别国家研究为主的国别研究，呈现出由“分化—整合”的国别研究发展趋势，更加注重将实施博洛尼亚进程的不同国家进行整合比较与分析，为欧洲区域的学生流动研究提供了更全面、更翔实的资料，并逐渐发展成比较系统、全面的国别比较分析趋势。虽然个别国家的研究报告一直陆续发布，但总体上看，已不再是学生流动研究的主要趋势。如2008年《博洛尼亚进程的多重影响分析：对国际政策国情的理论思考》、2009年《透明度的研究：博洛尼亚进程的统一化与多样化》、2011年出版的《博洛尼亚进程的潘多拉盒子：多瑙河流域的教育、流动性和就业》[②]等。

（四）博洛尼亚进程中欧洲学生流动研究的反思

反思当前的博洛尼亚进程中的学生流动研究，我们无疑将发现其存在着诸多的问题。

---

① FURLONG P. British Higher Education and the Bologna Process: An Interim Assessment[J]. Politics. 2005, 25(1): 53-61.

② BUSEK E. The Paradox of the Bologna Process: Education, Mobility and Employment in the Danube Region[M]. Vienna: Böhlau, 2011.

1. 对欧洲学生流动的学理研究缺乏重视

由于博洛尼亚进程中学生流动研究更多的是与欧洲或国家政策相关的项目执行、政策分析或实施进展的报告，因而欧洲学生流动的学理研究就显得异常匮乏。大多研究欧洲学生流动的学者是将学生流动看作博洛尼亚进程的实施结果或进展指标来进行研究的，并未将其视为整个欧洲博洛尼亚进程的有机组成部分，未从理论根源上对其进行梳理和分析，过多的关注点放在了学生流动数据统计与分析的相关研究上。于是有两个问题值得我们深入思考：欧洲学生流动的研究由于注重政策性与时政性，它的学理研究是否可以忽视？作为一个非欧洲学者，为了更系统、更客观地去研究欧洲学生流动问题，是否应更重视其学理探究呢？

2. 追溯欧洲学生流动传统的历史研究甚少

无疑，“大学”在中世纪的形成和发展便得益于学生流动。

追溯欧洲大学的起源，大学产生的时期是一个知识大复兴的时期。在1100年至1200年间，一股新的知识潮流以强劲的势头涌入了西欧，其中一部分经意大利和西西里传入，主体部分通过西班牙的阿拉伯学者引入，包括亚里士多德、欧几里得、托勒密和古希腊医生的著作、新的算术论著以及在黑暗时代里被淹没的《罗马法教科书》等。这股新的知识潮流冲破了教会学校的枷锁，开创了学者进行教学的新局面。它吸引着众多的热血青年——他们就像下一个时代里乔叟笔下的牛津教士“心甘情愿求学，心甘情愿传授”——翻山越岭、漂洋过海，汇集到巴黎和博洛尼亚，这些来自各地的学生组成了一些学生团体，这些由学生和老师所组成的团体给予了我们有关大学的最早的、也是最好的定义——“教师和学生的社团”。[①]由此，我们可以看出，中世纪人们对于知识和真理的向往，引发了来自欧洲各国学生的流动，而汇集各地的学生和老师的团体使大学的产生成为可能，因此，学生的流动对于大学的产生与发展有着重要的意义，大学从某种意义上说也是流动的产物。

交通集汇中心造就了著名大学。从大学的产生及发展的历史来看，“大学”一词与知识的领域或知识的普遍性并无联系；它仅仅表示一个团体的全体成员，不管是理发师、木匠还是学生的团体都无关紧要。作为在高等教育发展史中占有重要地位的博洛尼亚大学，主要是以罗马法

---

① 查尔斯·霍默·哈斯金斯．大学的兴起[M]．上海：上海人民出版社，2007: 4-7.

复兴中心的身份享誉全球。在11世纪晚期，与贸易和城市生活的复兴紧密相连，法律的复兴出现了，这次法律的复兴可以追溯到意大利很多地方，或许最先并不是在博洛尼亚，但是因为地理位置的优势——和现在一样，这一优势在当时就使这座城市成为意大利北部交通要道的汇合点——就在这里创建了自己的中心。到1158年，当学生阶层变得足够重要，意大利皇帝腓特烈·巴巴罗萨正式授予他们权力和特权。在这个时期，博洛尼亚成为众多学生的常去之地，这些学生的国籍遍及整个欧洲大陆，有意大利、法国，甚至包括阿尔卑斯山以外的地方。而由这些外来学生组成的团体亦称作是“异邦学生组织”，即大学的开端。由于远离故土，他们就联合起来寻求彼此间的保护和援助。一般来说，“大学”一词最早所指的就是“组织”或“社团”，经过一段时期的发展后，逐渐缩小了其所指代的范围，仅限于指代教师和学生的行会。[①]由此看来，交通的便利使得学生流动更加容易和频繁，成就了欧洲中世纪著名大学的繁荣发展。

反观现在全球学者对欧洲学生流动的研究，大多只是因高等教育全球化的趋势而意识到了学生流动的重要性，并未追根溯源阐述高等教育的产生及发展对学生流动性的诉求，舍弃了大学最根本的组成方式和形成要义，对流动的认识还缺乏足够的历史研究深度。而认为将高等教育纳入国际竞争市场后才有了对全球流动的危机意识的研究，是把高等教育过分商品化的典型误区，是对现代高等教育舍本逐末的功利化研究。

3. 研究国别过于集中

欧洲学生流动的国别研究在地域上主要集中在经济相对较发达国家、学生流动相对较频繁的国家和一些对学生流动研究感兴趣的学者所在国，对整个欧洲范围内的系统的、全面的调查和资料分析还很欠缺。欧洲区域的国别研究主要集中在德国、法国、芬兰、挪威、意大利、葡萄牙、立陶宛等国家。

4. 亚洲学者研究视域的局限性

阅读一些国内学者对博洛尼亚进程中学生流动的研究，很多文章在概念上进行了偷换，将“博洛尼亚进程”等同于“欧洲高等教育一体化”或“欧洲高等教育区”，也有一些学者将“欧洲学生流动”的概念局限化。虽然从欧洲区域化发展角度来看，博洛尼亚进程更多的是体现

① 查尔斯·霍默·哈斯金斯．大学的兴起[M]．上海：上海人民出版社，2007: 10.

欧洲区域内的整合和统一，但以学生流动为研究对象时，博洛尼亚进程对学生流动的影响就不仅仅局限于欧洲内部的学生流动，因为不管是从目标上还是从学生流动成效上看，博洛尼亚进程中的学生流动已经逐渐地通过欧洲内部的学生流动，达到提升欧洲高等教育在全球学生市场的竞争力的目的，因而学生流动很大程度上在于外向流动，即学生从欧洲国家流向欧洲以外的国家，以及从欧洲以外的国家向欧洲流动，而这也是近年来欧洲学生流动的主要趋势之一。因此，对狭义的欧洲学生流动的理解造成了很多国内学者的研究视野和研究范围的局限性，影响了学者们对欧洲学生流动研究的深度和广度。

二、研究意义

学生流动是衡量一个国家的高等教育整体竞争实力、高等教育质量、国际化程度等的重要指标。流入与流出学生的规模、层次与质量，显示着一个国家高等教育的国际化程度。[①]国际学生流动给留学目的国带来了一系列直接或间接的利益，涉及政治、经济、文化、教育等诸多方面，这也是世界各国大力吸引国际学生，不断提升各自在世界留学生市场中的竞争力、扩大教育市场份额的重要原因之一。国际学生的流动是许多国家（尤其是发展中国家）培养符合时代需要、与国际接轨的复合型创新人才的重要方式，也是创新型国家建设的重要途径，是加强国家间政治、经济、文化以及贸易关系的重要因素之一。国际留学生教育正在由以前的人才培养的单一功能，朝着经济、政治、文化并重的多方面发展，并逐渐演变为发达国家扩张教育市场与文化输出的利器。博洛尼亚进程，作为欧洲区域性高等教育改革与资源整合的过程，体现着欧洲高等教育改革的思路与趋势，研究博洛尼亚进程中的欧洲学生流动，不仅对我们研究欧洲高等教育发展趋势与经验有着重要的意义，也对我国高等教育改革、我国区域高等教育合作与交流以及亚洲区域高等教育合作与交流有着重要的意义。

---

① 芭芭拉·M·柯姆．大学生国际流动对人力发展和全球理解的贡献[J]．北京大学教育评论 2005(01)：11-15.

（一）理论意义

1. 有助于系统构建欧洲高等教育学生流动研究框架

当前对欧洲学生流动的研究多是偏向政策性、实证性的研究，并未对整个学生流动框架体系下的诸问题进行系统、全面、综合的研究。对于博洛尼亚进程以来的学生流动研究梳理，缺乏有历史深度的、纵向的研究挖掘，对于欧洲高等教育学生流动的传统以及大学在欧洲兴起时所具有的流动属性缺乏深刻的思考。本书通过对欧洲学生流动的历史研究论证得出，“大学”在最初产生时就强调学生的流动性，而这也是著名大学人才汇集和繁荣发展所依存的重要条件，也可以说，流动中的学生团体孕育了大学的产生。对于欧洲高等教育学生流动的历史研究是构建欧洲高等教育学生流动研究框架的重要基础。

2. 有助于拓宽欧洲高等教育学生流动的研究视野

当前对欧洲学生流动的研究大多是站在欧洲政策执行者、组织者或参与者的身份立场上进行的研究，而且更多的是从欧洲经济发展、欧洲政治经济一体化、欧盟对外关系的视角来研究欧洲的学生流动，因而缺乏更加宏观的、客观的价值立场；而以往的东方学者对于欧洲高等教育问题的研究，由于对欧洲高等教育的认识不够充分，其研究的价值立场有所偏颇，甚至相当一部分学者将博洛尼亚进程等同于欧洲高等教育一体化的概念，难免将欧洲学生流动的研究完全纳入区域化研究的范畴。全面克服上述两种研究视野上的片面性，无疑将使欧洲高等教育学生流动研究得到整体的提升。

3. 有助于深化与完善我国高等教育学生流动研究

当前我国对欧洲高等教育学生流动的比较研究还很匮乏，因此在进行相关方面的本土研究时也缺少可供参考的国际经验。目前已有的国内研究以翻译欧洲博洛尼亚政策性文件为主，对博洛尼亚进程的相关研究也多集中于博洛尼亚进程政策、质量保障制度、学分互认制度上，对于欧洲学生流动的研究很少涉及，只有对学生流动项目的相关研究，并无较系统、全面的研究。因此，本书不仅可以推动欧洲高等教育学生流动的研究，而且将对我国高等教育区域化、全球化学生流动研究、亚太地区高等教育区域化研究等提供更翔实的欧洲经验。

（二）实践意义

1. 促进我国高等教育全球化战略的发展

在博洛尼亚进程的启动阶段，欧洲政策制定者便意识到，欧洲各国间学生的相互流动将会引发高等教育课程、管理、组织运行、教师等全方位的改革，学生的流动对于博洛尼亚进程的实施也起到了推波助澜的作用。因此，全面推进我国高等教育国际化的重任，一方面是“引进来”；另一方面更是要“走出去”。以促进学生流动为核心的欧洲高等教育区的改革使我们看到，全球化的学生流动带给教育输出国的不是人才流失，而是一个通过国际化的流动在全球高等教育人才市场更具吸引力和竞争力的优势。因此对于欧洲高等教育学生流动的研究，对我国高等教育开拓全球化市场提供了更具现实性的借鉴意义。

2. 促进亚太地区高等教育区域化发展

研究博洛尼亚进程中欧洲学生流动以及欧洲高等教育改革，有助于我们汲取欧洲区域高等教育改革的成功经验，促进我国与周边的国家进行高等教育区域化合作。随着世界政治经济一体化的迅速发展，区域范围内的合作发展进程也在今天变得尤为重要。对中国而言，亚洲地区是世界政治、经济、文化中的重要组成部分，除日本、韩国外，多是新兴的发展中国家，周边的国家和地区都因地域相邻和文化相近，有着共同的文化基础与合作空间，并逐渐在政治、经济、文化等方面趋向地区化发展。加强区域合作既能加深各国间、地区间彼此的相互了解，同时也能提高我国高等教育的质量与整体实力，提升我国高等教育在区域间、国际上的影响力与竞争力。借鉴并学习欧洲区域性高等教育改革与学生流动，将对促进亚洲地区的相互交流与合作发展提供参考与借鉴。

3. 促进我国由“人力资源大国”向“人力资源强国”战略转型

作为世界上人口最多的国家，我国的人口发展战略是国民经济和社会发展的基础。在全面建成小康社会、构建社会主义和谐社会重大战略部署的背景下，应中央提出的坚持以人为本、树立和落实科学发展观以及“五个统筹”的要求，我国已全面开展了人口的全面可持续协调发展。同时作为一个教育大国，20世纪80年代出生的接受高等教育的青年，以每年300万至400万的规模进入就业市场，如何实现高等教育领域的战略转型是实现我国由人力资源大国向人力资源强国战略转型的重中之重。人才强国战略将对我国未来十年全面建成小康社会，以及21世纪中叶基本实现社会主义现代化产生重大影响。因此，对于欧洲高等教育学生流动的研究也将对我国高层次人才战略转型提供可借鉴的成功经验，对于我国社会、经济、文化的繁荣发展有着不可忽视的价值。

第三节 理论基础与概念界定

任何科学研究都是建立在一定理论基础上的，理论基础是对文章所涉及的基本概念、理论依据和相关理论的探讨，是开展研究的前提和基础。本书在对博洛尼亚进程中欧洲学生流动与社会变革的研究展开伊始，有必要对其相关概念、理论依据以及价值等进行分析，以便理清研究的相关概念、明确研究思路，为后续研究提供科学的研究基础和分析工具。

一、理论基础

理论基础是进行研究和论证的理论依据。本书主要选取英国著名社会学家、结构化理论家安东尼·吉登斯[①]的“结构化理论”和美国著名社会学家、交换理论家彼得·布劳的“社会交换理论”，作为理论基础对博洛尼亚进程中欧洲学生流动这一现象进行研究性分析和认知扩展。以往研究当代欧洲高等教育改革的学者通常是运用国际政治学中的“新功能主义”、政治哲学中的“自由政府间主义”、经济学中的“新经济增长”等理论来进行研究。之所以选取社会学流派的理论是因为，以往的理论对于解释欧洲高等教育改革中的现象，往往受到新功能主义的影响，仅仅将欧洲高等教育的一体化看作是欧洲经济一体化、政治一体化的“外溢结果”，其产生是经济全球化带来的经济效益和商品效益的结果，亦即将高等教育中的合作看作是欧洲国家政治合作形式影响下的政府间行动。这种研究视角虽然对我们了解欧洲高等教育中的现象有一定帮助，但却在微观上忽略了欧洲学生个体发展的需求与动机；宏观上忽略了欧洲社会发展以及世界新形势、新格局下的欧洲社会变革对教育发展的影响。而这正是我们从真正意义上理解并挖掘欧洲高等教育改革过程中诸多问题的关键所在，本书选取的两个经典社会学流派理论有助于我们在研究这些问题上有所突破。

---

① 安东尼·吉登斯，1938 年出生于英格兰伦敦北部，现任剑桥大学教授。英国前首相托尼·布莱尔的顾问。英国著名社会理论家和社会学家，与沃勒斯坦、哈贝马斯、布尔迪厄齐名，是当代欧洲社会思想界中少有的大师级学者。

（一）吉登斯的结构化理论

在20世纪70年代，英国著名社会学家安东尼·吉登斯在总结和反思前人社会学思想的基础上，提出了自己的“结构化理论”。这一时期正是英国学术界从实证主义向批判主义过渡的时期，因此吉登斯的社会学思想也被视为“批判社会学”。其早年的作品主要是建立在对经典社会学理论的批判基础上的。他在1984年出版的《社会的构成》一书，被学界公认为其结构化理论的集大成之作。

第一，结构具有二重性，结构对行动既有制约性，同时也赋予其主动性。结构的二重性是吉登斯结构化理论的核心。在吉登斯看来，结构具有二重性，是行动者行为的一部分。

首先，结构对行动具有制约性，这是由结构的本质属性所决定的。结构涉及两个关键词——“规则”和“资源”，其意指社会再生产过程中所不断涉及的规则和资源等。在吉登斯看来，“规则”可定义为“是在社会实践的实施及再生产活动中运用的技术或可加以一般化的程序”。而“资源”则包括配置性资源和权威性资源两类，前一类指的是在权力的具体实施过程中，人们所使用的物质资源，这些资源包括自然环境以及人工制品等，源自人类对自然界的支配和改造。而后一类更强调的是非物质性资源，源于权力实施过程中，一部分人对他人的支配性的地位。[①]“资源”也就成了对各种物质现象乃至行动者形成控制作用的诸种“转换能力”，其在某种意义上是为权力得以落实的介质，更可被理解为社会再生产诉诸具体行为得以落实的常规性要素，因而它也有着客观性的一面，故对人的行为具有客观的制约性。

其次，结构又赋予人的行动以能动性，社会行动通过社会实践对结构产生能动作用。吉登斯将“行动”视为能动性与偶发性的统一。社会行动通常是复杂而持续不断的一个过程，因而其具有某种能动性，主要体现在人们行动过程中的产生行动动机的意图性与从事行动的能力。与此同时，人们在行动过程中会产生偶发性的意外，这种意外产生的后果有两种：一种是因意外情境的发生而产生的意外后果；另一种是一系列个体活动复合作用而成的某种模式。简而言之，当众多个体的有意识的活动与一系列偶发性结果汇聚到了一起，形成了人们都无法意识到的后果，也就是通常所说的“集体无意识”“历史无意识”。而这种众多循环

① 杨善华．当代西方社会学理论[M]．北京：北京大学出版社，1999: 138.

往复的活动在无意识间形成了社会生活的制度化结果，即为人们所认可的社会制度。因此在吉登斯的理论中，关键在于理解行动者的能动力量。[①]这里，他与韦伯、帕森斯等人的观点就有着根本的不同。因为，在他眼中，社会行动是一个连续不断的过程，而非只是某种理想类型。社会生活本身是一个通过社会实践而不断实现结构化的过程。结构化理论正是通过行动与结构、主体与社会间的相互互动与联系，克服了以往结构化理论中“微观—宏观”“行动—结构”的二元对立。

第二，社会实践是联系行动与结构的关键，只有通过社会实践才能实现行动与结构之间的相互作用。以社会实践为基础的行动理论，是判别吉登斯结构化理论以及以往的结构理论是否能够超越行动与结构的二元对立的关键。事实上，吉登斯的结构化理论在某种程度上就源自其社会学理论传统的反思以及对当代欧洲各国社会的现实关照。因此，他的结构化理论本质上是围绕这些目标而展开的。而正如他所说的：“社会科学研究的主要领域既不是个体行动者的经验，也不是任何形式的社会总体存在，而是在时空向度上得到有序安排的各种社会实践。”显然，在吉登斯看来，任何一种形式的决定论都无法得到他的认同。也就是说，无论是认为结构决定行动，还是行动决定结构，这两种思想在他看来都是根本无法成立的，抛开社会实践之后，这两者的存在都是毫无意义的。对吉登斯来说，客体主义的思想倾向和主体主义的思想倾向都应被抛弃，而他选择的则是从人类社会实践活动的角度出发去考察行动与结构及其关系，并将二者作为人类社会实践活动的两个侧面来考察。只有在社会实践的过程中，结构和行动才能发挥其各自的功能，并实现其统一。这也是吉登斯结构化理论中最核心、最彰显特色之处。

吉登斯的结构化理论对于我们深入研究欧洲高等教育改革进程中的学生流动与欧洲社会变革有着重要的理论指导意义。

第一，欧洲学生流动作为一种行动过程，其产生得益于欧洲社会乃至整个国际社会发展的程度与形势，也就是说其发展受到欧洲社会以及国际社会形势发展状况的制约。当代欧洲学生流动的兴起，特别是博洛尼亚进程中欧洲学生流动的兴起，从根本上说是由欧洲生产力发展水平、欧洲政治、经济等客观因素决定的。产生欧洲学生流动的动力，由

---

① 安东尼·吉登斯．社会的构成：结构化理论纲要[M].李康,李猛,译．北京：生活·读书·新知三联书店，1998: 120.

经济方面的欧洲政治一体化与欧洲共同安全区域防务、政治方面的欧洲经济一体化与各国教育财政危机、文化方面的欧洲认同建设与欧洲公民意识、科技方面的知识型欧洲建设与欧洲科技复兴计划以及欧洲人口素质结构等方面共同组成，这些当前欧洲社会发展阶段中的结构性因素使欧洲学生流动在高等教育领域的改革中应运而生。因此，吉登斯结构化理论对于从因素分析方面研究欧洲学生流动的产生及发展有着重要意义。

第二，学生流动对欧洲社会变革具有能动性，学生流动本身就是一种社会实践中的行动过程，学生流动通过高等教育这一社会实践过程对欧洲社会变革产生能动作用。欧洲学生流动是在高等教育这一社会实践的过程中，通过个体自身在接受高等教育过程中，学生个体希望通过流动实现个人学术、职业生涯、生活能力、跨境经历等诉求，而进行跨国的流动学习的行动，而数量如此之多的欧洲学生大范围的流动又对欧洲社会政治、经济、文化等各方面产生了不同的影响，最终对欧洲社会变革形成能动性的作用。这是吉登斯结构化理论在欧洲学生流动这一行动中最重要的体现，也是该理论对本书最重要的理论指导意义所在，它使我们在研究欧洲学生流动过程中，洞察到个体行动对社会发展的能动作用，以及欧洲高等教育改革过程中，教育政策对于形成个体行动的集体性力量的重要意义。

第三，吉登斯结构化理论中最重要的观点是，社会实践是联系行动与结构的关键，只有通过社会实践才能实现行动与结构之间的相互作用。博洛尼亚进程作为一种高等教育领域中的社会实践过程，在欧洲学生流动的行动与欧洲社会变革的客观结构中，起着使两者相互作用并产生积极影响的核心作用。正是通过吉登斯这种摒弃二元对立的结构理论分析视角，使我们在研究欧洲高等教育的过程中，将欧洲学生流动与欧洲社会变革有机地结合起来，在结构化理论中，行动是呈可以维持和再生产结构的。因此，旨在整合欧盟的高教资源，打通欧洲各国教育体制的博洛尼亚进程，是欧洲高等教育区域整合过程中的一个重要阶段。作为一种行动模式的“欧洲学生流动”对欧洲高等教育系统的结构和欧洲社会结构的改进、完善和发展发挥了重要的作用，动态地促进了欧洲高等教育系统的整合，乃至欧洲社会的整合。另一方面，欧洲学生流动的同时也影响着行动者自身——作为接收高等教育的欧洲学生自身的思维模式与行为方式。因此欧洲学生流动就成为推进欧洲高等教育改革以及欧洲社会变革的动力。

（二）布劳的社会交换理论

美国著名社会学家彼得·布劳[①]是现代最著名的社会交换理论家，其社会交换理论[②]最早兴起于20世纪60年代的美国，后来在全球范围内得到传播，对交换理论的发展产生了深远影响。与交换理论的创始人霍夫曼的理论不同，布劳的社会交换理论超越了单纯的个体间的交换行为，延伸到了社会交换的层面，将传统交换理论的研究从微观提升至宏观。《社会生活中的交换与权力》是其最主要的著作。布劳对社会学最突出的贡献在于，他的交换理论跨越并弥合了以往社会学研究中微观研究与宏观研究之间的鸿沟。布劳的社会交换理论主张人类的所有行为活动和社会活动都是通过产生某种交换关系而进行的，其行为的目的是希望通过交换能够得到某种奖励和报酬，因而社会交换是社会生活中的一个重要原则。布劳在他的社会交换理论中构建了基本的交换系统。

第一，报酬的行动论是使交换行为产生并维持的基础，个人行动期望的存在是使一切人类社会活动发生并发展的可能。在布劳看来，社会交换本质上是一种人的交换行为。具体而言，“当别人做出报答行为就发生，当别人不再回报行为就停止”。当然，交换行为发生前，参与者必须对他人产生信任，而这种信任的建立要基于一定的条件，即对行动条件和后果判断的知识与经验。例如，先前的交换经验将影响着人们之后是否会做出类似的交换行为。在布劳看来，社会交换的基础是回报，即交换的参与者都期望他人回报，这种回报可以是内在形式，如他人对义务的履行，也可以是外在形式，如物质报酬。一般情况下，社会中的不同主体很多时候对于类似乃至相同的交换行为有着不同的期望。这种不同，往往建立于不同主体的知识背景与经验等。[③]也就是说，不同的主体由于对某一问题和现象有着不尽相同乃至相互冲突的理解，因而就

---

① 彼得·布劳（1918—2002），美国社会学家，社会交换论的代表人物之一。1918年2月7日生于维也纳，后移居美国。毕业于美国伊利诺伊州的艾姆赫斯特学院，获学士学位。1952年在哥伦比亚大学获哲学博士学位。曾先后任教于康奈尔大学、芝加哥大学、哥伦比亚等大学。1973—1974年任美国社会学协会主席。后任美国科学院院士和哥伦比亚大学社会学系主任。

② 社会交换理论，是当代西方社会学理论流派之一，产生于20世纪50年代末期的美国。霍曼斯是交换理论的创始人。

③ 彼得·布劳.社会生活中的交换与权力[M]. 北京：华夏出版社，1988: 108-109.

可能会产生完全不同的期望。当然，在某种大的知识规范体系下，人们对某些行动的期望回报是相似乃至相同的。不同个体由于所处情境的不同，选择亦会不同，在交换中会出现差异。但无论如何，人们交换行为本身还是基于人们所掌握的知识，不同的知识背景会使得人们对交换行为本身的意义产生不同的理解。在这里，此行动的意义又可以被认为是使人们期望的回报得以实现。因为人与人之间所进行的交换，本质上在于行动被人赋予了一定的知识意义，即期望回报。在此基础上，行动的知识意义将会被他人接受，之后将由他人对此做出反应。在这一过程中，双方其实都将或多或少地了解这一含义。

第二，交换行动的建立是基于交换双方对于彼此需求的认知，交换关系的维系则在于一方对另一方负有的义务的投入。社会交换的前提是交换双方所建立的信任，而这种信任的产生依赖于行动者对知识的判断。布劳经过研究指出，人们在从事交换行为的过程中，双方都在试图揣测对方的想法以及在交换过程中的需求，也就是一方期望从另一方那里得到的报酬，以便能够顺利完成交换行为。在这种意识的支配下，交换者往往通过控制和操纵个人的表现和行为方式，以获取对方更多的信任，并能够使对方充分相信他可以从交换过程中获得自己希望中的东西。这是交换行动在交换双方需求的基础上建立的相互信任。而这种信任的基础便是行动者对客观世界的认同以及社会普遍认知的存在。这也是研究社会行动过程中个体行动如何通过交换过程实现群体社会行动目标的关键。当个体通过交换活动中的交流发现他的经验和其他人的经验拥有共同之处时，这种经验便超越了个体，成为人们普遍共有的经验，因而这种普遍性也具有了某种意义上的社会性。

第三，群体性社会交换行为强调整体效应，个体行动的意义在于群体行动目标的实现。在对个人和群体的社会交换进行分析的同时，布劳其实也对大组织中的社会交换行为进行了深入的研究。在他看来，大组织中的社会交换行为强调整体效应，组织中的个体都致力于使群体价值得以表现。大组织中蕴含着一致的价值、一致的规范，故而宏观意义上的交换其实是交换行为参与者对组织规范的遵从。群体交换行动是要达到集体的目的，群体交换行动产生的前提是群体要实现的或者想要达到的目的。集体行动的价值形成了凝聚个体行动的凝聚力，因而集体的价值对于个体价值具有约束力。在这种集体价值规范的引导下，个体的行动目标会与集体的目标紧密相连，实现更大范围的价值。在这里，规范本质上就是人们根据现有的知识所制定出来的。只有在群体中实现群体的目标，个体的行动才有意义。

布劳的社会交换理论对我们研究博洛尼亚进程中欧洲学生流动有着重要的理论指导意义。

第一，学生流动即是一种社会交换行动，这种交换行动的基础是学生个体对于跨境流动学习带给自己能力、学业、职业、经历等方面的提高而形成的流动动机与期求。按照布劳的交换理论，个人行动期望使一切人类社会活动的发生成为可能，人们在进行交换行动之前对于交换的后果都有一种心理期望，即获得某种意义上的报酬，这是交换行为产生的根源。欧洲学生流动之所以产生并发展迅速，寻其根本，在于欧洲学生个体对于进行流动性的学习存在着个体性动机这一个人诉求。这种动机的产生与全球化社会、知识经济时代的大环境不无关系，也与欧洲的整体文化氛围、经济形势、政策倾向以及社会氛围等因素紧密相关，但最根本的动机，产生于跨境流动学习对学生个人所带来的益处。本书将这种个体动机主要归纳为以下几种：提高学术能力的动机、谋求职业发展的动机、获取跨境生活经历的动机以及掌握他国语言的动机等。当然，这些个体动机的产生是与欧洲学生所处的整个社会背景息息相关的，可以说，这些动机的产生也是欧洲学生在欧洲社会生活中形成的认知结果。这些动机对影响学生流动中所占的比重在世界不同的国家和地区也各不相同，例如在我国，学生的跨境流动往往与职业生涯发展动机的联系最大，这与我国的大环境有关，在此不做过多分析；在欧洲，根据统计资料显示，跨境生活经历动机与他国语言学习动机的比重相比起其他地区更显著，这与欧洲的社会环境密切相关。

第二，博洛尼亚进程中欧洲学生流动的兴起是基于欧洲学生个体以及欧洲社会对于信息、知识、资源共享以及社会流通性的共同需求。在布劳的社会交换理论中，交换行动建立的基础是双方对于彼此需求的认知，社会交换的前提是双方建立的信任关系。博洛尼亚进程中欧洲学生流动的过程是学生在有差别的不同国家之间进行流动的过程，这一过程是国家间信息、人员、知识等资源的流通。对于学生来说，流动带给他们的是能力、学业、职业、经历等方面的提升，对于输入和输出学生的国家来说，流动带给他们的是欧洲范围内的人员、信息和资源的共享，以及由学生的流动带动的经济、文化、科技等诸多方面的流通，可以说，学生在欧洲国家间的流动实现了欧洲国家的协作与融合，因而从欧洲层面上来说，带给欧洲人的是一种通过交往和流通而建立的欧洲认同，这便是个体行动通过普遍性的认知和集体的力量而汇聚成的社会性行动价值。而这种认同正是欧盟实现各个领域的欧洲振兴计划的坚实基础，也是欧洲一体化进程深入开展的基石。欧洲学生流动之所以能够作为欧洲高等教育改革进程——博洛尼亚进程的重要目标，正是由于学生流动给欧洲社会各个领域所产生的积极效应，这种效应也许是其他各种政治、经济以及文化手段所不能企及的，而学生流动所产生的社会效益甚至是包括最初的改革策划者们都无法预料的。

第三，欧洲学生流动作为一种群体性社会交换行动，其意义在于通过学生个体的流动，实现整个欧洲层面上的高等教育资源整合以及欧洲社会发展的目标。根据布劳对于大组织中的社会交换行为的研究，大组织中的交换行动更强调整体效应，组织中的个体都致力于实现群体价值，因为在大组织的社会交换中，个体交换行为的意义只有与群体行动的意义相结合才具有价值。博洛尼亚进程中的欧洲学生流动已不仅仅是欧洲学生个体的一种流动行为，相比起欧洲历史上以往的学生流动，博洛尼亚进程中的欧洲学生流动带有明显的群体性行为的色彩。这次的学生流动是在欧盟层面、欧洲国家层面以及各种组织的共同推动下进行的，其行动的性质已不是个体偶发性的流动行为；但与欧洲一体化进程开启后的有组织性的欧洲学生流动相比，也具有其独特的地方。根据对《博洛尼亚宣言》等一系列相关改革政策文稿的研究，得出欧洲各国在发起、组织并实施博洛尼亚进程中具有其明确的政策性目标，这些目标的提出正是基于20世纪90年代末期欧洲的社会发展状况，因而这场高等教育领域的改革是直面当前欧洲社会各个方面的挑战与问题的，其对欧洲高等教育提出的要求正是出于对欧洲社会发展需求的考虑。因而在研究并理解博洛尼亚进程的欧洲学生流动中，不能将其意义仅仅局限于学生个体的流动行为，而应着眼于欧洲学生个体所在的群体环境中，才能实现对欧洲学生流动的真实意义和价值的把握。

二、概念界定

概念是反映事物本质属性的表达形式，是帮助人们认识事物本质的基本前提。本书有必要对“欧洲学生流动”“博洛尼亚进程”“社会变革”等核心概念进行基本阐述并对它们的相关概念进行简要辨析，为后续研究奠定基础。

（一）欧洲学生流动

1. 欧洲

“欧洲”的全称是“欧罗巴洲”，其希腊文为“Ευρώπη”，源自希腊神话中的“欧罗巴”。从地理上看，位于亚欧大陆西部，北临北冰洋，西濒大西洋，南隔地中海与非洲相望，东以乌拉尔山脉、乌拉尔河、大高加索山脉、博斯普鲁斯海峡、达达尼尔海峡同亚洲分界。面积约1016万平方千米，为世界第六大洲。2011年欧洲人口达到7.392亿，绝大部分是欧罗巴人种，主要属印欧语系，包括拉丁、斯拉夫、日耳曼等语族的民族。欧洲经济发展水平居于世界前列，欧洲的绝大多数国家已进入发达国家行列，它们在工业、金融、科技等领域处于世界顶尖水平。①

本书中的欧洲所涵盖的范围限定在参与了博洛尼亚进程的欧洲国家，即签署过《博洛尼亚宣言》的47个欧洲国家和地区，其中有27个欧盟成员国，欧洲学生流动也是在此意义上成立的。

2. 学生

学生，在古代通常称为“弟子”“徒弟”，一般是指接受他人教导并帮助传播其知识和技能的人，也是晚辈向长辈或尊师请教时的一种自谦的称呼；在现代社会，通常是指接受某种教育的人，接受教育的场所可以是学校、培训机构、工作单位、科研机构，也可以是家中、特殊训练团体中（如军队）的受教育者或受训人等。根据教育机构的层次，可以将学生分为小学生、中学生（初中生、高中生）、大学生（高职生/专科生、本科生、研究生）等，其中研究生又包括硕士研究生和博士研究生。

本书中的学生主要是指在大学阶段（公立大学、私立大学）中进行学习的学生，亦即传统意义上的“大学生”。

3. 流动

“流动”，在词典里的解释为：一是流体（气体和液体）在外力（重力、离心力、压力差等）作用下引起的宏观运动；二是经常变换位置（跟“固定”相对）。总的来说，此概念往往是在物理学的框架内被使用，意指特定空间里物体在位置上的变化。

---

① 维基百科．欧洲[EB/OL]．[2016-12-21]，http://zh.wikipedia.org/wiki/欧洲.

本书中的流动主要是指学生在不同学校、国家、大洲之间区域位置上的流动，也涵盖着因跨区域流动而引起的跨专业、跨学科的流动。

4. 学生流动

在大多数政策文件和研究资料中，关于学生流动的详细定义并未被提及，原因是人们总是想当然地认为，“学生流动”一词已经具有了被普遍认可的含义——某个学生在某个时间段内跨境学习或从事与学习相关的活动。肖恩·朱诺等认为，学生流动是指任何发生在学生高中后学习活动期间的学术性流动。[①]在一些国际上的统计资料中，学生流动的定义为——外国学生在指定国家注册学习的行为。但这种界定方法显然会高估学生流动的数量，因为相当大比例的所谓“外国学生”都是具有欧盟内部国家国籍的学生。[②]虽然《鲁汶公报》已经制定了有关流动的具体标准，但并未给出准确的流动的定义，仅仅表述为“一段出国的学习或培训”。欧洲部长们都号召各个国家强化流动并丰富流动的类型和领域，但有关流动的类型并未详细表述。

学生流动的定义取决于流动类型和学生流动的标准。

本书中的学生流动主要是指博洛尼亚进程中的欧洲学生流动，主要包括欧洲范围内的学生流动以及欧洲与其他洲之间的学生流动。博洛尼亚进程的全面落实实质上全面提升了欧洲高等教育在国际上的竞争力与吸引力，由此而引发的大规模的流向欧洲的学生流动则属于区域间学生流动。本书的研究对象以欧洲区域内的学生流动为主，以欧洲与其他大洲区域间的学生流动为辅。

学生流动类型的界定与划分是对欧洲学生的流动进行统计、测量、分析和归纳的基础。根据欧洲学生流动的性质、方向、目的、学位授予国以及受教育层次的不同，可将博洛尼亚进程中欧洲学生流动的类型大致分为以下几种：

1. 本土流动与国际流动

本土学生流动，是指某个国家内部各区域间的学生流动。

国际学生流动，或称跨境学生流动，是指不同国家之间或地区之间的学生流动。

---

① JUNOR S, USHER A. Student Mobility and Credit Transfer : A National and Global Survey[R]. Educational Policy Institute, 2008.

② PORTE H A D L. Student Mobility within the European Union [J]. Vocational Training European Journal, 1997, 24(1): 60-65.

国际学生流动又分为区域内学生流动与区域间学生流动：

区域内学生流动，是指在由两个以上的国家组成的区域（例如：欧洲高等教育区、经合组织区域、世贸组织区域等）内部的，不同国家之间或区域之间的学生流动。

区域间学生流动，是指在由两个以上的国家组成的不同区域之间的学生流动。

本书中的学生流动主要研究博洛尼亚进程参与国之间及其与世界其他国家或区域之间的流动，因此以国际流动为主，在国际流动中以欧洲高等教育区内部的学生流动为主，而以欧洲与其他国家或区域之间的学生流动为辅。

2. 自发流动与组织流动

按照学生流动的性质来划分可以有以下两种类型：

一是自发流动，指的是学生根据个人的条件、能力和意愿自发地到国外高等院校注册学习的流动。

二是组织流动，指的是学生通过参与国际、国家或学校组织的教育计划或教育流动项目或计划，按照计划的路线或程序所进行的流动。如参与欧盟的苏格拉底计划、伊拉斯谟计划、达·芬奇计划等。[①]

本书中的学生流动既包括自发型流动，也包括组织型流动，由于博洛尼亚进程中的欧洲学生流动主要是以政策为导向的学生流动，因此主要以组织型流动为主。

3. 内向流动与外向流动

根据学生流动的方向可将学生流动分为输入型流动和输出型流动，这也是区分学生流动的又一种重要的方式。

输入型流动，或称内向流动，其分类依据在于流动的目的国，即学生进行流动的流入国。输入型流动的数据是根据该国输入学生的数量占本国所有学生的数量比率得出的。输入型流动比率的高低是衡量一个国家作为学生流动目的国在全球留学市场中的吸引力及竞争力的重要指标。

输出型流动，或称外向流动，其划分标准在于流动学生的生源国，即学生进行流动的流出国。流出国与大部分学生的国籍是一致的，更准

---

① JUNOR S, USHER A. Student Mobility and Credit Transfer: A National and Global Survey[R]. Educatin Policy Institute, 2008.

确地说，就是学生的永久居住国或先前接受教育的国家。输出型流动的数据是根据该国输出学生的数量占本国所有学生的数量比例得出的。输出型流动的比例显示了一个国家在鼓励学生获取国际留学经历的政策方面的努力程度，特别是对于学分流动来说；同时，这也是衡量一个国家教育系统是否完善、是否具有竞争力的重要指标，尤其是对于文凭流动来说。

本书所研究的学生流动既包括输入型流动，也包括输出型流动。

4. 学位流动与学分流动

按照学生流动的目的来划分，可将学生流动分为学位流动与学分流动，这种区分方式也是国际上最主要的两种学生流动分类方法。

学位流动，或称文凭流动，指的是学生以获取完整的学位或文凭为目的而在目的国进行的一种较长期的流动。以学位授予国来划分，学生流动可分为单一学位流动和联合学位流动或多重学位流动。单一学位流动，指的是学生参与流动后所获得的学位是由单一国家授予的。联合学位流动，或称多重学位流动，指的是学生参与流动后所获得的学位是由两个或多个国家联合或共同授予的。根据学生受教育的层次划分，可分为水平流动与垂直流动，这里的垂直流动与水平流动区别于社会学研究中的垂直流动和水平流动的概念。在学位流动中，水平流动，指的是学生在同一高等教育层次的跨国流动。垂直流动，指的是学生在一个国家的某个教育层次完成学业之后，再到另一个国家进行下一个教育层次的学习。例如，一个学生在德国完成了大学本科学业以后，又到法国进行硕士学位的学习，即为垂直流动。

学分流动，或称非学位流动，指的是在本国持续性学习框架下，以获得国外学分为目的而进行的较短期的流动，时间通常不超过一年。学生通常在本国开始参与到学习项目中，到国外进行项目的其中一部分学习，之后再返回国内来完成整个学习项目。学分流动数据的系统性收集主要是通过监控欧盟主办的学习项目进行的，例如“伊拉斯谟计划”等。

本书所研究的学生流动既包括学位流动，也包括学分流动。在博洛尼亚进程中的学生项目流动又多以学分流动为主，例如“伊拉斯谟计划”“苏格拉底计划”等。

5. 学生流动与人才流动

人才，通常指在某一方面或某一领域具有突出才能、才干的人，或具有某种特长的人，或能对社会做出贡献的人。所谓人才流动，指的是人才在各领域之间的流转变动，包括地区、行业、岗位等多方面。言下之意，是指人才在不同岗位之间、职业之间、产业之间、地区之间和国家之间体现的一种积极的、向上发展的领域转换活动。从本质上来说，人才流动体现着社会生产和科学技术不断发展的现实要求，亦可看作为社会分工发展和专业细化的必然结果。[①]一般而言，人才流动可以在广义和狭义两个层面上加以理解。广义的人才流动指的是人才在工作领域中从一种状态切换为另一种状态，而人才在工作领域中的状态则根据其所从事职业的性质、服务的对象等因素而有所不同；狭义的人才流动则是指组织间的流动，即我们通常所说的"跳槽"。从本质上说，人才流动是人才自身的选择性行为，是人才基于一定的价值考量，如为了获得更高收入、更好的职业等，所选择的实现此类追求的方式或手段。与此同时，人才流动体现着市场经济发展的现实要求，是社会历史发展进程中整合人才资源、调节人才供给、全面发挥人才效益的关键性机制。更为重要的是，人才流动可以被纳入人力资本的范畴，其实质上是富有特定的知识、技能等资本的人力的流动，是人力资本拥有者基于其固有的资本的相关产权而全面开展起来的市场性的交易行为。

从其基本范畴观之，学生流动与人才流动统辖于社会流动，前者是后者的组成部分。学生流动的确是一种人才流动，但并不是所有的人才流动都是学生流动。学生流动的主体是特殊的人才群体。

6. 学生流动与人力资本流动

人力资本流动指人力资本[②]的跨领域变动，涵盖工作地域和工作岗位等方面。一般而言，其具体包括人力资本在单一国家内的流动和国家间的流动。事实上，从人力资本流动的本意出发，其目的在于尽可能地彰显人力资本的价值，包括社会价值和自我价值，以实现科技、社会等方面的全面进步。人力资本理论中的劳动力流动是指有劳动能力的劳动者，以获取收入报酬为目的的岗位、职位变换和就业空间的位移。通俗地讲，就是劳动力因改变工作岗位、职业、单位或工作区域而产生的移动。[③]

人力资本流动侧重于与工作地和工作岗位变化相关的流动，而学生

① 潘晨光．中国人才发展报告 NO. 2[M]. 北京：社会科学文献出版社，2005: 16.

② 人力资本是指劳动者通过教育和培训获得的能够创造价值的技能和知识。

③ 谌新民．人力资源管理概论（第 3 版）[M]. 北京：清华大学出版社，2005: 27.

流动更侧重于在学生接受教育过程中与地域、学校和机构变化相关的流动。

7. 学生流动与人口流动

人口流动，一般指的是一定区域或空间内人口的增减或者他们在空间意义上的位移，它在本质上是一种极其复杂的社会现象。从本质内涵的意义上来看，人才流动、学生流动、人力资本流动都涵盖在人口流动中，人才流动又包含在人力资本流动之中。人口流动只是一定区域内自然人口的增长和空间的位移，更多地呈现出一种自然的属性。言下之意是，它更多的是一种自然而然的社会现象，与分工变化之类的社会背景的变迁并无直接的关联。而与其不同的是，人才流动、人力资本流动乃至学生流动，它们更多的是作为社会分工和发展不断细化的结果而存在着，体现出浓厚的社会属性。

8. 学生流动与社会流动

"社会流动"一词最早是由美国著名社会学家、哈佛大学社会学系创始人索罗金提出的。1927年，在《社会流动》一书中，索罗金指出，"社会流动"指的是："个人与社会对象或价值——被人类活动创造的或修改的任何变化——从一个位置到另一个位置的任何转变。"这一概念强调社会成员在社会结构所处的社会位置的改变，奠定了社会流动概念的核心基础。[①]而后，美国社会学家李普塞特则提出："社会流动是社会中的个人从一个社会位置到另一个社会位置的转化过程。"在这里，作者强调的是社会流动与个体社会地位转变之间的关联。而美国社会学家米勒在《社会流动的比较》中则提出："社会流动是一种处于全时状态的、具有功能意义的社会角色与另一种社会角色之间的运动。"[②]显然，在这些概念的界定中，社会流动被认为是与个体的社会地位变化紧密相连的，而且与其"社会角色"的问题也联系在一起。

从学者们的观点归纳得出，对社会流动的认识基本可以被限定于"社会地位""社会角色""职业选择"等关键含义的层面上的。但究其本质，无论从哪一层面来看，其概念都无法脱离地理位置、职业选择等自然属性和社会地位、社会角色等社会属性这一基本范畴。

学生群体是社会成员的重要组成部分，是正在接受高等教育的社会

---

① SOROKIN P. Social and cultural mobility [M]. New York: The Free Press, 1959.

② MILLER S. M. Comparative social mobility [J]. Current Sociology, 1960, 9(1): 1-61.

成员，因此，社会流动也涵盖学生流动，学生流动是社会流动的重要组成部分。但通常情况下，社会流动更侧重于与社会成员的阶层、岗位以及角色变化相关的流动；而学生流动更侧重于在学生接受教育过程中与地域、学校和机构变化相关的流动。

9. 学生流动与学术流动

经合组织将“学术流动”定义为：“参与高等教育的学生或老师到本国或外国的其他机构进行某段时间的学习或教学。”①联合国教科文组织将“学术流动”定义为：“学生或教学人员在非本国家或居住地进行某个时间段内的研究活动。”这里所指的时间段是有限的区间，并且我们假设这些学生或教学人员能够在规定的时间段内回到他们原来的国家或地区。“学术流动”并不涵盖一国到另一国的移民。②

学生流动是学术流动的重要组成部分，但并不是所有的学术流动都是学生流动。除了学生流动以外，学术流动还包括教师流动、研究人员流动以及与学术相关人员的流动。

（二）博洛尼亚进程

1. 博洛尼亚进程的含义

维基百科（英文版）将其描述为：博洛尼亚进程是通过欧洲国家间一系列的部长级会议和协议来进行的，旨在确保欧洲高等教育资格标准及质量的可比性，以便通过博洛尼亚进程建成欧洲高等教育区（2014年后，该句描述为：根据《里兹本公约》等博洛尼亚进程的相关协定，进程创建了“欧洲高等教育区”）。进程的名字是以当时提议并签署博洛尼亚宣言的地方——博洛尼亚大学而命名的。该进程得益于盛行一时的欧洲一体化精神。③

维基百科（中文版）对其描述相对简略：博洛尼亚进程是欧洲诸国间在高等教育领域互相衔接的一个项目，以确保各国高等教育标准相当。

欧盟将其描述为：启动于1999年的博洛尼亚进程，旨在通过参与国之间的学位标准的协调，在2010年建成欧洲高等教育区。进程希望通过

① OECD. Education at a Glance 2011[R]. Paris: OECD, 2011.

② UNESCO. What is Mobility?[EB/OL]. [2016-12-21]. http://www.unesco.org/education/studyingabroad/what_is/mobility.shtml.

③ Wikipedia.Bologna Process[EB/OL]. [2016-12-21]. https://en.wikipedia.org/wiki/Bologna_Process.

欧洲高等教育区的发展来增强流动性以及对非欧洲高等教育区学生及人员的吸引力。[①]

欧盟委员会将其描述为：博洛尼亚进程是由各政府当局、大学、教师、学生及联合会、雇主、质量保证机构、国际组织及机构等利益相关者共同努力推进的一个进程。其主要关注点在于普及“学士—硕士—博士”三阶段的学位体系，加强高等教育质量保证并简化资格认证及学习阶段。[②]

联合国教科文组织将其描述为：博洛尼亚进程是指在大欧洲地区的高等教育改革过程。尽管欧洲委员会是该进程的指导成员，但该改革活动的范围超越欧盟27个国家，目前已经有47个国家签署了该进程。这个进程是自愿签署参加的。[③]

为了更好地理解其内容，国内学者与相关机构对博洛尼亚进程相关文件进行了翻译，中文版本较之英文版本存在一些差异。关于博洛尼亚进程的意义，具有典型意义的中文描述如下：

博洛尼亚进程实质上是一项启动于1999年的欧洲高等教育改革计划，其由29个欧洲国家于意大利博洛尼亚提出，其目的在于将欧洲范围内的高等教育资源进行全面整合，打通欧洲各国教育体制。博洛尼亚进程的发起者和参与国们希望，到2010年“欧洲高等教育区”建成之时，博洛尼亚进程的签约国中的任一国家的大学毕业生，在本国获得的成绩和毕业证书，都能得到任何一个进程签约国的认可。这样，毕业生就可以在欧洲的相关国家范围内无障碍地进行下一阶段学习课程的申请或进行就业。可以发现，欧洲高等教育一体化本质上属于欧洲一体化进程的范畴，并致力于后者的整体实现。[④]可以说，博洛尼亚进程是第二次世

① European Union. The Bologna Accords [EB/OL]. [2016-12-21]. http: //www.cfainstitute.org/ethics/recognition/Documents/bologna_accords.pdf.

② European Commission. The Bologna Process and the European Higher Education Area [EB/OL]. [2016-12-21]. http: //ec.europa.eu/education/policy/higher-education/bologna-process _en.

③ 联合国教科文组织 . 博洛尼亚进程[EB/OL]. [2016-12-21]. http: //www.unesco.org/new/zh/education/themes/strengthening-education-systems/higher-education/recognition/bologna-process/.

④ 百度百科 . 博洛尼亚进程[EB/OL]. [2016-12-21]. http: //baike.baidu.com/view/1484999. htm?fromTaglist.

界大战后欧洲高等教育史上具有里程碑意义的、影响极其广泛的一次高等教育改革行动，对欧洲高等教育乃至欧洲未来的发展都有着十分深远的影响。

2. 博洛尼亚进程的参与成员

参加博洛尼亚进程的成员国也是欧洲高等教育区的成员国，截至2016年12月共有48个：

1999年加入的29个国家：德国、法国、意大利、奥地利、丹麦、芬兰、比利时、西班牙、葡萄牙、挪威、荷兰、爱沙尼亚、波兰、拉脱维亚、爱尔兰、保加利亚、瑞典、斯洛伐克共和国、英国、希腊、冰岛、马耳他、罗马尼亚、捷克共和国、匈牙利、卢森堡、立陶宛、瑞士、斯洛文尼亚；

2001年加入的3个国家：土耳其、列支敦士登、克罗地亚；

2003年加入的9个国家：俄罗斯、阿尔巴尼亚、摩纳哥、塞尔维亚、黑塞哥维那、安道尔、波黑、前南斯拉夫、马其顿共和国；

2005年加入的5个国家：乌克兰、格鲁吉亚、亚美尼亚、阿塞拜疆、摩尔达维亚；

2007年加入的1个国家：黑山；

2010年加入的1个国家：哈萨克斯坦；

2015年加入的1个国家：白俄罗斯。

参与博洛尼亚进程的国际组织主要有：欧盟委员会、欧洲委员会、欧洲高等教育机构协会、欧洲大学联合会、欧洲学生联合会、欧洲高等教育质量保障联合会、国际教育协会、欧洲工业与雇主联盟、联合国教科文组织欧洲高等教育研究中心。

参与博洛尼亚进程的网际组织包括：由欧洲联盟及欧洲委员会中32个国家组织中的博士生和青年研究人员（已经受聘的博士及博士后研究人员）组成的欧洲博士研究生及青年研究人员理事会，专门进行学术资格认证和对比的国家学术认证信息中心，致力于促进《里兹本认证公约》实施并推进学历资格认证的政策与实践发展的欧洲网络信息中心等。

博洛尼亚进程签约国成员也是欧洲高等教育区成员。因为所有欧洲联盟的成员国都加入了博洛尼亚进程，欧盟委员会也是进程签署机构之一，因此摩纳哥和圣马力诺就成为仅有的两个未加入博洛尼亚进程的欧洲委员会的成员。

3. 博洛尼亚进程的发展历程

博洛尼亚进程的发展历程主要分为以下三个阶段：

第一阶段：以《里兹本公约》《索邦宣言》为标志的进程预备阶段。

1997年4月，欧洲理事会与联合国教科文组织于里兹本召开了以欧洲高等教育为主题的会议。在与会各方的积极互动与协商下，《欧洲地区高等教育资格承认公约》（即《里兹本公约》）被通过并以文件形式确立了下来，得到了相关国家的一致肯定。在很长一段时间内，诸多的欧洲高等教育研究者都认为，《里兹本公约》堪称当时世界上最好的评估和比较高等教育的文件，对促进欧洲高等教育乃至世界高等教育的发展提供了制度上的保障和方向上的指引。因为，此公约是欧洲地区第一个具有广泛约束力的、得到相关法律支持的会议文件。由此，《里兹本公约》在很大程度上启动了博洛尼亚进程的实践推进。

1998年5月，法国、德国、意大利和英国四国主管高等教育的部长在法国索邦大学800周年的庆典大会上，共同研究了推动欧洲范围内高等教育领域人员流动和资历互认等问题，并最终签署了《索邦宣言》，以文件形式确保各国高等教育体系之间相互协调、共同发展。需要指出的是，《索邦宣言》的发起国只包括德国、意大利、英国、法国四国，并不是欧盟范围内的一个全体行动，之后也没得到欧盟委员会及其相关组织的确认，因此其只是一个非正式的宣言。总的来说，《索邦宣言》旨在解决两大问题：其一是倡导在欧洲范围内建立高等教育区；其二是构建覆盖欧洲范围的、可比较的学位体系。它们的共同目的是：在尊重多样性的同时加强各国之间的合作，推动欧洲高等教育的整体发展，使欧洲高等教育在国际教育领域更具竞争力。可以说，《索邦宣言》在欧洲高等教育一体化的发展进程中具有里程碑式的意义，对整体的欧洲高等教育改革更是意义重大。不可否认，该宣言存在着诸多的不足，如欧洲高等教育区的理念，但总体上它却为欧洲各国在高等教育领域进行交流与合作提供了范例，并规划了明确的发展目标，因而在欧洲乃至世界高等教育领域都引起了强烈的反响。

第二阶段：以《博洛尼亚宣言》为标志的进程启动阶段。

1999年6月，英国、法国、德国、意大利等29个欧洲国家负责高等教育的部长在意大利博洛尼亚大学召开会议，并在会上签署了《博洛尼亚宣言》（全称为“欧洲高等教育区域——欧洲教育部长在博洛尼亚会议上的联合宣言”），会议的召开乃至宣言的提出实质上开启了欧洲高等教育改革的新阶段，即博洛尼亚进程。《博洛尼亚宣言》旨在针对欧洲课程和学位结构极其复杂多样的特点，寻求一种在欧洲各国都可等值的质量、学分、文凭等的标准，以增强欧洲高等教育的可比性和相容性。会议上，各国部长皆予认可的是，一种文明的活力在于其自身的吸引力，因此，欧洲高等教育必须具备与欧洲文化、科技等方面在世界上可以匹敌的吸引力。基于此共识，宣言提出了以下六项行动目标：第一，通过采用具有易读性和可比性的学位制度（两级学位制度）和学分制度（欧洲学分累积与转换体系），促进学生在整个欧洲大陆的普遍就业能力；第二，采用以学士学位、硕士学位两个层次为基础的统一的学位制度，学士学位的年限不得少于三年；缩短硕士学位年限，一般在1—2年，吸引全球留学生到欧洲学习；第三，建立欧洲学分累积与转换体系以及与该学分体系配套或相融的学分制度以促进学生更广泛的流动（尤其是短期流动），使学生累积的学分终身有效，也是欧洲公民“终身教育”的凭证；第四，促进教师、学生、研究人员、教育行政人员的自由流动，通过实现知识、信息与技术等方面的资源共享，使学生获得更多学习和培训的机会；第五，加强欧洲各国教育质量保障方面的合作，完善各国内部质量保障机制，鼓励各国制定并采用欧洲各国相互认可的质量评价标准和方法；第六，增强高等教育领域中的欧洲维度的建设，在各个方面体现欧洲的整体性，如流动计划、校际合作、课程开发、培训和研究、整合学习计划等。

总的来说，《博洛尼亚宣言》是继《索邦宣言》之后，为建成欧洲高等教育区提供的一份更加具体而有力的文件，例如，《博洛尼亚宣言》就明确了“在2010年前建成欧洲高等教育区”的口号，并对《索邦宣言》的其他相关要点做了进一步的细化和提升。事实上，在本次会议之后，“博洛尼亚”几乎就成了欧洲高等教育区的代称。可以说，《博洛尼亚宣言》的正式签署，标志着欧洲高等教育改革的正式启动，这对于欧洲高等教育发展的意义自不待言，在世界高等教育领域引起广泛而强烈的反响。

第三阶段：以定期部长级会议为标志的进程实施阶段。

2001年5月，参与博洛尼亚进程的欧洲33国的教育部长在布拉格召开第一次双年度评估会议。从内容上看，本次会议首先回顾了进程开始以来所取得的成绩，并反思了期间出现的问题，探讨了改革的举措。在此基础上，与会各方经过协商，共同确定了未来两年的进程发展目标，即在欧洲范围内全面推进终身教育；建设欧洲高等教育的社会维度；全力推动欧洲相关国家的高校和学生加入博洛尼亚进程。这次会议最终还发表了《布拉格公告》，公告提出应全力构建新学位制度的课程设置，使欧洲高等教育的学位制度走向统一。

2003年9月，在柏林，欧洲40国主管高等教育的部长召开了第二次双年度评估会议，各方在总结成绩和问题的基础上，对博洛尼亚进程的未来推进提出了建议，并明确了今后两年各方工作的重点。此次会议后，组织方也发表了公报，即《柏林公报》。公报中，博洛尼亚进程的未来发展目标被明确化，即在各国建立统一的欧洲高等教育质量保障体系；建立“学士—硕士—博士”三级学位体系，加强高等教育与科学研究间的密切联系，重视高层次人才培养，加强欧洲国家之间共同合作，大力推动高层次教育的改革。

2005年5月，45个欧洲国家的代表在卑尔根参加了博洛尼亚进程的第三次双年度评估会议，在探讨之前工作得失的基础上，具体协商了未来两年各方的工作计划。在此基础上，各方共同发表了《卑尔根公告》。总的来说，卑尔根会议的主要目标是：重申加强社会维度的建设；制定有关欧洲高等教育质量保障的具体行动指南以及实施标准；疏通欧洲各国高等教育的体制，增强各国体制的兼容性与相互认可度；创造更适应时代需求的欧洲高等教育发展的灵活道路；承认联合学位，包括第三级学位——博士学位。

2007年5月，参与博洛尼亚进程的46个欧洲国家在伦敦共同出席了第四次双年度评估会议，在总结成绩与问题、协商解决路径的基础上，共同规划了博洛尼亚进程的未来发展规划。此次会议，各方审议并通过了《伦敦公报》。总体而言，本次会议的目标是：继续落实前几次会议通过的决议以及与改革相关的后续行动方案，设立“欧洲质量保障机构登记处”；实施以博洛尼亚进程带动构建“全球教育科研区”的战略设想；为有效监测等提供可执行的国家行动实施方案；构建“欧洲高等教育区”和“欧洲科学研究区”。

2009年4月，46个欧洲国家的代表在鲁汶参加了博洛尼亚进程的第五次双年度评估会议，此次会议还邀请了许多非欧盟国家和国际组织的参与，包括美国、中国、加拿大、日本、澳大利亚、埃及、巴西、墨西哥等国以及国际高等教育的组织等。此次会议是博洛尼亚进程自启动以来，首次邀请博洛尼亚进程参与国以外的国家参加，会议在探讨进程已取得的成绩和出现的问题的基础上，共同起草了《鲁汶公报》和《2009年博洛尼亚政策论坛声明》。从总体上看，鲁汶会议提出了以下进程未来发展的目标：继续推进欧洲社会维度建设；为所有签约国的学生公平享有学习和就业的机会提供保障；提高学生的学习技能以及社会适应能力；推进“终身学习”等目标，作为未来十年欧洲高等教育改革发展的重要目标。

2010年3月，博洛尼亚进程双年度评估会议和第二届博洛尼亚政策论坛在布达佩斯和维也纳先后举行。同时，有30余个非博洛尼亚进程成员国也参加了本次会议。会议就各国的高等教育发展状况与问题展开了深入的探讨。总的来说，此次论坛以1999年《博洛尼亚宣言》为蓝本，启动了欧洲高等教育区，全面实践《鲁汶公报》中达成的共识并就未来十年有关各方的行动设定了日程。“布达佩斯—维也纳会议”的召开标志着“欧洲高等教育区”正式建成。

第四阶段：建成“欧洲高等教育区”后的稳步发展阶段。

2012年4月，在布加勒斯特，举行欧洲高等教育区部长级会议，暨“博洛尼亚第三届政策论坛”。来自欧洲高等教育区47个成员国和世界其他国家或者地区的政府、学历认证机构等近70位代表参加了论坛。本次会议以“博洛尼亚进程之后：创建并连接国家、地区与全球高等教育区”为主题，探讨了博洛尼亚进程和欧洲高等教育区的创建对世界其他地区高等教育国际化和区域化进程的影响，分享世界其他地区的高等教育国际化经验。①

表1-1 博洛尼亚进程历次会议内容一览表

	学生流动	质量保障	学位制度	学分制度	社会公平	终身教育
《索邦宣言》1998年	提出促进学生流动	无	提出建立两级学位制度	提出使用欧洲学分制度	无	无

① European Higher Education Area. Ministerial Conferences[EB/OL]. [2016-12-21]. http: //www.ehea. info/article-details. aspx?ArticleId=43.

（续表）

	学生流动	质量保障	学位制度	学分制度	社会公平	终身教育
《博洛尼亚宣言》1999年	强调促进学生在欧洲内的自由流动	扩大欧洲质量保障的合作	建立易读、可比的两级学位制度	提出建立学分累积与转换制度	无	无
《布拉格公报》2001年	继续努力促进欧洲范围内的流动性	提出质量保障与专业人员之间的合作	建立两级学位体系	进一步加强学分累积与转换制度	提出社会维度建设	提出终身学习政策
《柏林公报》2003年	提供贷款与奖学金等措施增强流动性	提出建立欧洲、国家、机构三个层面的质量保障	提出建立三级学位制度	提出将欧洲学分用于学分累积	增加公民的教育机会	强调终身学习在各阶段实施的可能
《卑尔根宣言》2005年	增加有关签证和工作许可的认证	关注欧洲质量标准与指导原则的实施	关注第三阶段的博士学位	关注资格框架的实施进展	加强社会维度建设	完善学位资格框架的终身效应
《伦敦公报》2007年	增强移民、认证、学分互换和津贴制度等的灵活性	建立欧洲高等教育质量保障登记处	进一步完善国家、制度层面三级学位体系	进一步完善学分互换；消除各阶段间的衔接障碍	强调机会均等原则；增加就业机会	强调高等教育在终身学习体系中的重要性
《鲁汶公报》2009年	增强每个学位阶段的流动性；保证流动的资助、认证、结构、签证等	强调E4组织在质量保障的欧洲标准方面的合作	继续巩固三级学位体系	增强欧洲学分体系的透明度	到2020年测量国家社会维度目标的实现	扩大终身学习的参与度
《布加勒斯特宣言》2012年	强调为更好地学习增强流动性以及流动的平衡性	采用国家层面的措施扩展高等教育质量保障的适用范围	继续完善三级学位体系	将学分置于学习产出的核心位置	关注教育质量的公平以及弱势群体	强调学习结果在终身学习中的应用

（续表）

	学生流动	质量保障	学位制度	学分制度	社会公平	终身教育
《埃里温公报》2015年	强调加强学生及教师的流动的准则制定	鼓励欧洲质量保障机构注册认证的外部质量保障进程	无	加强学分的互认和转换；制定加强互认的政策	关注学士阶段入学机会的公平性	完善工作小组有关终身教育的报告

4. 博洛尼亚进程的特点

第一，博洛尼亚进程的组织模式是比较松散且不严密的。博洛尼亚进程最初是由四个欧洲国家共同发起的，随着进程的发展，越来越多的国家和组织参与其中，但其性质还是基于“政府间合作”基础上的松散组织，并非一个制度化的严密组织。在其政策制定与执行中，则更多参考了欧盟政策的制定与运作模式，例如“开放式协调法”“多层治理模式”等，这就决定了博洛尼亚进程在各个国家的具体执行过程中具有灵活性、开放性和非限制性等特征。这种相对松散的模式一方面导致了博洛尼亚进程若干环节的执行不力，另一方面也使各个地方政府和机构享有了保持多样化、差异化的空间。

第二，博洛尼亚进程的改革方向是趋向一体化的。博洛尼亚进程兴起于20世纪90年代末期欧洲一体化蓬勃发展的阶段，是欧洲高等教育一体化进程中的重要发展阶段，因此其进程的改革方向还是趋向于欧洲一体化发展的。从博洛尼亚进程的政策内容与实施内容中都不难看出，许多措施的提出都出于一体化的考虑，特别是在质量保障、学分制度、学历资格认证、终身学习等方面，各项措施的目的都是提升欧洲各国认证标准的统一性和协调性。

第三，博洛尼亚进程的基础是以保持多元化为前提的。博洛尼亚进程是一个提升认可与整合的过程，在这个过程中融合与差异并存。博洛尼亚进程的每个环节都主张尊重各个国家和地区的多样性，融合不是其根本目的，而是一种手段，其最终目的是实现欧洲共荣，提升整体竞争力。改革的目标是使越来越多的欧洲国家的高等教育相互认可与相互接近，而不是一味地追求“统一化”和“标准化”，其前提是对“自主性”和“多样性”的尊重。力图避免高等教育改革进程的“均质化”或“麦当劳化”而失去了各国教育原有的特色与优势。正如欧洲委员会高等教育研究与指导委员会主席柏·尼伯格所强调的“博洛尼亚进程必须是一个认同、集中的进程，而不是一个强求一致的进程”。

第四，博洛尼亚进程的性质看似是教育变革，但涉及政治、经济、文化等更为广泛的领域。博洛尼亚进程中的欧洲高等教育改革是基于20世纪末的欧洲社会形势所谓急剧变化以及应对欧洲各国的现实问题与挑战的情况下，针对高等教育领域进行的改革和整合，包括实现欧洲学生流动，促进欧洲高等教育学制、学分、质量保障标准等的统一，刺激欧洲科技进步以及实现欧洲的公民终身教育等，是在对欧洲社会发展的各个方面深入研究的基础上，高等教育做出的时代回应。它看似是高等教育领域的变革，实际上涉及更为广泛而深刻的政治、经济、文化等领域的变革与挑战，特别是欧洲学生流动对欧洲当前以及未来的社会发展将会产生深刻的影响。

5. 博洛尼亚进程与欧洲高等教育一体化

“一体化”[①]指的是由各自相对独立运作的个体组成一个相互配合、紧密衔接的整体，例如“世界经济一体化”。按照其性质的不同，“一体化”的类型有联邦一体化、功能一体化和新功能一体化；按照其范畴的不同，一体化可分为国家一体化、区域一体化和国际一体化等几方面。从语言学的角度看，“一体化”的汉语表达主要依据英文“Integration”一词，它的本质特征是“一定的跨边界性”，其本质上既是一个过程，也是一个结果，而其形态亦可从“静态”和“动态”两个层面来加以理解。

欧洲高等教育一体化中的“一体化”在英文中常见的表达方式是“Convergence”，它也有聚合、整合、趋同之义，就其本质而言，其指的是诸多因素在发展的过程中通过不断整合而成为一个真正意义上的整体的过程及其结果。显然，这意味着其本身不可能是同质的，其内部有着

---

① 这里指一体化理论，《辞海》将其定义为西方国际关系学理论之一，由美国学者多伊奇在1957年首次提出，其核心是系统功能主义，强调研究共同体的系统交互作用和特殊功能，主张通过跨国渠道，采取共同措施，在特定领域实现全面合作。

十分复杂的结构，蕴含着多样的、相对独立的部分。[①]总而言之，它强调的是整合诸要素之间协调相处，共同构成某一统一体。而具体到欧洲高等教育一体化，由于其本身是由各国自愿签署相关入围条约的，因此它基本上可以被看作是自愿的一体化。

欧洲高等教育一体化概念的提出和强调，与博洛尼亚进程的整体启动与开展是相互依赖、共同发展的关系。简单来说，它指的是加入博洛尼亚进程的欧洲国家，应在建立欧洲高等教育区的统一目标的指引下，实现在高等教育体制、目标、质量等各方面的统一。从根本上说，它可以被认为是欧洲一体化进程在教育领域，尤其是高等教育领域的扩展与深化。因为从源流上来看，欧洲一体化其实最早发端于经济领域，之后随着欧洲一体化进程向着政治、教育、文化等领域的纵深推进，才使高等教育领域的互动合作、共同行动得到了很大程度上的实现。而随着相关合作的深化，各国通过各种政府间达成的协议或欧盟层面的相关政策等，在高等教育领域的主权方面部分地实现了协调，以保证欧洲各国高等教育的全面融合以及学生的无碍流动，使得欧洲高等教育逐渐发展为一个兼具相通性和多样性的存在。从而致使人们在很多有关博洛尼亚进程的研究中，将其等同于欧洲高等教育一体化，甚至将两个概念互换。

6. 博洛尼亚进程与欧洲高等教育区域整合

“整合”，即通过整顿、协调达到重新组合。“欧洲高等教育区域整合”一词用来概括欧洲高等教育改革的一体化过程。其重点是强调欧洲高等教育的这一改革，即成员国之间的高等教育制度朝着同一方向发展、融合的一种状态、过程与趋向。“整合”这一概念对于过程研究来说非常重要。首先，它把国际维度或跨文化维度整合到欧洲各国高等院校的基本职能——教学、科研、社会服务等之中。其次，它对各种各样的国际性活动进行协调，以确保各种举措之间形成互通互惠的关系。最后，它把国际维度整合进欧洲各国高等院校的政策、规划和质量保障体系中去，保证国际化成为高等院校的目标、规划、制度和基础结构的核

① CORBETT A. Universities and the Europe of Knowledge: Ideas, Institutions, and Policy Entrepreneurship in European Union Higher Education Policy, 1958—2005 [M]. New York: Palgrave Macmillan, 2005: 25.

心。[1]欧洲高等教育在内部结构上是多样而非同质的，在形式、内容等方面都是相互独立的。

在考察博洛尼亚进程相关的报告和资料中，都使用了“Integration”“Convergence”的词汇来描述博洛尼亚进程，这两个词从不同程度上表达了“整合”的意思。但“博洛尼亚进程”并不等同于“欧洲高等教育区域整合”。这是因为欧洲高等教育区域整合过程，是伴随着欧洲政治、经济一体化过程而发生的功能性外溢扩展到高等教育的过程，涉及面广、时间跨度大。而博洛尼亚进程则是指1999年欧洲29个国家在意大利博洛尼亚大学签订《博洛尼亚宣言》，宣告博洛尼亚进程正式启动后，实施的欧洲高等教育改革。总体而言，博洛尼亚进程是欧洲高等教育区域整合过程中的一个重要阶段。[2]在博洛尼亚进程宣告结束后，可能还会有新的计划与举措来推动欧洲高等教育区的建设和欧洲高等教育整合。也可以说，博洛尼亚进程是欧洲高等教育区域整合的一种组织模式和运作机制，是对全球化背景下，通过政策导向驱动的欧洲高等教育区域整合的意向具有里程碑意义的重大工程。

7. 博洛尼亚进程与欧洲高等教育区

欧洲高等教育区建成于博洛尼亚进程10周年之际，准确来说是在2010年3月的“布达佩斯—维也纳部长级会议”期间。在1999—2010年期间，所有博洛尼亚进程的成员国都在为欧洲高等教育区的建设而努力，而这也在2010年成为现实。作为1999年博洛尼亚进程的主要目标，欧洲高等教育区致力于保障更加兼容和连贯的欧洲高等教育体系。欧洲高等教育区的成员包括48个国家和欧洲委员会，主要由正式成员、协商成员和合作成员三类组成。要成为一名欧洲高等教育区的正式成员，该国家需要加入《欧洲文化公约》并声明他们愿意为促进博洛尼亚进程实施和改革本国的高等教育系统而努力。欧洲高等教育区的主要特点是：1. 由携有不同政治、文化及学术传统的欧洲国家共同参与并合作来实现一个共同的目标；2. 欧洲学生和毕业生们能够很容易地进行拥有充分资格认可的跨境学习和培训，并能在欧洲人才市场中就

---

① 皮特·斯科特．高等教育全球化：理论与政策[M]．周倩，高耀丽，译．北京：北京大学出版社，2009: 77–78.

② 王新凤．欧洲高等教育区域整合研究：聚焦博洛尼亚进程[M]．北京：社会科学文献出版社，2013: 68.

业；3. 欧洲高等教育制度能够在一个互信、互认、透明和公平的基础上进行学生和教师的交流与合作；4. 欧洲各国政府可基于或顺应欧洲框架实施各自国家层面的高等教育改革；5. 欧洲区域的高等教育改革将在增强其国际竞争力的同时，参与到全球及世界其他地区的高等教育的合作与对话中。①

因此，欧洲高等教育区的建设与博洛尼亚进程密不可分，以2010年为节点，在此之前的博洛尼亚进程是在致力于建成欧洲高等教育区，而在此之后则是与欧洲高等教育区共同建设和发展。尽管如此，二者并不能等同，欧洲高等教育区的建成标志着博洛尼亚进程进入到一个新的阶段，从某种意义上说是博洛尼亚进程在高等教育各领域共同努力推进的结果，也将博洛尼亚进程带入到下一阶段更深层次的发展中。而欧洲高等教育区的建成并不意味着博洛尼亚进程的终止和结束。

第四节　研究思路与研究方法

一、研究思路

本书按照“理论探讨—动力剖析—实践运作—经验总结—归纳反思”的逻辑展开研究。

对于本书的研究框架，我们可从以下几方面来剖析理解。

一是以博洛尼亚进程中的学生流动为切入点。学生流动是欧洲博洛尼亚进程的重要组成和主要特点，其体现着时代的需要、社会发展的需求等，具有众多的积极意义。当然，它对我国高等教育的转型与发展也有着极其重要的借鉴意义。

二是立足于教育社会学的视角研究相关问题。对于博洛尼亚进程中的学生流动研究，研究视角的选择是十分必要的。因此，本书选择以吉登斯结构化理论、布劳社会交换理论以及历史唯物主义理论为基础，全面揭示博洛尼亚进程中学生流动的相关问题。

三是以一种“个体—教育—群体—社会”的视角看待相关问题。社

① EHEA Minister Conference. The Bologna Process Revisited: The Future of the European Higher Education Area[R]. Yerevan: EHEA. 2015: 5.

会存在影响并决定教育，而教育又反作用于社会存在。因此，我们将立足于这一双向的、互动的辩证视角，全面探讨博洛尼亚进程中的学生流动问题。

四是力求从宏观、中观和微观实现贯通。在对博洛尼亚进程中学生流动现象及其相关问题进行研究时，将其纳入了国际、欧洲、国家、教育乃至个体的视野之中，在一种统筹的视域中对其进行全方位的解析。

五是强调历史与现实的交互性。在本书中，我们在对相关问题进行理解与反思时，在突出其时代性的同时，也一直试图通过一种历史的视角全方位地把握它的来龙去脉，理清其发展的轨迹。

二、研究方法

本书主要采用以下几种研究方法：

文献分析法。文献分析法是通过对文献进行查阅、分析、整理，进而找出事物发展及其属性的一种研究方法。文献分析法是对欧洲国家高等教育进行研究的基本方法，通过对欧洲学者以及欧洲国家研究报告等相关研究文献进行认真阅读、整理归纳，从而认识并了解欧洲高等教育发展状况、把握欧洲高等教育发展趋势，进而来分析其高等教育改革与欧洲学生流动的动因、措施、特点及成效等。本书尽可能广泛地收集国内外有关博洛尼亚进程中欧洲学生流动的资料，对这些资料进行分析、梳理，并对其本质、特点、规律进行概括、分析和归纳。

历史分析法。历史分析法是高等教育研究中最为常见的方法。它是通过研究事物产生、发展及消亡的一系列过程，探索事物本质属性与规律的方法。克拉克·克尔在《高等教育不能回避历史》中提到，历史研究虽然不是可供语言或占卜的魔镜或水晶球，却可以让人找到来时的路，并为我们解决现实问题提供参照和印证。研究博洛尼亚进程中的欧洲学生流动正是对欧洲20世纪末期这一特定的历史时期中欧洲学生流动的产生及发展的研究，因此历史分析法必不可少。本书采用历史分析法，梳理了欧洲学生流动的历史轨迹和发展变迁，特别是在研究欧洲学生流动的历史、博洛尼亚进程的发展历程、欧洲学生流动政策的发展变迁等部分。

比较研究法。比较研究法是根据一定的标准，对两个以上有联系的事物进行考察，寻找其异同，探求教育之普遍规律与特殊规律的方法。博洛尼亚进程中欧洲学生流动的研究，涉及参与博洛尼亚进程的各个欧洲签约国，各个签约国家在改革政策制定、改革方案落实以及行动中所采取的策略各不相同。本书运用比较研究法，通过研究博洛尼亚进程中欧洲学生流动在各国的发展情况和各国所采取的措施，并通过对比欧洲国家与我国高等教育改革、社会发展以及区域学生流动等方面的异同，进而总结出博洛尼亚进程中欧洲学生流动的有益经验。

第一章 欧洲学生流动的历史发展

作为世界高等教育发源地的欧洲，是“大学”诞生的摇篮，因而也是最早的学生流动集散地，欧洲学生流动经历了漫长的发展史，这为博洛尼亚进程中的欧洲学生流动奠定了良好的基础。

第一节 欧洲学生流动的萌芽与兴起

欧洲学生流动的萌芽与兴起时期泛指中世纪时期。

欧洲学生流动的产生是伴随着学生作为一个新的阶层的出现而产生的，最早可追溯到欧洲中世纪的意大利，从当时的书信与诗歌中可以看出，学生阶层在那时就已经出现了。在中世纪，通常被称为最古老的大学——博洛尼亚大学或巴黎大学的形成主要得益于学生的流动。英国研究伊斯兰教的学者认为，中世纪欧洲大学的组织模式起源于“伊斯兰学术界”，之所以这样认为，是由于伊斯兰的学术机构把外国学生组织起来形成同乡会的渊源，也是通过授予教学许可证、学位服和学士头衔，从而使教学资格具有普遍有效性。[①]

一、欧洲学生流动的组织基础

“同乡会”（Nation，也译为“民族团”）是中世纪最主要的学生组织

① EBIED R, YOUNG M. Did the arabs invent the university? [N]. Times Higher Supplement. 1975 May 2.

形式，也是这一时期欧洲学生流动的最主要的体现。这一时期来自不同国家的学生们为了避免受到来自当地居民或其他地区学生的迫害，按照各自的籍贯组成“同乡会”。“同乡会”不仅按照大的地区和国家划分，而且按照更小的地域再进行更细的划分。当时的博洛尼亚大学约有20个同乡会，巴黎大学有4个同乡会，即“法兰西同乡会”“皮卡狄同乡会”“诺曼底同乡会”“英格兰同乡会”。神圣罗马帝国大学、布拉格大学、维也纳大学、莱比锡大学和鲁汶大学等东欧国家的主要大学都有4个同乡会，例如布拉格大学有“捷克同乡会”“波兰同乡会”“巴伐利亚同乡会”“撒克逊同乡会”。佩鲁贾大学有3个同乡会，牛津大学有2个同乡会——北方的“苏格兰同乡会”和南方的“爱尔兰和威尔士同乡会”。

同乡会的性质既是选举单位的组织，又是大学内部高度结构化和独立的机构。1158年，意大利的学生阶层从腓特烈一世皇帝那里获得正式授予的权利和特权许可，虽然在资料里并没有提及某个特定的城镇或大学，但这些学生组织便是大学的雏形。[①]而一所大学同乡会的多少也体现着该校在该地区以及更广阔的范围内的吸引力。

“同乡会”在大学中扮演着重要的角色。学生们根据地源形成了不同的“同乡会”，并选举校长作为他们的领导人。很多大学的校长往往是由同乡会的领袖选举产生的，同时，同乡会的领袖由学监和会长担任，他们同时也是学馆董事会的成员。同乡会的联盟由一个学监来领导，他由教师每月选举产生，并可多次当选。同乡会有自己的印章、注册登记簿、资料室、收支记录。博洛尼亚的“德意志同乡会”注册登记簿中记载了自1289年以来大量的学生信息，其中还登记了几乎所有来自中欧、东欧、北欧的法学学生的姓名。

二、欧洲学生流动的政策庇护

从某种意义上来说，中世纪大学的学生就是 “外地人”。大学发挥着远远超过其地域范围内的影响力，而这种影响力并非由来自大学之外的世俗力量，例如教会教区或国家的政治力量等，而是来自大学自身的

① 哈斯金斯．大学的兴起［M］. 张堂会，朱涛，译．北京：北京出版社，2010: 5-7.

包括传统声誉及教学质量在内的内在魅力。①

"游学"对交通和路况的依赖性非常高。也正是因为11、12世纪国际贸易的兴起带动了欧洲四通八达的"道路网"的建设，学生流动较之前有了很大的进步。这一时期欧洲人来往最频繁的大学都位于人口密集和交通便利的地方，其中交通状况最好的应属通往罗马的路。欧洲城市组成的政治、商业同盟——汉萨同盟，对同盟成员城镇之间道路的修建和维护，极大地改善了道路系统。很多学生经由汉萨同盟的商路到达他们的学校，他们可以跟随商队沿着莱茵河到巴塞尔，或向东经法兰克福和勃伦纳山口，然后直到帕多瓦和费拉拉。前往意大利的学生可跟随贵族、君主等上流社会显贵以及商队或前往罗马、耶路撒冷和冈斯特拉的朝圣者结伴前行。

由于跨境学习旅途过程中存在着交通路况、自然灾害等不可知的因素，因此长途跋涉的学生通常喜欢结伴而行，而且这也有据可依，根据中世纪大学注册记录的记载，来自同一城市或地区的许多学生往往在同一时间到学校注册。

除了路况以外，跨境学生流动过程中通常要面对异地征税，而这一时期很多国家都对来自国外的学生提供了保护政策，这也对学生的流动排除了很多障碍。例如，皇帝腓特烈一世试图在《安全居住法》中取缔跨境学生需缴纳的关税、捐税等赋税，而且此后的最高统治者们都以各种方式赋予学生特权来保护国外学生。②从腓特烈一世开始，统治者们都保护游历学生和他们的信使，许以特权保障他们能安全穿越边界，并免除他们所携带衣物和食品的关税。

这些赋予学生的特权如控制房租、食物价格等政策，使游历的学生能够在跨境学习与生活中避免很多麻烦，这也是中世纪欧洲学生流动呈现一派繁荣景象的重要原因。

① MICHAEL W. The Medieval Universities: Their Development and Organization. Lodon: Methuen. 1975: 69-70.

② RUEGG W, SYMOENS H. A History of the University in Europe: Volume 1, Universities in the middle ages[M]. London: Cambridge University Press, 2003: 332-338.

三、欧洲学生流动的目标国家

中世纪的欧洲学生流动的基本类型按照流动的范围分为欧洲国家内部的流动（境内流动）和国家间的流动（跨境流动）。例如，对法国和意大利这种本土就拥有满足学生高等教育需求的大学的国家来说，主要以国内流动为主，而其他国家则更多地以跨境流动为主，其流动的目的地主要是附近国家的大学或巴黎、博洛尼亚等地的知名大学。

但总体而言，巴黎与博洛尼亚是中世纪欧洲学生流动的中心。由于各种因素交织在一起，例如优越的地理位置、优良的教育传统、繁荣的手工业和商业等，使得中世纪欧洲的学术交流中心最初落在了意大利的博洛尼亚大学。之后，博洛尼亚大学又孕育了巴黎大学。二者有一个共同的特点，就是学生基本来自英国、法国、德国、波兰、西班牙、匈牙利等欧洲各国。之后，在巴黎大学的影响下又出现了牛津大学和剑桥大学。因为从博洛尼亚到巴黎大学再到牛津、剑桥的这种传承关系，人们亲切地称博洛尼亚大学和巴黎大学为“中世纪欧洲大学之母”，意大利和法国也因此成为这一时期的国际学生流动的中心地带。现就不同区域国家的学生流动进行详细分析。

冰岛、爱尔兰等国家以及一些东欧国家，其学生到国外学习的原因大多是由于本国没有学校或学馆，即使一些国家有自己的学校，也因其质量的满意度较低而对本国学生缺乏吸引力。

在一些国家的历史记载中，北欧国家的流动学生大多进行宗教学习，例如11世纪早期的丹麦、冰岛和挪威，12世纪早期的瑞典、12世纪中期的芬兰，先后皈依基督教并建立了新的教会，这就需要学习过罗马法的高级教士来管理教会以及建立教育体系。1219年教皇霍诺留斯三世鼓励他们到国外进行学习。根据史料的记载，1200—1350年，四分之三的学生去了巴黎，四分之一的学生去了博洛尼亚；1350—1530年，有128名在巴黎学习的学生，36名在博洛尼亚学习的学生。[①]13世纪时，来自斯堪的纳维亚半岛的学生也去牛津和剑桥学习，通常他们都是教会的精英并且无一例外来自富裕家庭或贵族家庭。

对于东欧学生来说，在1364年克拉科大学建立前，并不是很兴盛的

① BAGGE S. Nordic Students at Foreign Universities until 1660[J]. Scandinavian Journal of History. 1983: 287-318.

布拉格大学是距离立陶宛、波兰和匈牙利最近的大学。除了几个很短的时期——1389—1450年在布达佩斯的布达大学、1367—1400年在佩奇的佩奇大学和1465—1492年在布拉迪斯拉发的帕塞尼大学，匈牙利和立陶宛人一直都前往国外大学进行学习。[①]且根据史料记载，在整个中世纪的博洛尼亚大学、帕多瓦大学和巴黎大学中，来自东欧几个国家的学生人数虽然很少但都很稳定。此外，14世纪时期，一些波西米亚人闯过英吉利海峡前往牛津学习哲学和神学。15世纪末期，很多东欧人前往巴黎和意大利求学。到1500年，前去巴黎学习的匈牙利人还雇用了7名信使，以保持他们和家庭的联系。

对于大不列颠群岛上的国家来说，苏格兰和英格兰的流动学生相对较多，爱尔兰的相对较少。苏格兰的学生多数是去巴黎学习文科、神学及法学，到奥尔良学习教会法和民法，极少到牛津和剑桥。1340—1410年，苏格兰学生到巴黎大学学习的有260人，到奥尔良大学学习的有60人，到阿维尼翁大学学习的有34人。而1295年签署的反对英格兰的《埃尔德盟约》更加深了德国与苏格兰的联系，也促进了苏格兰学生到德国的流动。1466—1500年，“英德同乡会”的注册簿中约有350名文科考试的候选人。[②]而奥尔良也有“苏格兰同乡会”，一些苏格兰学生会加入“德意志同乡会”，由此可见苏格兰与德国间密切的联系。

中世纪欧洲学生流动的中心先后落在博洛尼亚大学和巴黎大学。例如，1215年，巴黎大学38%文科硕士来自英格兰。1333—1494年，3300名德意志同乡会成员参加了巴黎大学文学院的考试，其中1116人来自罗马帝国，229人来自英格兰，79人来自瑞典。[③]

从流动目的来看，这一时期的学生流动主要是为了学习和访问。流动的学生主要是中世纪大学中的学生。欧洲中世纪大学诞生于12世纪，它生来就别具一格，学生入学没有国籍的限制，学生来自四面八方，形式亦有其独特的地方，即“游学”。所以其学生具有跨文化学习的特

---

① YOUNG R. Bohemian Scholars and Students at the English Universities from 1347 to 1750[J]. English History Review. 1923(38): 72.

② COISSAC J. Les Étudiants Écossias a l'Université de Paris[J]. Revue Internationale de l'Enseignement. 1917(71): 26-27.

③ RUEGG W, DE RIDDER-SYMOENS H. A History of the University in Europe: Volume 1, Universities in the middle ages[M]. London: Cambridge University Press, 2003: 319-320.

点，表现出浓厚的跨国色彩。那时的大学统一用拉丁语进行教学，教学内容和考试方式等也完全相同，与之相对应的，学生取得的学位和文凭在欧洲的各个国家、各个地方都被认可，所以这一时期大学生流动基本不会遭遇过多阻碍。在这样的环境下，名师就成了吸引学生的关键因素，例如巴黎大学的前身——巴黎圣母院附属学校，因为拥有著名的学者彼得·亚伯拉德，从而吸引了众多来自欧洲各地的学生及学者前来拜师学习，这也从某种程度上促使其所在的学校逐步壮大，并最终转变为一所闻名遐迩的大学。

因此，这一时期被里德·西蒙尼称为“学术朝圣时代”，她还对这一时期学生大量流动的原因进行了阐释：第一，大学数量有限，1300年欧洲总共只有16所大学，在文化中心地区以外的学生只有流动才有机会进入大学；第二，受欧洲留学传统的影响，不仅在中世纪欧洲，就是在古希腊、古罗马时期，欧洲学生“游学”风气亦很浓厚；第三，不同的院校有不同的优势专业，例如波隆那的优势学科为法律，巴黎大学和牛津大学的优势学科为艺术学和神学；第四，当时欧洲国家普遍给予游学的教师和学生一些特权，例如减免关税、通行费、杂税等。[①]

从某种程度上说，中世纪时期欧洲大学的学生流动是相当自由的，虽然那时的大学不具备现代意义上的国际化特征，且其广度和深度与当今欧洲的大学生流动相比有很大差距，但无疑已初步具备了高等教育跨境流动的性质。

第二节　欧洲学生流动的兴盛与衰弱

欧洲学生流动的兴盛与衰弱期泛指1500—1800年。其中16世纪上半期是欧洲学生流动的黄金时期。

一、欧洲流动学生的构成主体

文艺复兴对欧洲大学的影响在于它使人文主义在大学中拥有了一席之地。在文艺复兴的影响下，新人文主义教学思想对这一时期的学生流动

① GÜRÜZ K. Higher Education and International Student Mobility in the Global Knowledge Economy [M]. Albany: State University of New York Press, 2008: 131.

产生了助推的作用，出国学习成为一种风尚。对于大学中的教师而言，出国学习是青年精英接受人文主义教育的最佳途径；而对于学生而言，出国学习是成为真诚而狂热地追求知识与文化的人文主义者的必由之路。

人文主义思潮的兴起使得意大利成为各国想要接受人文教育的学子的向往之地，对于那时的学生来说，意大利之旅便是造访文化源泉的朝圣之旅。意大利的博洛尼亚大学、帕多瓦大学、帕维亚大学、锡耶纳大学和比萨大学吸引了来自欧洲各国的学生前来学习，这些学生大多来自英国、德国、荷兰、西班牙、葡萄牙以及斯堪的纳维亚半岛等国家和地区。特别是来自阿尔卑斯山南麓的学生在意大利进行着长期的学习，且在意大利很多大学中占有非常高的比例。据史料记载，15世纪末期，锡耶纳大学和帕维亚大学的毕业生中有50%的学生来自阿尔卑斯山南麓，而费拉拉大学的这一比例也高达23%。[①]一些知识分子和人文主义者被阿西亚特斯、居雅思等教授的名声吸引而慕名前去求学，并跟随着老师从一所大学辗转到另一所大学。很多意大利大学中外国学生占据非常高的比例，在比萨大学和佛罗伦萨大学中，来自西班牙和葡萄牙的学生占40%，德国学生占23%，来自法国南部和西南部的学生占14%。在锡耶纳大学和费拉拉大学中，德国的学生占75%，其次是伊比利亚的学生和荷兰的学生。[②]

16世纪的学生主要来自资产阶级或贵族家庭，尽管大学也在提高接受高等教育的公平性，为学生提供奖学金和免费的寄宿，但是大多数学生仍是贵族子弟。例如，法国直至18世纪末期，大学里也很少有贫穷的学生。古典时期的纨绔子弟非常认真地遵循着人文主义者的建议，通过在欧洲旅行完成他们的教育，而到了17世纪，贵族教育已经革新，贵族不再只是培养骑士精神，也学习文学、法律，为服务国家做准备。

---

① RUEGG W, A History of the University in Europe: Volume 2, Universities in Early Modern Europe(1500—1800)[M]. London: Cambridge University Press, 1996: 436-442.

② DE RIDDER-SYMOENS H. Italian and Dutch Universities in the Sixteenth and Seventeenth Centuries, Italian Scientists in the Low Countries in the XVI th and XVII th Centuries[M]. Amsterdam: Nieuwe Ned Bijdr Geschied Geneeskd Natuurwet. 1989: 31-64.

二、欧洲学生流动的目标学科

受文艺复兴及宗教改革的影响，这一时期欧洲学生的跨境流动主要是为了学习异国的神学和医学。

（一）神学

16世纪兴起的欧洲宗教改革使欧洲国家（特别是西欧和中欧）被分为天主教、路德教和新教三个宗教区域，因而欧洲学生流动受到宗教改革与反宗教改革的影响很大。宗教改革对欧洲学生流动的影响是两面的，一方面它因提升了新教大学、天主教大学在欧洲范围内的吸引力而促使学生流向这些国家，另一方面它又使国家当权者因控制本国宗教和政治而限制国家间的学生流动。

宗教改革为大量改信新教者和新教改革者建立的大学赢得了极大声誉，并吸引了广泛的国际生源。对于任何需要人文主义文学和神学教育的具有改革信念的人来说，德意志帝国的大学是首选。很多欧洲学生从四面八方来到德国的路德大学和莱比锡大学学习，这些学生来自不列颠群岛、北欧、亚平宁半岛以及东欧。根据史料记载，16世纪中期的莱比锡大学注册的学生中，有三分之一是外国人。

得益于加尔文教的神职人员的培养，海德堡大学和日内瓦大学都吸引了来自欧洲各国的学生。17世纪后半叶至18世纪早期，海德堡大学是加尔文教徒最青睐的大学。1600年，在海德堡大学注册的学生中有五分之二是外国人，并且其中很多学生也在日内瓦大学、斯特拉斯堡大学和巴塞尔大学学习，特别是1650年后，弗里德里希三世将海德堡大学建成了加尔文教大学，其加尔文主义理念的光芒吸引了来自欧洲各地的众多教授与学者。在海德堡大学神学院的影响下，1563年出现了著名的《海德堡教理问答录》。

新教徒比天主教徒更热衷于大旅行，比起法国人、意大利人和西班牙人，说英语、德语和斯拉夫语的人更喜欢追求这种大旅行的时尚。

（二）医学

以欧洲加尔文教最高级的教育机构日内瓦学院为典型而建立的荷兰莱顿大学，在文、法、神、医等专业产生了很多著名的学者，医学家赫尔曼·布尔哈夫的演讲吸引了来自欧洲各国的年轻人，特别是信奉加尔文教的新教徒们。由于当时大部分国家的医学教育水平都很低，所以布尔哈夫在莱顿大学演讲的听众来自世界各国，1701—1738年间曾有1910名学生听过他的演讲，这其中三分之一的学生来自英语国家。[①]

1649—1699年在布鲁塞尔医学院注册的104名医生中，70名在鲁汶取得学位，10名在杜埃取得学位，8名在帕多瓦取得学位，其次是博洛尼亚（5名）、多勒（3名）、罗马（2名）、兰斯（2名）、莱顿（2名）、帕维亚（1名）、比萨（1名）。18世纪登记在册的77名医师中有96%在鲁汶取得学位，3%在博洛尼亚取得学位，1%在哈尔德韦克取得学位。而在荷兰，1640—1699年间，在阿姆斯特丹注册的医师中，75.8%是来自荷兰大学的毕业生。

1800—1830年间，在法国巴黎著名天主教大学兰斯大学的医学院毕业生中，外国学生超过60%，且在18世纪末期仍保持在30%左右。这些外国人大多是不列颠岛人，1750年之前多是英格兰和苏格兰人，1750年之后则是爱尔兰人。

三、欧洲学生流动的发展阻滞

14世纪之后，伴随着欧洲各地新大学的成立，大学的招生越来越地方化，欧洲国家间的学生流动在15世纪基本趋于停滞。[②]此外，民族国家政权采取了各种措施阻止国家间的学生流动。特别是16—18世纪，受宗教改革、民族国家兴起的影响，欧洲高等教育领域中学生流动人数大大减少，其主要原因是大学数量的不断增加以及民族国家的兴起。

从1300年到1400年，欧洲大学由最初的16所增加到了48所，1500年达到了72所，因此许多学生不需要流动到其他国家就能在本国获得知识上的满足，只有少数学生需要跨国交流，主要是学习地方大学没有的专业或仅仅是向往国际知名大学的声誉。16—18世纪欧洲学术中心主要集中在英国和法国。得益于自然科学理论和工业经济的迅速发展，16—17世纪英国迅速发展为当时的学术中心。但此后不久，英国高等教育的

① LINDEBOOM G A. Herman Boerhaave: The Man and His Work Hardcover[M]. London: Methuen & Co. 1968: 356-357.

② RUEGG W, DE RIDDER-SYMOENSH. A History of the University in Europe: Volume 1, Universities in the middle ages[M]. London: Cambridge University Press, 2003: 397-414.

发展速度逐渐减缓，一方面是因为当时自然科学对社会的推动作用并未完全显现出来，另一方面是大学对自然科学的接纳也是有限度的，这使得英国逐渐失去了在高等教育上的领先优势。而在不久后的法国，启蒙运动、工业革命和法国大革命大大促进了法国高等教育的发展，重视科技和实用、具有很高学术水平的“大学校”纷纷建立，并吸引了大量外国学者，法国迅速成为继英国之后的又一个高等教育中心。

1680年之后的欧洲战争，特别是路易十四发动的大规模的战争结束了欧洲大规模的学生流动。1685年《南特敕令》的撤销使得很多德国人和荷兰人从法国逃离。之后1688—1697年的九年战争，使得更多的德国人和荷兰人从法国逃走。1618—1648年在欧洲大陆的三十年战争使得17世纪上半叶的罗马帝国几乎没有了大旅行，欧洲地区动荡不安，跨国的学生流动相对停滞，流动主要以国内或局部地区的流动为主。

16世纪兴起的欧洲宗教改革，造成了西方基督教世界的分裂、国家主权的分割、宗教政治格局发生变化甚至解体，这对欧洲的国家以及大学都产生了极大的影响。民族国家的建立加强了国家间的对立，许多政府认为，学生出国留学便是“人才的流失”，其后果是给本国的社会发展和人力资源市场带来严重的损失，出国留学受到政府的极大限制，因此这个时期国家间的学生跨境活动相对减弱。对于大学而言，16、17世纪成立的大学都具有较强的地方主义特色，服务于民族国家和地方的利益是其办学宗旨以及课程设置的目标。有些国家或地区甚至明文规定不准学生到国外求学，以防止本国学生到国外后受到“精神洗礼”，被异国政治制度和异域宗教“污染”。例如，1559年西班牙国王宣布禁止国民跨境求学，波兰（1534年）、葡萄牙（1538年）、法国（1603年、1629年）也曾颁布类似的限制性法令。[①]

因此这一时期欧洲各大学逐渐由开放变得封闭，大规模的世界性流动越来越少，跨国求学的人寥寥无几，跨洋求学更是少之又少。而这少部分人之所以选择跨国留学的主要原因是地方大学没有其所要学习的专业或是单纯向往国际著名大学的声誉。17世纪欧洲大陆的国际学生人数只占学生总人数的10%，到18世纪又再次减少。

总之，由于欧洲大学数量的增加（从1300年的16所增至1500年的

① 希尔德・德・里德・西蒙斯．欧洲大学史（第一卷）：中世纪大学［M］．张斌贤等，译．保定：河北大学出版社，2008：308-309.

72所），75%的学生能够就近接受高等教育；[①]加之宗教改革、地方限制性政策以及大规模的欧洲战争，特别是1685年《南特敕令》的撤销以及1688年的“九年战争”，使得学生流动相对减缓。[②]

第三节　欧洲学生流动的调适与复苏[③]

一、第二次工业革命中的学生流动

19世纪末期，德国、英国和法国成为当时世界学术的中心。特别是德国，其先进的教育理念加上政府的大力支持，使得德国的高等教育迅速发展，大批外国学生赴德求学。在德、英、法教学模式的影响之下，其他国家也开始重视高等教育，他们的教学模式基本上是混合德、英、美三者的模式，然后稍加更改甚至直接沿用某一国的模式。一方面采取措施引进德国、英国及法国的师资力量，另一方面大量派遣学生赴德、英、法、美等国家学习，回国后就成为新的教学主力。因此欧洲殖民时期出现了大量师资外流，大量学生流入的现象。但由于这一时期英国大学缺乏严格的管理和资料存档制度，所以英国学生国际流动情况以及外国学生流入情况的资料都不充足。

1900年和1930年，牛津大学的国际学生人数分别占总人数的6%和12%。而19世纪的巴黎凭借其数学专业吸引了大量包括俄国留学生等在内的外国留学生。值得注意的是，巴黎是19世纪欧洲数学专业的学术交流中心。在欧洲经济大萧条之前的1927—1928年间，法国高校的外国学生数近15 000人，占法国学生人数的20%以上。而1929年之后的世界经济危机以及全球冲突使得跨境交流的学生数明显下降。根据克林贝格的数据显示，1900年法国的外国学生占总学生人数的6%，1920年为

① RUEGG W, DE RIDDER-SYMOENS H. A History of the University in Europe: Volume 2, Universities in Early Modern Europe (1500—1800) [M]. London: Cambridge University Press, 1996: 397-414.

② 希尔德·德·里德·西蒙斯. 欧洲大学史（第二卷）：近代早期的欧洲大学（1500 —1800）[M]. 贺国庆，等译. 保定：河北大学出版社, 2008：438-439.

③ 欧洲学生流动的调试与复苏期泛指1800—1999年。

13%，1930年为22%。[①]

到了18世纪中叶，德国的高等教育突飞猛进，其中最具影响力的非柏林大学莫属，它率先把教学和科研结合起来，创造了区别于以往大学的近代大学模式，大大促进了学术与科学的产生与发展，为德国培养了一大批顶尖的科技人才，并使德国成为又一个国际科学发展中心。于是，世界各地的留学生蜂拥而至。19世纪后半叶至20世纪初，希腊、荷兰、比利时、美国、日本等许多国家的学生纷纷赴德求学。据不完全统计，从1815年到第一次世界大战爆发期间，仅美国赴德留学的人数就超过了一万人。[②]

二、两次世界大战中的学生流动

进入20世纪之后，两次世界大战的爆发对整个欧洲的文化交流以及学生流动产生了深远影响。一方面随着欧洲局势的动乱，欧洲国家间的学生流动在两次世界大战的战争时期几乎停滞；另一方面，由于世界学生组织的发展和学生运动的持续发展，在两次世界大战间隙期，学生流动相对频繁。

这一时期欧洲学生流动的目的地主要是英国、法国和德国。

表1-1 英国（牛津）、法国、德国的外国学生比率

	1900年	1920年	1930年
英国（牛津）	6%		12%
法国	6%	13%	22%
德国	6%		4%

资料来源：RUEGG W,DE RIDDER-SYMOE N. A History of the University in Europe: Volume 3, Universities in the Nineteenth and Early Twentieth Centuries(1800—1945)[M]. London: Cambridge University Press. 2004: 254-256.

① GÜRÜZ K. Higher Education and International Student Mobility in the Global Knowledge Economy [M]. Albany: State University of New York Press, 2008.

② 贺国庆 . 德国和美国大学发达史 [M]. 北京: 人民教育出版社, 1998: 189.

法国于1919年在斯特拉斯堡成立了“国际学生联盟”，德国于1925年成立了“德国学术交流总署”，英国于1934年成立了“英国交流协会”，目的是希望通过协助学生的流动与访问，促进国家之间的交流与了解。从此，大学生流动的政策性地位和组织化程度相比之前有了很大改进，从而使国家意志逐渐取代学术交流，成为跨国学生流动中的主导性因素。

在法国学生的号召下，来自17个国家的学生代表举行了一次国际学生会议，决定建立一个永久性的国际组织，作为各国学生组织的总部，并将其命名为“学生同盟会议”，其主要参加者是法国、卢森堡、西班牙、波兰、捷克斯洛伐克和罗马尼亚等国的学生组织。该组织并未邀请一些欧洲强国的学生组织参加。于是1924年，英国学生在荷兰学生的支持下，对这种排斥强国的做法提出异议，于1924年与多个欧洲强国的学生组织一起加入其中，并正式命名为“国际学生联盟”。该组织对欧洲范围内的学生流动起到了推动作用，特别是促进了高等教育领域中学生生活、研究等方面的交流。国际学生联盟总部设在布鲁塞尔，为加盟的各国学生组织提供各种服务，例如创立“大学书籍中心”，为贫困学生提供更便宜的书籍；主办“国际大学生运动会”，提供旅游协助和就业协议等。[①]1937年，国际学生联盟的身份得到了国际联盟的正式承认。1940年德军侵占比利时时该组织暂时中止了工作，而其重要的合作伙伴“德意志学生联合会”也已在1933年希特勒上台后被取缔。

除了建立正式的欧洲层面的学生组织之外，两次世界大战期间的跨境学生流动也通过借助国际会议等非正式的方式进行着，例如支持国际联盟和世界和平的学生组织通过“国际联盟之友”等国际会议保持着联络。[②]该会议分别于1927年在罗马、1928年在巴黎、1929年在布达佩斯、1930年在布鲁塞尔、1931年在里加召开。该会议对于欧洲范围内各国学生及学生组织间的跨国交流起着重要的作用。很多国家受其影响，也建立了类似的以学术和研究为主题的交流性的组织，并召开会议，例如波兰和捷克斯洛伐克等国成立了“法国之友学术圈”，旨在进行跨国

① FRANK D, BECKMAN H. Geschiedenis van het leidsche Studentencorps[M]. Leiden: Doesburgh. 1927: 217-218.

② RUEGG W, DE RIDDER-SYMOENS H. A History of the University in Europe: Volume 3, Universities in the Nineteenth and Early Twentieth Centuries(1800—1945)[M]. London: Cambridge University Press. 2004: 376-379.

间的学术交流活动。

虽然战争年代的学生流动并不像和平年代一样丰富而频繁，但两次世界大战期间的欧洲学生流动也在持续推进，这主要是由于一系列以“反战”与“和平”为主题的学生运动的开展。1933年反法西斯运动获得了重要发展，同年在巴黎举行了两次世界大战之间最大的一场青年示威活动，并召开了“世界青年和平促进会议”，该会议汇集了10万多名来自各国的的青年人。接着1934年在布鲁塞尔召开了“世界学生反战和反法西斯会议”。

两次世界大战期间的学生组织以及跨国间的学生会议往往受到政治力量的干预和利用，因此其流动虽然仍在持续，但很多时候已经不再以学术交流为目的。1919年，共产国际学生和青年组织希望通过建立一个苏维埃将国际学生论坛等组织都纳入其中，便建立了“青年共产国际”，也正是因为政治力量的干预，当时苏俄只有为数不多的大学生组织加入其中。1934年，莫斯科采取国际路线建立反法西斯“人民战线”，并促成了“世界青年会议”的召开，该会议影响了很多欧洲国家的学生领袖。这些两次世界大战之间形成的学生组织和活动大多在第二次世界大战爆发后受到国家政策的限制而停止。

因此，两次世界大战期间的欧洲学生流动在欧洲政治阻挠与战争中时断时续地进行着。

三、欧洲联合运动中的学生流动

第二次世界大战后，在欧洲先驱者、欧洲派政党以及欧洲组织的共同推动下，一系列声势浩大的欧洲联合运动纷纷开展起来，这些欧洲层面的联合运动起初在政治、经济领域，后涉及教育领域的人员流动。

20世纪40年代末到90年代初的欧洲国家在高等教育领域中的合作相对较少，特别是20世纪五六十年代，交流主要是由政治因素推动的，因此这一时期的高等教育机构成为被动的合作者，学生的流动处于自由放任的时期。20世纪两次世界大战的爆发以及战后政治格局的动荡，使人们认识到，学生的跨境交流不仅有利于消除国与国之间的对峙，也有利于增进相互了解与认同，还有利于政局稳定及国家安全。因此针对大学生流动，政府不再放任自流，而是更加注重加强政府对学生流动的控制和协调。但尽管如此，欧洲一体化的趋势已经逐渐崭露头角，学生流动的政策，尤其是欧洲层面上的学生流动政策，虽然相对较少但仍在持续发展。

在经历了巨大牺牲与无数痛苦的反法西斯战争后，欧洲国家逐渐意识到联合的重要性。1946年9月，丘吉尔在苏黎世大学发表的演说《欧洲的悲剧》中提道："在摧毁纳粹政权的时候，我曾问自己，对这个生灵涂炭、民穷财尽的欧洲大陆的兄弟姐妹们来说，我们能做些什么呢？我想我能提出的最好的建议可以用一句话来概括，那就是'联合起来'！"①在这次演说中，丘吉尔号召欧洲各国联合起来，"在和平、安定和自由中快速发展起来"。此后，一系列欧洲层面的合作组织纷纷建立。1946年12月，一些欧洲联邦主义者们聚集巴黎，成立了汇聚50多个不同国家的联邦主义组织的"欧洲联邦主义者联盟"，旨在建立一个拥有真正超国家权力的欧洲联邦。②又如1947年6月建立的"欧洲社会主义合众国运动"、1946年建立的"欧洲经济合作联盟"、1947年建立的"欧洲议会联盟"以及"国际协调委员会"等等。1948年5月，国际协调委员会在海牙举办的"欧洲大会"上，由萨尔瓦多·德·马达里亚加主持的文化委员会通过了建立"欧洲文化中心"的决议，以加强欧洲国家间的思想、学术及文化交流，并把协调委员会改为"欧洲运动"。该组织在1949年4月的威斯敏斯特专题会议上，提出了"对实现欧洲人员、资本、商品的自由流动达成的共识"，并于12月在洛桑的文化专题会议上提议实施欧洲国家间的文化协定，互换教师和学生。

考虑到高等教育对经济发展的重要作用，在1971年"欧洲共同体第一届教育部长会议"上，高等教育的发展首次被正式纳入政策议程。③第二次世界大战结束后的前30年，西欧与中东欧地区的高等教育发展分道扬镳。20世纪70年代末兴起的"新公共管理运动"十分强调市场调节，因此政府尽可能少地干预社会公益领域，特别是教育与文化领域，实现市场机制的全面调节作用。政府不再统领全局，而是开始加

① CHURCHILL W. His complete Speeches 1897—1963, vol. 8[M]. New York: Chelsea House Publishers. 1974:1950—1963.

② GERBET P. La Construction de l'Europe[M]. Paris:Imprimerie National. 1983: 57.

③ ROZSNYAI R. Quality Assurance Before and After 'Bologna' in The Central and Eastern Region of the European Higher Education Area with a Focus on Hungary, the Czech Republic and Poland[J]. European Journal of Education, 2003(38): 3.

强与各个领域的谈判与协商，注重与高等教育界的对话，在政府政策制定中开始考虑多方利益相关者的声音，如学生、雇主及地方政府官员等。“中层结构弱小”是此时欧洲大陆高等教育的典型特征，即“大学机构自治权威较弱”，因此，这一阶段的欧洲学生流动呈现出夹裹在政府与高校中间的自由放任状态。而由于整个欧洲高等教育正在社会变革的进程中不断调整，因而各国间学生的相互往来也是零零散散的。[①]

四、欧洲一体化进程中的学生流动

1970—1980年后，欧洲高等教育领域的学生流动在政治、经济及文化等方面凸显的重要价值越来越受到人们的关注。

在国际市场的激烈竞争和人力资本的全球性流动的大环境下，启动于20世纪50年代的欧洲一体化开始蔓延到高等教育领域，用高等教育带动欧洲一体化的进程成为欧盟的重要战略规划之一。1970年后，在全球跨境学生流动以及欧洲高等教育一体化的推动下，欧洲学生流动呈现出前所未有的蓬勃发展态势。1960年全世界跨境流动学生共计24.5万人，1980年为110万人，1990年为130万人，2009年增至340万人。[②]欧盟先后制订并推出了多项欧洲内部大范围的教育交流计划，在欧洲高等教育一体化的影响下，欧洲学生流动呈现出空前的繁荣景象，进而吸引了大批非欧洲国家学生的流入。国外学生的流入不仅给生源输入国带来巨大的经济利益，还为流入国补充了高等教育生源和更加廉价的人力资源，通过招收外国学生有利于深化欧洲政治经济关系、扩大全球影响力。

1971年，欧洲六国部长级会议首次提出要在欧洲实现文凭互认，加强高等教育领域的合作交流。此后欧盟相继开启了“伊拉斯谟计划”，在促进欧洲内部学生流动的同时又吸引了大批非欧洲国家学生的流入。到了1992年，欧盟为了强化“欧洲意识”、加强欧洲高等教育

① 伯顿·克拉克.高等教育系统——学术组织的跨国研究［M］.王承绪等，译.杭州：杭州大学出版社, 1994: 145.

② CHIENC L, KOT F C, UNESCO Institute for Statistics. New Patterns in Student Mobility in the Southern Africa Development Community[R]. Montrea: UNESCO Institute for Statistics. 2012:1.

的交流与合作、鼓励教育创新，推出了“苏格拉底计划”，这一举措有利于欧洲应对全球化的挑战、处理多种文化之间的关系、促进欧洲一体化进程。[①]

① 徐莉 . Socrates Programme：文化多元背景下欧洲的教育对策［J］. 南宁：广西师范大学学报: 哲学社会科学版, 2005（04）：108-111.

第二章
博洛尼亚进程中欧洲学生流动的动力

博洛尼亚进程中欧洲学生流动的兴起及发展有着其深刻的社会根源，剖析其形成的动力以及其中包含的动力因素，可以探究博洛尼亚进程中的欧洲学生流动的产生、形成并发展壮大的根源，也是我们洞悉博洛尼亚进程发起前的欧洲社会形态的可靠路径。

第一节　国际形势变化的需求

博洛尼亚进程中欧洲学生流动是在经济全球化以及科技迅猛发展等国际大背景下形成的，国际形势的发展趋势以及对欧洲提出的挑战是其进行改革的重要原因。具体而言，主要包括世界人才流动格局对欧洲的挑战、知识经济对世界劳动力市场的冲击、第三次科技革命对教育改革的迫切要求、冷战后国际政治格局对欧洲的压力等。

一、世界人才流动新格局对欧洲的挑战

高等教育国际化发展实现了高等教育资源在世界范围内的自由流动，在经济全球化的综合国力竞争中，人才处于关键地位，谁拥有数量多、质量高、创新能力强的人才，谁就在竞争中处于优势地位。因此，人才的竞争成为当今国际竞争的重中之重，国际市场的人才争夺战日趋激烈，许多国家纷纷将国际人才竞争纳入国家的重要战略中。而通过跨境高等教育吸纳国际优秀人才是众多高等教育输入国占领国际人才市场

的重要手段。通常情况下，教育输入国用发展跨境学术合作和留学政策来吸引优秀的学生和研究人员到“本国”的知识经济领域学习或工作，以提高“本国”的高等教育和研究部门的质量和竞争力。在这场世界性的高等教育发展竞争中，美国与欧洲国家凭借其充足的教育资源，占据明显的主导地位。世界高等教育人员出现从东方向西方流动，从发展中国家向发达国家流动的趋势。美国因而成为世界上高等教育最具国际竞争力和吸引力的国家，并且占据绝对优势地位，而欧洲国家的表现则略逊于美国。

欧洲是大学的发源地，有着灿烂的高等教育发展史，第二次世界大战以前一直是世界学术的中心，曾吸引着来自世界各地的大学生前去求学。第二次世界大战后，随着美国高等教育的崛起，欧洲逐渐失去了中世纪的风采以及世界学术中心的地位，20世纪90年代后，逐渐被后起之秀的美国、加拿大甚至澳大利亚等国超越。就对留学生的吸引程度来看，2012—2013学年，美国的外国留学生人数高达85万，超过英国、德国、法国三国吸纳的留学生人数之总和，是目前世界上最大的教育服务贸易进口国；相比之下，作为近现代大学发源地的欧洲，虽然曾是美国大学效仿的样板，其吸引力却已大不如前，由于缺乏竞争力和吸引力而在国际教育市场的争夺战中日趋下风，眼睁睁地看着具有先进教育理念、强大师资力量和雄厚科技实力的美国大学引领潮流。

面对拥有绝对优势的美国，欧洲在吸引人才方面面临着更加严峻的形势。首先，同美国相比，欧洲的大学从其他国家吸引的学生尤其是研究人员较少。20世纪初，美国学生到欧洲求学的人数逐渐减少，但全世界流向美国的学生人数却逐步上升。1904年在美国大学学习的学生数为2673人，1911年为5227人，到1920年上升到8357人。[①]英国工业联合会负责人理查德·兰伯特指出一个有趣的现象，到美国留学的欧洲学生的数量是到欧洲留学的美国学生数量的两倍，到美国留学的欧洲学生大多是想获得高层次学位，特别是高新科技领域的学位，而到欧洲留学的美国学生大多数的目的是获得短期的跨境交流经历。相关资料显示，留学美国的欧洲学生在取得博士学位后，约50%的人都要在美国居住几年，并且他们中的多数人打算定居。其次，德国、法国、意大利等欧盟大国的各学科领域顶尖人才，尤其是科研人才也在大量流向美国。来自

① 滕大春．美国教育史［M］．北京：人民教育出版社，1994：162.

世界各地众多的国际学生使美国的研究生院享有了“世界研究生院”的声誉。随着高等教育的输出，美国的文化和高等教育思想也被带到世界各地，美国大学产生了世界性影响。在某种意义上说，美国大学所起的作用相当于20世纪末德国大学所起的作用。

在全球化的大环境下，面对国际教育市场日益加剧的激烈竞争，欧洲想要不断增强其竞争力，必须面对美国等高等教育强国的压力，吸引和留住世界杰出人才，发挥自身整体竞争优势，寻求适合欧洲自身的高等教育发展出路。欧洲各国领导人意识到，只有加强各国间的交流与合作，整合欧洲高等教育资源，积极推进高等教育一体化的进程，才能激发欧洲教育的活力和吸引力，增强其在国际教育市场中的竞争实力。博洛尼亚进程正是欧洲回应时代要求，迎接全球化对欧洲高等教育提出的挑战，通过改革整合欧洲高等教育资源，促进欧洲国家间教育资源和人员的流通，提升欧洲高等教育国际化水平、国际吸引力与竞争力的教育改革实践。

二、知识经济对世界劳动力市场的冲击

2007年的伦敦会议上，欧洲大学联盟主席乔治·温科勒指出：“所有证据表明，不仅欧洲，整个世界都正在进入知识社会。欧洲大学在欧洲实现这一目标时发挥着关键性作用。”知识经济反映了一个从基于土地、劳动力和资本为其主要生产组成部分向以知识和科技为生产主要组成部分的经济体系的巨大转型，知识和科技在经济发展中开始起到主要作用。知识经济的发展促进了世界劳动力市场向偏重发展知识型劳动者方向的调整。高等教育是知识和科技产生、传播和扩散的主要领域，是知识经济的重要组成部分，正如经合组织报告中提到，高等教育将成为知识经济发展的中心。[①]知识经济的发展使世界各国高等教育面临着新的挑战，对世界劳动力市场也产生重要影响，主要体现在以下几个方面：

第一，知识经济促使世界劳动力市场的就业结构调整。在18世纪以前的传统农业社会中，农业生产主导经济，人们依靠手工、农耕等形式

---

① JARVIS P. Globalisation. The Learning Society and Comparative Education[J]. Comparative Education, 2000, 36(3): 343-355.

的劳动方式从自然界获取生产资料进行生产；18世纪工业革命之后的工业经济时代，虽然人们运用物质和资源的能力增强，也掌握了一定的科学技术，但是经济的发展仍主要依靠大机器生产以及大量廉价劳动力；20世纪七八十年代以来，知识经济时代的到来，使知识密集型产业成为社会经济发展的龙头产业，知识密集型产业在经济生产中的比重上升，其结果是导致社会对知识型劳动者的需求不断扩大，社会劳动群体中知识型劳动者的比重不断上升。

第二，知识经济促使世界劳动力就业部门的比重发生变化，知识密集型就业岗位比重不断上升，传统的体力劳动型岗位逐渐减少。知识经济带来的产业结构调整使得劳动密集型产业逐渐转变为知识密集型产业，传统产业部门日益衰落并被淘汰出市场，新型产业部门得到了快速发展，大量先进的技术和设备逐步取代了传统部门中人力、手工作业和落后的技术设备，这带来的不仅是生产效率的大大提高，同时也削减了劳动人数。同时，知识经济的发展也催生了新的产业部门并促使其不断发展壮大，这使传统制造业岗位逐渐减少，技术型、脑力型就业岗位逐渐增加。新增行业主要以知识密集型行业为主，新增就业岗位主要集中在第三产业中的服务型行业，就业岗位的类型也从单纯的体力劳动转向以掌握复杂技巧和创造力劳动的岗位。

第三，知识经济对劳动力素质的要求在不断提高。受知识经济的影响，世界劳动力市场中大规模的制造业岗位不断减少，而新增的知识密集型产业对知识型劳动者的需求，特别是掌握了专业化技能的创新型高科技人才的社会需求不断增加。这就要求劳动者具备更广博的知识基础并能熟练掌握一定的知识技能，而这些知识和技能都需要通过一定的教育和培训才能获取。这就对教育的质量和水平提出了更高的要求。初等甚至中等的教育水平已远远不能满足知识经济发展对劳动力素质的需求，世界劳动力市场对高素质人才，特别是接受过高等教育的人才需求不断增加。

三、第三次科技革命迫切呼唤教育改革

发端于美国，随后波及整个世界范围的第三次科技革命，促进了信息技术以及高新科技的快速发展。一方面，新科技革命带来的信息通信

技术的发展，为高等教育全球化提供了科技支持与便捷通道，加速了全球以及各区域间学生的跨境流动；另一方面，以原子能技术、航天技术、电子计算机的应用为代表的新科技革命，带来了信息控制技术的革命性浪潮，促使世界各国政府更加重视科技与研发，采取各种积极措施推动科技产业的发展，而欧洲更是将科技发展放在了各项发展战略的首位，积极实施欧洲科技复兴计划与高等教育资源整合，使高等教育与科学研究及产品开发构建更为密切的联系。欧洲目前已经建成了全球最发达的公路、铁路、航空、海运以及电信通信等系统，大大加强了欧洲各国间的交流与沟通，形成一个高度信息化、网络化和现代化的整体。高度发达的信息通信与交通网络，不但加速了欧洲各国人员的流动频率，也加速了欧洲高等教育一体化进程的实施。跨境高等教育在其教学形式、手段、方法等方面发生了许多前所未有的革命性变化，国与国之间的学生流动也日益频繁起来。与此同时，欧洲也前所未有地加大与加强了对科技的投入力度与重视程度。第三次科技革命掀起的信息技术和通信技术的浪潮，使得知识和信息在全球范围内的流通速度大大提升，因此对高新人才的信息储备以及知识结构的要求也改变了，迫切呼唤教育领域，特别是高等教育领域做出改革以重新应对社会转变对人才提出的需求。

第二节　欧洲发展的现实需求

博洛尼亚进程中的欧洲学生流动的产生，是由20世纪末期欧洲社会发展形态决定的，基于欧洲政治、经济、文化、科技等方面的发展现状，迫切呼唤通过一场更为频繁的流动盛宴来实现欧洲政治的稳定、经济的强盛、文化的融合、科技的进步。欧洲发展的现实需求也是促成博洛尼亚进程中欧洲学生流动形成的重要动力。

一、政治需求：欧洲共同安全防务与政治一体化

欧洲政治一体化的深入发展是促使欧洲高等教育领域进行改革的直接推动力。伴随着经济一体化的不断深入，欧盟已成为世界政治格局中举足轻重的一极。统一的欧洲市场的形成要求欧洲各个国家在人力、资

金、商品、服务、知识、技术和信息等方面都能实现跨国界的自由流动。1950年开始的“舒曼计划”，拉开了欧洲探索社会发展新模式的帷幕。此后欧洲一体化进程逐步深入，先易后难，循序渐进，逐步扩展。成员国由6个增加到27个，形成了一个拥有近5亿人口的共同市场。在外交方面，欧盟国开始“用一个声音”说话。这些措施有力地提升了欧洲在国际舞台上的地位和影响力，从而更加坚定了欧盟继续推进一体化进程的决心。在欧洲，尤其是欧盟成员国经济一体化深入发展之际，欧盟的精英阶层提出了政治经济一体化，要求欧洲公民养成一种欧洲共同的思想意识，从而促进欧洲更长远、更迅速、更优质的发展。而政治经济一体化的依托就是教育。就像“欧盟之父”简・莫内说过的：“如果让我从头开始的话，我会从教育开始。”具体而言，欧盟由多个国家、多个民族组成，这不仅要求它变革内部的政治运行机制，更要求各联盟成员国从政治间的合作发展到文化教育层面的合作，尤其要在高等教育领域密切合作，以培养能够适应欧盟社会经济发展要求的人才，以尽量积累自身的智力资源，让高等教育适应经济发展的需要才有可能成为经济强国。尤其是欧盟的新成员，不仅要积极学习老欧盟国家的经验，培养有竞争力的人才，不断缩小差距，还要与老欧盟国家保持密切的合作与交流，明确所有这些都是国家发展和制定高等教育政策的一个极其重要的维度，需要各国在高等教育领域加强合作，共同为欧洲经济的发展、社会的稳定而奋斗。

二、经济需求：欧洲经济一体化与教育财政危机

时至今日，欧盟已经发展成了一个世界经济史上前所未有的“经济联盟”。欧洲经济一体化的全面启动，最初得益于政治取向引导下的“欧洲共同体”的建立。由于政治统一过程中涉及诸多敏感话题，因此欧共体的缔造者们希望通过经济领域的合作，避开诸多政治领域的棘手问题，实现欧洲一体化进程。在这种背景下，欧洲煤钢联盟、欧洲经济共同体和原子能共同体作为欧洲三大经济支柱，共同撑起了欧洲经济共同体的建设。

在经济一体化的过程中，欧洲各国意识到，随着一体化程度的逐步提高，各国经济利益的融合程度也逐渐加深，因此，欧洲共同体的起点

是一体化程度更高的“关税同盟”，而非“自由贸易区”。1999年，欧元面世第一年，就受到了全世界的普遍重视和欢迎，作为世界第二大货币，与美元、日元共同形成国际货币体系的三足鼎立之势。欧元的问世，成为促进欧洲金融稳定、经济增长的重要因素，促使欧洲经济出现回升势头，1999年的欧元交易额为1.3万亿美元，比五年前增加了3倍。随着经济一体化的深入发展，统一的欧洲市场要求人员、资源以及信息与知识的流通，因而也对欧洲高等教育资源整合提出了新的要求。在经济全球化和知识经济发展的外部环境下，高等教育由于对知识发展以及对高质量的劳动力的培养的促进作用，从而与经济发展紧密联系起来。政治经济一体化的发展促使欧洲国家在超越欧盟范围的欧洲领域内进行高等教育合作。

由于世界范围内政府资助高等院校经费数额的普遍缩减，许多欧洲国家希望通过跨境高等教育创收，从而带动本国教育产业输出以及因留学生带来相关的经济增长。这是促使许多教育输出国（如澳大利亚、英国、新西兰、美国等）发展跨境高等教育的主要动因之一。[①]出售教育服务和项目是使收入来源多样化的重要方式，也是弥补日益减少的公共经费和政府支持的重要途径。一些国家通过跨境教育的创收也相当可观，特别是澳大利亚的高校，每年从国际教育中获取的经费占到了学校学年收入的12%—25%。[②]1993年美国仅留学生学费的收入就达68亿美元（比1992年增长10%，是1986年的2倍），1994—1995学年学费收入为70亿美元。此外，据美国政府估计，外国留学生每年在美国的开销约38亿美元。将学费与开销两项加在一起，外国留学生每年对美国的经济贡献已超过100亿美元。据美国商务部估算，2010年国际学生一共为美国带来近213亿美元的收益，教育已经成为美国服务业出口的支柱产业，也成为许多地方经济的支柱产业。一项来自德勤公司的报告称，2011年澳洲院校招收了426 748名留学生，从中获益151亿元，每100万元收益会创造出8.4份工作。平均每个留学生的花费为35 447元，而高等教育的学生花费更多，平均每人为43 843元。因留学生而产生的职位

① 张惠．全球化背景下跨境高等教育的发展动因与趋势［J］．继续教育研究，2013(3)：8-12.

② BLOED B. Funding Higher Education: Options, Trade-offs and Dilemmas. Paper for Fulbright Brainstorms-New Trends in Higher Education[R]. University of Twente. Netherlands, 2004.

集中在新南威尔士州（新州）和维多利亚州（维州），其中新州有接近4.6万个岗位，而维州超过了3.8万个岗位。在因留学生创造的12.7万个岗位中，约3.9万个岗位来自教育领域，8.8万个岗位出现在其他领域，这表明留学市场对经济的贡献波及面很广。可以说，跨境学生流动带来的经济刺激与创收不容小觑，而欧洲各国也希望通过学生流动应对教育财政缩减带来的危机。

高等教育作为商品在世界市场上出售，能够为留学生输入国带来丰厚的收入。首先，留学生出国留学必定要交不菲的学费；其次，留学生在求学过程中的生活开销能够拉动输入国的消费能力，有助于当地经济的增长，并带来一系列的衍生经济贡献；最后，跨境学生流动将高等教育作为商品在市场上出售，更可以给流入国带来直接收益。

三、文化需求：欧洲公民意识与欧洲认同的建设

随着冷战结束，以及世界形势全球化、区域化的发展，欧洲逐渐衰落，英、法、德等传统大国的实力明显下降，已经不能与美国抗衡，再加上中国、印度等大国重新崛起，给欧洲国家带来了很大的压力。在这种国际形势之下，欧洲一些传统大国认识到只有联合起来才能捍卫各自的利益，才能继续维持欧洲在世界中的地位。于是，欧洲对外推行“认同欧洲”，增强欧洲的影响力；对内推行“欧洲认同”，加强彼此间的团结信任。美国保守派政治学家塞缪尔·P·亨廷顿在其经典著作《文明的冲突》中提出，21世纪国际政治角力的核心单位不是国家，而是文明，文明将成为国家界定集体认同的主要标准。西方国际关系研究中的建构主义学者认为，作为形成“安全共同体”的基础，国家之间可以像国家内部社会那样建立起一种相互信任并关系友好的“集体认同”观念。“认同理论”的实践在北约和欧盟中得到了充分体现。

形成“欧洲认同”是实现欧洲文化整合的关键，也是奠基欧洲政治经济一体化的基础。实现欧洲一体化的整合过程并非一件易事，它至少包含了政治、经济和文化三个方面。就文化而言，欧洲各个国家在宗教、语言、文化传统、价值观等方面都存在着较大差异，如果不能把国家间的利益竞争转变成整个欧洲的共融，一体化的实现将是非常困难的。在欧洲一体化的过程中，基于欧洲层面的认同感，是实现欧洲不同

民族、不同国家间达成欧洲层面共识的基础，也是消除不同文化、不同民族间相互排斥与敌对的关键。而作为文化传承与发扬中心的大学，在促进国家间文化交流与协作中起着至关重要的作用。通过教育交流与合作是加深欧洲人民对这片土地的认同感的有效方法。国家或者行政权力在欧洲整合过程中都不能起到直接作用，必须通过社会经济和文化层面的整合才能有效发挥行政权力的作用。社会整合的重要性使欧盟的规划者深刻意识到塑造并加强欧洲人民认同“欧盟公民”概念的重要性。

“欧洲公民”意识在欧洲一体化的过程中一直是欧盟重点强调的内容，以此补充“国家公民”意识。《马斯特里赫特条约》①在《欧洲经济共同体条约》②中新增了有关“欧洲公民”身份及资格的相关界定。在其中第二部分第八条提出，“正式建立联盟公民身份，凡是欧盟成员国的公民都应成为联盟的公民”，“联盟公民享受本条约赋予的权利，也因此而服从强制性的义务”。其中第三条指出，“每位欧盟公民有权在成员国领土上进行自由迁移和居住，服从本条约规定的限制、条件和已采纳生效的措施。对欧洲委员会在这方面的建议，欧洲部长理事会应以一致方式进行表决”。对“欧洲公民”的界定，使欧盟成员国的公民平等地享有联盟层次上的一致的政治权利以及在公民资格基础上的其他相关权利等，尤其是社会方面的权力，例如自由流动权、流动人员工作条件、公共安全与公共健康保障、流动人口的社会保障等相关权利。《马斯特里赫特条约》的颁布是欧盟成员国间人员自由流动政策的重要标志，是实现欧洲内部流通与交融的政策基础。

---

① 《马斯特里赫特条约》（简称“马约”）正式名称《欧洲联盟条约》，1991年12月欧洲共同体12国首脑在荷兰马斯特里赫特通过，故称。经过两天辩论，通过并草签了《欧洲经济与货币联盟条约》和《政治联盟条约》，即《马斯特里赫特条约》。这一条约是对《罗马条约》的修订，它为欧共体建立政治联盟和经济与货币联盟确立了目标与步骤，是欧洲联盟成立的基础。

② 《欧洲经济共同体条约》是为欧洲共同市场建立的条约。1957年3月25日欧洲煤钢共同体成员国法国、意大利、比利时等六国在意大利首都罗马签订《建立欧洲经济共同体条约》和《建立欧洲原子能共同体条约》（通称《罗马条约》），自1958年1月1日起条约生效，欧洲经济共同体与欧洲原子能共同体同时成立，总部都设在布鲁塞尔。

欧盟在1999年开始执行《阿姆斯特丹条约》[①]，即《修正欧洲联盟条约、建立欧洲共同体的各项条约和若干有关文件的阿姆斯特丹条约》，强调应提高“欧洲公民”意识，特别是青年人的“欧洲公民”意识，充分肯定了教育在一个人的成长、职业生涯、社会生活中的重要作用。青年人作为欧盟发展的庞大后备军，占欧盟成员国人口总数的三分之一，所以目前欧盟各国高等教育的政策与内容中，都应包括提高青年人的“欧洲公民”意识的内容。

四、科技需求：“知识型欧洲”建设与科技复兴计划

世纪之交，欧洲科技发展状况呈现相对衰弱的势态，研发与创新的匮乏使欧洲科技创新亟待改革，科技复兴掀起了“知识型欧洲”建设的浪潮。

（一）欧洲科学技术研发与创新的匮乏

知识经济的生产活动意味着对知识和技能的更高要求。世纪之交，美、欧、日在高科技领域的竞争更为激烈，以高技术产业为主导的知识经济的较量正伴随着经济全球化的浪潮蔓延开来。20世纪90年代，整个欧洲经济增长乏力，反映出欧洲科技创新能力的匮乏；而美国经济仰仗高新技术尤其是知识经济的驱动，历经8年的持续增长，首次消除了财政赤字，失业率也降到了第二次世界大战后的最低点。相比之下，欧洲科技的整体水平落后于美国，这也直接影响到欧洲经济的增长。尽管欧洲已经意识到了在尖端高科技领域，欧洲同美国、日本的差距正在拉大，并有了深刻的危机感与紧迫感，但是欧洲科技发展的社会机制中存在的弊端严重阻碍了欧洲科技进步的进程。如果把欧美在20世纪90年代中期的科技总水平做一个对比，就不难看出两者间的差距。

2000年，欧盟的科研经费为1640亿欧元，而美国则达到2880亿欧元之多，欧盟的科研经费投入只占欧盟GDP的1.9%，远落后于日本的3.1%和美国的2.7%，贯穿整个20世纪90年代，欧洲每年高技术产品贸

---

① 《阿姆斯特丹条约》，全称《修正欧洲联盟条约、建立欧洲共同体的各项条约和若干有关文件的阿姆斯特丹条约》，是一项签署于1997年10月2日，并于1999年5月1日起生效的条约，这项条约主要对《罗马条约》和《马斯特里赫特条约》进行了修订，并将民主、尊重人权、自由与法治等原则作为条约的基础。

易几乎都出现逆差，金额达200亿欧元；欧盟成员国的注册专利在世界专利总量中仅占12%，而美国占20%。此外，在人均专利数量、研究人员的数量以及高技术出口等方面，欧盟与美国也存在明显的差距。要想在短时期内赶上甚至超过美国的科技水平，没有充足的资金支持是无法实现的。而造成欧盟资金投入不够的原因是多方面的。从体制上来看，欧盟成员国之间始终存在着技术创新的竞争，欧洲的科研体制和运行机制基本各自为政，相互分裂，各成员国、各地区以及欧盟三者的政策之间，没有形成一个有机的整体，造成欧洲国家科研资金分散、科技资源无法共享、科技重复研发产生的效率低下、科研院所关系复杂化等。

除研发资金投入不足外，欧洲科技发展还存在一个重要的问题是科技创新不足。在研究与开发方面，1995年美国的相关费用支出为1791亿美元，欧盟15国为1538亿美元，分别占GDP的比率为2.47%和1.7%。在科技发明专利方面，1995年在美国公布的信息管理的专利中，美国占50%，欧盟15国仅占18.6%；在欧洲公布的专利中，美国占27.3%，欧盟占50%。在研究成果方面，1995年北美的科研成果数量约占全球总数的40%，欧洲约占35%。在高技术领域，1995年欧洲在26个关键领域中有7个领域超过或与美国不相上下，有19个领域落后于美国。在技术产品的相关市场上，1995年美国在世界信息技术产品市场所占份额为39%，欧洲为35%。在世界通信技术产品市场，美国所占份额为33%，欧洲为32%。医学技术产品市场中，美国所占比重为43%，欧洲为28%。在世界生物技术产品市场中，美国所占份额高达70%，而欧洲第一生物技术产品出口大国德国在其中仅占4%。在世界能源技术产品市场，美国所占份额为17%，而西欧四大国所占份额为47%。[①]从这一组数据的对比中可以看出，与欧洲相比，美国在世界科技领域的总体优势比较明显，欧洲只有为数不多的几项关键技术占优势，而且只是一体化的整体优势。

针对欧洲高技术领域相对落后的局面，部分欧洲知识分子呼吁："我们需要欧洲大市场，我们要将整个欧洲的力量聚合起来，服务于研究和发展。"同时，随着欧洲政治经济一体化的发展，发展科技与教育受到欧洲国家的普遍重视，振兴欧洲科技变成了欧洲一体化计划中的一个重要方面。对科技人才需求的不断增加，使欧洲发达国家逐渐重视学

---

① UNESCO, International Standard Classification of Education[R]. Paris: UNESCO, 2007.

生、研究人员及其他高技术人才的国际流动。

（二）科技复兴下的“知识型欧洲”建设

“知识型欧洲”的建设是丰富和巩固欧洲公民身份不可分割的一部分，它能够赋予欧洲公民迎接21世纪挑战的必要能力以及共享价值观和同属一个社会和文化空间的归属感，甚至成为促进人类和社会发展的决定性因素。在2000年3月的里斯本会议之后，“知识型欧洲”的建设成为欧洲高等教育的首要目标。《鲁汶公报》指出，从现在到2020年的十年里，欧洲高等教育必须为建立具有高度创造和创新能力的知识型欧洲做出重要贡献。经济增长和社会福利越来越依靠知识密集型产业的支撑，更多的工作岗位需要高素质人才。因此，欧洲迫切需要优秀的高新技术人才，特别是接受过高等教育的人才来促进“知识型社会”的成长，以最终实现欧洲议会在《里斯本宣言》中所提到的目标——“成为世界上最具竞争力和生命力的知识经济型国家”。①

欧盟作为世界上最大的地区经济和贸易联盟，正不断努力以高层人才流动带动“知识型欧洲”建设，把教育放在知识经济的中心，重视知识的生产、扩散和运用，积极迎接即将到来的知识经济时代。1996年，经济合作与发展组织年度报告中强调：“以现代科学技术为核心的知识经济的兴起，密切了教育与经济、科技的关系，如今的教育不久将会在经济建设中发挥效益，教育正逐渐成为社会发展和进步的强大推动力，而高等教育在其中所起的作用尤为突出。”1997年7月，在欧盟委员会发表的欧盟改革方案《2000年议程》中明确提出，要“使知识经济政策成为欧盟内部四大政策支柱之一，促进欧洲经济的繁荣”。同年底，欧洲委员会又发表了题为“走向知识化欧洲”的报告，强调“知识型欧洲”的建设必须完善欧盟的教育、培训以及人才的相关建设。

在知识欧洲的建设过程中，大学对促进经济发展起到了举足轻重的作用。其原因是大学作为社会的知识中心，在知识的创造、传播和应用中，尤其是专业型、技术型人才培养方面具有独特的优势，这都有利于经济的发展。欧洲有34%的科研人员在大学从事教学工作，通过高等教育为经济建设输送大批高学历的知识型科技人才，促进经济的发展。欧盟高等教育机构，尤其是大学，能够帮助解决建设知识欧洲进程中出现的许多问题。知识经济时代，新知识的传播应用也离不开大学。通过高

① European Commission. The role of the universities in the Europe of knowledge[R]. Brussels: Communication from the European Commission. 2003: 58.

等教育合作，尤其是跨国间的、区域性合作，以及资源共享等方法实现各成员国的高等教育科研力量的提升，培养知识经济建设中急需的高科技人才，提升高等教育的国际竞争力。

五、人力需求：欧洲人口素质与结构的问题重重

知识经济的发展需要大量拥有先进知识和技术的人才，这反映到教育领域，就是需要培养出大量接受过高等教育的人才。而欧洲人的素质结构以及青年失业等问题严重影响着欧洲的社会发展，其突出问题有：

（一）欧洲受教育人口比例偏低

有关研究报告指出，目前欧盟有24.1%的低于15岁的孩子阅读能力属于较低水平，这一比例还在逐年上升；七分之一的青年过早离校，增加了其失业和贫穷的风险，并造成了很高的经济社会成本；14.4%的18—24岁人口低于高中学历，无法达到劳动力市场的基本要求；25—34岁人口中拥有大学学历者为31.1%，而美国的这一比例为40%，日本则超过50%。欧委会的研究表明，到2020年，35%的新工作将需要大学教育背景，50%的新工作将需要职业教育背景，这意味着需要1500万以上的人口拥有大学学历，2100多万人口具有执业资格。20世纪初期，在欧盟成员国的受教育比例普遍偏低，接受过高等教育的人数只占总人口的21%，远低于美国的38%和加拿大的43%。按照《国际教育标准分类》，一般本科阶段的高等教育受教育年龄在18—22岁之间，从历年的高等教育入学率方面看，美国的这一阶段高等教育入学率一直要远远高于欧洲国家，而要按照实际人口数量计算，美国接受高等教育的人口数量更是要远远超过欧洲各国。

国别	1970年	1975年	1980年	1985年	1990年	1995年
美国	49.4%	58.2%	55.6%	60.7%	74.1%	81.1%
法国	19.5%	24.4%	25.3%	29.8%	39.6%	49.6%
英国	14.1%	18.9%	19.1%	21.7%	29.1%	48.3%

表2-1　1970—1995年间部分国家高等教育适龄人口毛入学率变化情况

资料来源：UNESCO，International Standard Classification of Education[R]. Paris:

UNESCO, 2007.

一般而言，45—54岁年龄段之间的劳动力在社会发展中往往起着核心作用，这个年龄段劳动力受教育的程度以及数量的多少在很大程度上影响着一个国家的发展。据经合组织2007年的报告，2005年美国45—54岁这一年龄段接受过高等教育的人口超过了其总人口的40%，所占比例仅次于俄罗斯、以色列和加拿大，排在经合组织成员国第二位。若是按人口的绝对数量来算，美国45—54岁这一年龄段接受过高等教育的人数远远超过包括俄罗斯、爱沙尼亚等非经合组织成员国在内的36个国家，排在第一位。在欧洲，45—54岁年龄段中，接受过高等教育的人数占国家总人口比例最高的是芬兰，约为35%；而英国和法国这一年龄段受教育人口占总人口的比例分别为30%和20%，无论是在比例上还是在绝对数量上都无法与美国相提并论。①

（二）欧洲青年失业问题严重

欧洲是目前世界上青年失业问题最严重的地区之一。受国际金融危机的影响，欧洲各国青年的就业市场出现了失业率高、工作环境不佳、签约多为临时性短期合同等现象，就业市场呈现明显的疲软局势。在经合组织的发达国家中，欧盟失业问题最为严重。20世纪90年代上半期，欧共体失业人数达到500万之多。其中25岁以下青年的失业率最为严重，平均是25岁以上成人的2倍。20世纪80年代，由于低年龄工人进入劳动力市场，青年失业率有所下降，但到了90年代又缓慢地上升（丹麦、冰岛、芬兰和瑞典除外）。从1991年的16.3%到1995年的21.5%，再到1998年的20.4%，青年失业率愈演愈烈。1997年10月《阿姆斯特丹条约》把解决就业问题确定为欧盟的政策重点。11月欧盟理事会卢森堡会议广泛听取了成员国、社会合作伙伴、委员会和议会的意见，制定了多项关于就业问题的准则，启动了实施就业战略的卢森堡进程。②

而学习的流动性在很大程度上影响着学生的就业能力，尤其是在日趋一体化的欧洲劳动力市场上，学生学习期间的跨国流动将对提高青年

① UNESCO, International Standard Classification of Education [R]. Paris: UNESCO, 2007.

② GOETSCHY J. The European Employment Strategy from Amsterdam to Stockholm: Has It Reached Its Cruising Speed? [J] Industrial Relations Journal, 2001, 32(5): 401-418.

就业能力起到极大的帮助。当前摆在欧洲社会面前两个最大的问题便是青年失业和人口低增长，因此，增强学生和劳动者的流动性将是解决这些问题的重要方法之一。促进欧洲学生学习期间的流动性，对于克服欧洲当前劳动力分配不均（劳动力过剩或短缺）的现象将起到积极作用。据有关研究显示，青年学生出国留学或参加培训有助于提高其就业能力，且有很大的机会在国外就业，因为雇主更加看重应聘者的适应能力、交际能力和外语水平等。

（三）劳动力市场流动性不足

实现劳动力市场上人员以及资源的自由流动是再生产过程适应需求变化的重要机制，但欧洲内部市场劳动力流动始终处于较低水平。劳动力市场的运行受劳动力供求之间的关系、工人在不同部门和国家间的流动状况以及经济对环境变化的适应性等诸多因素的影响。1997年欧共体成员国流动劳动力的数量不到劳动力总数的2%。欧盟委员会认为，出现这种状况不仅是由于劳动力流动政策本身存在不足，而且是由于实施过程中遇到许多实际困难，例如管理上缺乏足够的灵活性，成员国之间缺乏合作，以及缺乏必要的劳动力信息等。由于欧洲劳动力市场在开放性和流动性方面的欠缺，一定程度上制约了人员和资源的流动，也就在很大程度上制约了知识的流动。以美国“人力资源全球流动”的模式为样板，欧盟也希望建立起一种“人力流动的文化”，这种文化不仅代表欧洲各国人力资源的自由流动，还应该包括各种吸引其他地区优秀人才加入的优惠政策。学生流动是实现欧洲劳动力自由流动，建立统一的劳动力市场的重要途径。学生流动也有助于解决成员国普遍面临的失业问题，也是通过促进劳动力自由流动以改善内部市场劳动力供求关系的有效途径。

第三节　欧洲学生的个体动机

欧洲学生的个体动机是博洛尼亚进程中欧洲学生流动实现的重要动力，学生谋求更好的学术、职业以及更美好的生活的需求是学生流动形成和发展的内在基础。

博洛尼亚进程中欧洲国家间学生流动的动机和欧洲与其他大洲的国家间学生流动的动机存在着一些差异，本书中的欧洲学生流动更侧重于欧洲国家间的学生流动，因此对学生个体动机的分析以欧洲国家的学生为主要研究对象；由欧洲学生流动而引起的来自非欧洲国家的学生流动也属于本书的范围，但不做详细探究。

学生个体动机在实现欧洲学生流动的过程中起着重要作用，来自学生个体的动机缺失是造成学生流动障碍的重要因素。根据2005—2008年欧洲学生的调查报告显示，在参与调查的所有欧洲国家中，48%的国家认为学生个体动机缺失是阻碍学生流动最主要的原因。根据欧洲研究人员对欧洲学生流动动因的调查显示，欧洲高等教育领域学生的最主要的流动动机是体验国际环境，比如在另一个国家学习外国语言并体验生活，其次才提到学术的动机。在北欧的研究调查中，动机排名是完全一样的，最重要的动机仍是获得国际经验、提高外语水平和丰富职业生涯。2006年克鲁普尼克等发现了类似的结果：80%的伊拉斯谟学生提到，获取新的经验、外语学习是出国最重要的驱动力。

一、学术能力发展动机

学术动机是指学生出于学术相关因素的考虑，希望通过跨境学习获得享用他国知识、学科、专业、院校或教师等优势资源的机会，进而提升个人学术水平的动机。例如，很多葡萄牙的学生由于本国研究设施匮乏而到其他欧洲国家完成博士学位。波兰和保加利亚理工科的学生到国外进行博士学习多是想要接受高质量的教育。[①]希腊的学生多是因为本国优质大学数量有限而不得不跨境学习。部分英国学生跨境流动是因为被牛津和剑桥等顶尖大学拒绝后，为避免在国内上“更差”的大学而选择国外的一流大学。[②] 大学声誉以及一些大学中的优势学科是影响学生流动的学术动机的主要因素，一些由权威机构发布的世界大学排名也掀起了一波留学热潮，这些排名对学生在选择留学目的国的过程中起着重要的参考作用。例如，由QS组织每年发布的“QS世界大学排名”，由

---

① GUTH M J, GILL B. Motivations in East-West Doctoral Mobility: Revisiting the Question of Brain Drain[J]. Journal of Ethnic and Migration Studies, 2008, 34(5): 825-841.

② BROOKS R, WATERS J. Student Mobilities， Migration and the Internationalization of Higher Education [M]. London: Palgrave Macmillan. 2011: 85.

《英国泰晤士报高等教育增刊》每年发布的“泰晤士高等教育世界大学排名”，由上海交通大学“世界一流大学研究中心”和高等教育研究所发布的“世界大学学术排名”等。一些大学因其某个专业领域的优势，吸引着来自世界各地的莘莘学子前去求学。例如，巴黎第六大学因其“校友以及教工获诺贝尔奖人数”“校友及教工获菲尔兹奖人数”“SCI论文发表数”等多项数据，在法国历年的排名中均为第一，其数学、物理、化学等学科在欧洲享有盛誉，该校数学学科多年排名世界第一，化学领域也被评为世界最佳研究机构的“top5%”，其物理、工程、地球物理学和材料科学都排在世界最佳研究机构的“top10%”。许多外国留学生正是奔着这些尖端学科前去留学的。

二、个人职业生涯动机

个人职业生涯动机是指学生出于个人职业生涯的考虑，希望通过跨境学习获得留学经历或国外学历，为毕业后的职业生涯奠定基础。

来自企业雇佣者和雇佣单位对毕业生出国留学经历的要求，是导致学生个人职业生涯动机的主要原因。随着各个国家对高层人才引进的重视，越来越多的科研机构和用人单位都实施了海外人才引进计划，在同等应聘的条件下，用人单位择优聘用具有海外留学经历的优秀人才，这对许多正在接受高等教育的学生来说，无疑是选择出国留学的重要动机。据2016年欧盟委员会的研究显示，超过40%的雇主重视雇员在国外学习和工作的经历，他们认为，这段经历不仅使青年提高了语言能力，而且还获得了其他较高价值的技能。2013年一项由欧盟委员会发起的“伊拉斯谟项目”学习影响的调查结果显示，流动学生在其未来的职业生涯中更容易获得管理相关的职位。在就业与职业生涯发展方面，超过85%的“伊拉斯谟项目”的学生出国流动是为了提升他们的境外就业能力。[①]

① Internationa Exchange Erasmus Student Network. Erasmus Impact Study[EB/OL].[2016-12-21]. https: //esn. org/erasmus-impact-study.

三、他国语言学习动机

他国语言学习动机是指学生出于学习他国语言的考虑，希望通过跨境留学而实现其语言技能提升的动机。语言，作为人类主要的交流工具，是用以保存和传递文明成果的方式，也是人类文化得以传承和储存的有效载体，在人的社会生活和人类社会发展中发挥着重要作用。欧洲语言因其多语种、多语系而著称，是欧洲多元文化存在与发展的基础。欧洲43个国家和地区使用着成百上千种语言，其中使用最多、分布最广的是印欧语系，仅印欧语系就包括约443种语言和方言。在欧洲学生流动的动机因素里，学习他国语言的动机成为一条重要因素。有关"伊拉斯谟计划"学生跨境学习动机的多项调查显示，最突出的动机都是了解他国文化并增强语言技能。[①]而不论对于英语国家（英国）还是非英语国家（意大利、挪威、比利时、波兰、奥地利）来说，增强语言技能都是跨境学习最重要的动机。[②]影响这种动机形成的主要因素有以下几方面：

1. 欧洲国家对语言交际能力的重视

欧洲国家有着其独特的语言教育理念，在语言教育中非常注重培养学生的综合运用能力和文化认知能力，尤其是语言运用方面的"语言交际能力"。学生不是把学习语言本身作为学习目标，而是注重在政治、经济、文化各个领域运用语言去解决问题。一个欧洲人能够流利地说出多国语言，很重要的原因是工作和生活的需要。他们学习的方式和途径也有其特殊性，他们的学习不仅仅停留在课堂，更多的是在日常生活中。例如，在瑞士，很多来自法语区和意大利语区的学生就读于德语区，他们在课堂之外的生活情境中也会自觉运用德语，能够熟练运用德语、意大利语、法语和英语等多种语言就能无障碍地交流；在荷兰，家庭成员经常同时使用荷兰语、德语、英语等多国语言进行交流。

2. 欧洲语言多元化的文化传统

欧洲一直以来就有语言多元化的传统。自中世纪开始，欧洲国家的

---

① MAIWORM F. ERASMUS: Continuity and Change in the 1990s [J]. European Journal of Education. 2001, 36(4): 459-472.

② CHRISTOF V. Intra-European Student Mobility in International Higher Education Circuits-Europe on the Move[M]. London: Palgrave Macmillan. 2014: 57.

很多学生就因他国语言而进行跨境的学习。在16世纪的意大利的大学中，很多来自西班牙的学生可以同时学习意大利语和西班牙语。一位文艺复兴时期的德国学者曾在其游记中提到，很多德国学生到法国奥尔良大学进行学习，不只是因为他们优质的教学，更是因为纯正的奥尔良法语。

“奥尔良法语是如此的纯正，以至于‘奥尔良法语’就是通常所说的‘高雅的言辞’的意思。”①

根据欧盟一项调查数据显示，93%的欧洲家长支持孩子学习欧洲其他国家的语言。欧洲公民更是用这样的传统要求自己，在受访的欧洲人中，72%的受访者坚信学外语有用，71%的受访者甚至认为身为欧洲公民，应该学会自己母语以外的至少两门外语。②从20世纪80年代末开始，欧洲大部分国家（除英国和北爱尔兰外），将外语列为中学生的必修课程。欧盟绝大多数国家要求高中生必须掌握2门外语，卢森堡、荷兰和丹麦等国则将数量提高至3门。其中法国的外语教学情况在欧盟国家中最具代表性：第一，在中学7年期间开设了7种外语课，给学生提供了多样选择；第二，学生中会外语的人的比例相当高。有关研究资料表明，几乎所有的法国中学生都能说一门外语，75%的中学生拥有第2门外语，掌握第3门外语的学生占10%。③

3. 欧洲鼓励语言多元化的政策

《欧共体1号条例》于1958年4月15日颁布，后经屡次修改确认将英语、法语、德语、意大利语、西班牙语、葡萄牙语、荷兰语、希腊语、丹麦语、芬兰语和瑞典语等11种欧洲语言定为共同体的正式官方语言和工作语言。该条例标志着欧共体语言多元化政策的正式实施。

20世纪80年代以后，在欧洲一体化建设不断扩大和深入的情况下，欧共体愈发重视语言及外语教育问题。1983年、1984年和1988年，欧洲会议三次通过关于在欧共体积极开展外语教学和传播的专项决议，许多相关政策、法规和具体措施也在这一时期出台。1997年欧盟颁布《阿姆斯特丹条约》，进一步规定“任何欧盟公民可以用任何一种语

---

① BABEAU A. Les Voyageurs en France depuis le Renaissance jusqu'a la Revolution[M]. Paris: Slatkin Reprint. 1885: 70.

② PUREN C. Politiques et stratégies linguistiques dans I'enseignement des langues en France[J]. Langues Modernes. 1999, 52: págs. 66–75.

③ ISAAC G. Droit communautaire général[M]. Paris:Dalloz, 1998:88.

言给欧盟的组织或机构写信……欧盟的组织和机构也应用同样的语言给予答复”。这极大地肯定了语言的多元化。

在1949年欧洲理事会通过的《欧洲文化公约》中明确提出要求：为了更好地保护和发展欧洲共同的文化遗产，促进国际交流与合作，各成员国要提倡和鼓励自己的人民学习欧洲其他成员国的历史、文化和语言。1998年欧盟制定“语言学习与欧洲公民跨世纪规划”，紧接着，欧洲理事会联合欧盟制定了一系列有关欧洲语言文化教育的方针政策，旨在探索规范化和标准化的外语教育和评估模式，以便更好地指导欧洲人学习外语。欧洲理事会还在被称作“欧洲语言年”的2001年颁布了《欧洲语言共同参考框架：学习、教学、评估》以及辅助性文件《欧洲语言档案》，这两份文件如今在欧盟各国语言教学中备受重视，成为最具影响力的文件。

欧盟成立之后，制定了一些旨在促进欧盟各成员国间语言教学和交流的年度性或阶段性行动计划和宏观性的语言多元化政策，例如“达·芬奇职业培训纲要”“苏格拉底教育纲要”“语言教学合作项目”等，旨在鼓励并资助各成员国的外语教学和研究，培养专业外语师资，改善外语教学条件。[①]

这些因素帮助我们理解欧洲学生流动中学习他国语言的动机，并在学生决定是否参与流动与选择留学目的国的过程中发挥着重要作用，也是促使许多学生因语言学习动机进行跨国流动的重要原因。

四、跨境生活经历动机

跨境生活经历动机是指学生出于生活方式相关因素的考虑，通常是由于对某个国家有特殊兴趣，希望通过跨境留学，以获得异国生活体验的动机。年轻人多是因为“兴趣”和“异国体验”而在教育体制类似且文化差异显著的国家间进行流动，这被乌尔里希·泰席勒称为典型的“水平流动”。[②]而跨境生活经历动机往往源自跨境经历，有关“流动学

---

① PURER C. Politiques et stratégies linguistiques dans l’enseignement des langues en France[J]. Langues Modernes. 1999, 52: págs. 66–75.

② RIVZA B, TEICHLER U. The Changing Role of Student Mobility[J]. Higher Education Policy. 2007, 20(4): 457–475.

生的特征”调查显示，拥有“跨境经历”的学生更容易参与跨境学习，且他们的第一次旅行通常是童年时期的家庭旅行或语言课程学习。[①]

跨境生活经历的产生与各个国家不同的“生活方式”有着密切联系。“生活方式”是一个涵盖面相当广泛的概念，它包括人们日常生活的各个方面：衣食住行、社会交往、工作劳动、休闲娱乐等物质生活和精神生活的价值观、道德观、审美观等方面，是在特定的社会背景与历史条件下，各个民族、阶级和社会群体经过长期发展所形成的一种生活模式。其基本要素为生活活动条件、生活活动主体和生活活动形式。有关跨境生活经历的动机，往往产生于学生对异国“生活方式”中某个要素的向往、兴趣和偏爱。例如，法国因其浪漫主义而被世人知晓，首都巴黎被称为“世界浪漫之都”，一些选择到法国留学的学生往往被其浪漫主义的人文情怀所吸引，希望感受其生活氛围；意大利因其时尚行业而备受瞩目，其重要城市米兰也因此被称为“时尚之都”。而意大利运动产业，特别是足球产业，因其炙手可热的足球俱乐部和职业足球联赛而享誉世界，一些选择到意大利留学的学生的留学动机往往是其对时尚、足球等的浓厚兴趣；位于欧洲西南部的西班牙，因其舒适的地中海气候和热情奔放的人文情怀而著称，首都马德里被称为“热情之都”，一些选择到西班牙留学的学生往往因其对西班牙特有的人文情怀和地域文化的情有独钟前去留学。

① LEJEUNE E M. Student Mobility and Narrative in Europe[M]. London: Routledge. 2001: 20.

第三章 博洛尼亚进程中欧洲学生流动的政策

博洛尼亚进程中欧洲学生流动区别于欧洲历史上学生流动的最主要之处为这次的学生流动是由欧洲国家、国际性组织、区域性组织以及其他政府间合作组织共同推动，通过定期部长级会议制定一系列政策和原则，协作稳步推进的。可以说，这次的学生流动更具组织性和政策性，欧盟以及博洛尼亚进程相关组织的政策运作是各项举措得以顺利开展和实施的前提。

第一节 欧洲学生流动政策的指导原则

多年来，欧盟各成员国在长时间的探索实践中已经建立了较为完善的教育政策体系，博洛尼亚进程中的欧洲学生流动的政策运作多是参考欧盟教育政策的运作模式。

一、辅助性原则

“辅助性原则”是欧盟教育合作的核心政策原则。它是指欧盟的整体行动必须以成员国的行动为主，充分尊重各成员国的语言和文化特点；欧盟有权利采取措施，加强成员国之间在教育方面的联系，但欧盟绝不能够在超国家的层面对任何一个成员国的教育制度和教育法规进行任何形式的“中和”。欧盟的主要任务是促进成员国之间在教育中的合作，对成员国的国家措施提供帮助和补充，促进成员国与非成员国以及有关的教育国际组织进行合作。欧洲共同体保证成员国决定自己的教育内容和教育制度的权利，尊重各成员国独特的、多元的语言和文化。1992年12月辅助性原则被爱丁堡欧洲理事会载入《欧洲联盟条约》，且对“辅助性”的基本原则进行了界定。《欧洲联盟条约》第126条中特别提出了所谓的“辅助原则”，即欧共体在协调各成员国教育方面只起辅助和补充作用，禁止干涉成员国的教育内容，尊重成员国在教育方面的主导作用。1997年欧盟签订的《阿姆斯特丹条约》首次运用了辅助原则。在此之后，欧盟委员会每年都要向欧洲理事会和欧洲议会提交关于辅助性原则相关运作的专题报告。在2001年的机构改革协定中反对从立法简约的目标中将辅助性原则转移出去，反而更加强调这一原则。

二、协调性原则

“协调性原则”是基于欧盟超国家组织形式，用于处理欧盟各国教育政策的一种协调机制，为了使各成员国教育政策更好地相互衔接，减少因一体化引发的教育政策的冲突与矛盾。2003年欧洲理事会就提出要在各成员国教育政策之间建立“开发的协调方式”，从而有利于欧盟在教育领域建立连贯一致的教育政策。协调性原则同样承认并尊重各成员国之间教育政策的差异，并且从不干涉各国实行的教育政策，不要求成员国放弃原有的教育政策，而是尽可能谋求各成员国教育政策上的统一性。协调性原则的作用更多情况下是在各成员国在政策上发生碰撞或发生矛盾时才体现的。

三、多层治理原则

“多层治理”是20世纪90年代西方学者用来解释“欧洲一体化”的一种新视角。该理论由英国学者盖里·马克斯在1992年研究“欧共体”的结构政策时首次提出。[①]该理论最初被学者应用到欧盟政策领域，用于解释欧盟政体创建的进程研究，随后逐渐被运用于欧洲一体化进程的相关领域，并成为解释欧洲高等教育一体化的一种新视角。多层治理的

① MARKS G. Structural Policy in the European Community [M]. Washington: Brookings, 1992.

观点认为，欧洲一体化是一个政体创建的进程，而进程中存在着决策层面的多层次性、决策主体的多元性和决策权威的分散化。多层治理的观点强调，欧盟是由不同且相互重叠的权限以及这些不同层次权限之间政治角色互动而构成的多层次政体，而这些相互重叠的权限是由不同政府层次形成的，如国家、超国家、次国家层次等。①而基于超国家组织层面实施的博洛尼亚进程，其治理原则亦沿袭欧盟政策的治理原则，其进程的政策制定、出台以及推进方式都是基于欧盟多层治理的原则。

第二节　欧洲学生流动政策的决策机构

博洛尼亚进程并不仅仅局限在欧盟国家的范围内，其所涉及的范围几乎包括了地理位置上所有的欧洲国家，各签约国是其发展的主力，许多的政府间组织和非政府组织也在其发展过程中逐渐加入进来。作为一种政府间合作形式的进程，其参与决策的机构和组织在其中发挥了重要作用，主要有欧盟相关组织、博洛尼亚进程相关组织、欧洲大学相关组织以及欧洲各国学生组织等。

一、欧盟相关组织

在很多时候，大家更乐于把博洛尼亚进程看作是由很多相关国家或地区的协议和会议协商的改革计划、蓝图、宣言和举措，改革的重要决议是由签约国协商决定的，进程本质上还是政府间的行为，这就导致改革缺乏一个核心力量，因此欧盟对博洛尼亚进程发展过程中的重要作用就逐渐显现出来。

（一）欧盟委员会

欧盟委员会对博洛尼亚进程的支持和参与是在欧盟委员会实施自身政策的同时进行的，因为博洛尼亚进程的行动线与欧盟的高等教育政策是完全一致的。最明显的例子就是博洛尼亚进程和欧盟共同推进的一些欧洲项目，比如“苏格拉底计划”和“伊拉斯谟计划”。欧盟委员会在

① MARKS G, HOOGHE L, BLANK K. European Integration from the 1980s: State-Centric v. Multi-level Governance[J]. JCM Journal of Common Market Studies, 1996, 34(3): 341-378.

欧盟层次上对博洛尼亚进程的活动予以支持并促进其发展，并且在2001年的布拉格会议上，欧盟委员会获得了博洛尼亚进程补充正式成员的身份，成为博洛尼亚进程中除46个签约国以外的唯一正式成员，正式参与进入了博洛尼亚进程。

欧盟委员会对博洛尼亚进程起着重要的咨询和建议作用，而且还对这一进程的各项措施提供各种支持，比如为各个参与者提供最新的数据文献等资料和自己的欧盟视角。欧盟委员会对博洛尼亚进程的参与和其在20世纪八九十年代在高等教育领域的活动相比，其活动的深度和广度都是前所未有的。在2003年欧盟委员会的报告《从柏林到卑尔根——欧盟的贡献》中，从10个方面（其中包括博洛尼亚进程9项行动路线）详细列举了欧盟委员会根据博洛尼亚进程框架在高等教育领域内所取得的活动成果，包括：质量保证、两层体系、学位与学期互认、推动流动性、欧洲高等教育区和欧洲研究区以及博士层次的合作、推动高等教育的欧洲向度发展、提高欧洲高等教育区的吸引力、评估等。从2002年到2003年欧盟教育与文化总局就欧盟委员会对高等教育改革的参与发布了一系列进程报告，这些活动“与博洛尼亚进程的所有行动线相一致，监督并巩固了博洛尼亚的后续行动”。

（二）欧盟理事会

欧盟理事会与其所推动的决策极大地影响了博洛尼亚进程的发展，如针对欧盟理事会提出的“里斯本战略”，欧盟委员会在2006年向理事会和议会提交的报告认为，欧洲大学的现代化不仅是“里斯本战略”成功的关键条件，更是向全球知识经济靠拢的一部分；全球化的不断发展意味着欧洲高等教育区和欧洲研究区必须向世界完全打开，成为世界性的竞争者；理事会要通过实施“里斯本战略”，协调成员国政治对话并提供资金支持来协助大学的现代化。[①]《布拉格公报》后，欧盟委员会的地位得到进一步的认可和加强，其在改革中发挥的重要作用得到了一致认可。至此，欧盟委员会正式成为博洛尼亚进程的“补充成员”。而非政府组织（如欧洲大学联盟、欧洲学生信息局和欧洲高等教育机构联盟等），也应和欧洲理事会一起为博洛尼亚进程的推进提供建议、咨询并更多地参与其中。

① European Commission. Delivering on the Modernisation Agenda for Universities: Education, Research and Innovation[R]. Brussels: COM, 2006: 208.

二、博洛尼亚进程相关组织

博洛尼亚进程相关组织主要包括博洛尼亚跟踪组、博洛尼亚进程评估组、博洛尼亚秘书处、博洛尼亚进程筹备组和欧洲高等教育质量保障联合会等。

（一）博洛尼亚跟踪组

博洛尼亚跟踪组，或称博洛尼亚追踪组，负责在部长级会议召开之后去监督和管理博洛尼亚进程。一般每隔六个月进行一次小组会，每次会议通常持续一天半。小组会会对改革进程相关事宜进行总结与计划，并负责实施宣言最初提出的各项目标以及准备下一次的部长级会议。跟踪组有权建立特设工作小组，并创建了专门处理博洛尼亚进程相关具体问题的工作小组。博洛尼亚跟踪组的主席由欧盟轮值主席国与非欧盟国家选派代表轮流担任，每六个月为一个轮换周期。

博洛尼亚跟踪组的成员由以下四部分组成：

1. 博洛尼亚跟踪组成员（欧洲高等教育区成员）：48个欧洲国家和欧洲委员会；

2. 咨询成员：六个非政府组织——欧洲高等教育机构联盟、欧洲大学联盟、国际教育联盟、欧洲学生联盟、欧洲工业联合会和雇主联盟以及两个政府间组织——欧洲理事会和联合国教科文组织欧洲高等教育中心[①]；

3. 合作伙伴：欧洲国际教育联盟、欧洲管理干部协会、欧洲博士研究生及青年研究人员理事会、欧洲科学协会；

4. 技术专家：欧盟统计局、欧洲学生组织、欧洲教育信息网。

每次跟踪小组会议后的实施工作由“博洛尼亚跟踪组董事会”来监管，而董事会的会议事项由博洛尼亚秘书处（董事会永久特邀成员）负责记录。随着2010年“部长级会议上的重要决议”文件的采用，董事会进行了改组，现任的董事会成员由以下五部分组成：欧洲高等教育区的三驾马车（欧洲高等教育区前任主席、现任主席与继任主席）、欧洲高等教育区副主席、欧洲委员会、4个咨询成员、工作小组或咨询成员轮值主席。

---

① BFUG. Bologna Follow-up Conference of European Ministers Responsible for Higher Education. Bologna Process Stocktaking Report[R]. Bergen:BFUG, 2005: 5.

博洛尼亚进程跟踪组针对“流动和国际化”领域专设了“博洛尼亚进程流动与国际化工作组”，简称“流动与国际化跟踪组”。该组织创建的目的有以下几个方面：

1. 在欧洲层面和国家层面推进“欧洲高等教育区2020流动战略”的实施，并协助各国完成国家实施进展报告；

2. 协助支持各国推进流动战略的实施；

3. 评估“国际背景下的欧洲高等教育区”战略以及深入推进欧洲高等教育区的国际化进程；

4. 为深入开展与非欧洲高等教育区的国家间的对话，审查博洛尼亚进程相关政策理念。

“流动与国际化跟踪组”的主要任务是：

1. 对教师流动准则提出意见，包括“教师”的定义和目前教师流动的障碍，以及克服这些障碍的措施；

2. 通过促进“同伴学习”、实践经验交流和区域合作，推进国家层面流动战略的实施；

3. 研究如何克服现有的流动障碍，例如联合项目的申请和推广等；

4. 探讨欧洲高等教育区学习项目和入学制度相关信息的改进措施；

5. 探讨助学金、贷款和奖学金的可行性并予以推荐；

6. 积极实施流动战略的报告工作，特别是协助工作组起草调查表，并就取得的进展和进一步行动给出结论和方案；

7. 评估提升欧洲高等教育区的国际吸引力的备选方案，尤其是评估工作小组在起草调查问卷、总结实践结论并绘制未来行动方案的报告；

8. 审查欧洲高等教育区国际吸引力的评估和改进措施，特别是审查流动的目标是否可行并予以建议；

9. 为“博洛尼亚进程跟踪组”在欧洲高等教育区的国际化发展提供指导方针；

10. 依据“流动与国际化跟踪组”的报告建议，为联合学位和联合项目提出意见；

11. 为流动与国际化活动中的“同伴学习”指明有限发展事项。[①]

---

① EHEA. Working Group on Mobility and Internationalisation 2012-2015[EB/OL]. [2017-01-20]. http://www.ehea. info/cid105326/wg-mobility-and-internationalisation-2012-2015. html.

（二）博洛尼亚进程评估组

2003年《柏林公报》要求博洛尼亚跟踪组建成一个评估工作小组，于是，2004年博洛尼亚跟踪组成立了一个专门工作小组负责评估进程的相关活动进展。这个小组进行活动的主要信息来源就是各国提交的国家报告以及各成员国通过信息网络平台向评估小组所提供的信息。

2005年的部长级会议上提出评估成果以供讨论，之后博洛尼亚跟踪组依据卑尔根会议上对进程所指示的行动，对各国的改革执行情况进行了多方位的综合评估，并在2007年的伦敦部长级会议上提出评估成果供会议讨论。此份进程评估报告是通过建立评估指标和基准与“博洛尼亚计分卡”，以及各个国家的进程评估报告等多项资料，对各国博洛尼亚进程实施进展做了整体评估。“博洛尼亚计分卡”是根据各国在所建构的评估指标和基准上的实际表现，通过不同颜色区分在推进三个主要行动方案（质量保障机制、二层级学位结构、互认学历与学习年限）上的进展及取得的成效。

（三）博洛尼亚秘书处

博洛尼亚秘书处创立的初衷主要是协助并支持博洛尼亚后续工作组，其任务涉及后续工作组、董事会、运作集团、网络服务、特设工作组和秘书处等。秘书处负责准备编写会议日程草案、报告草案、注意事项，并按照联合主席的要求开展会议的实际准备工作。

秘书处的另外一项职能正在日益凸显其重要性，那就是负责给欧洲和非欧洲的民众提供最新的、可靠的博洛尼亚进程的相关信息并作电子存档。

（四）博洛尼亚进程筹备组

布拉格会议后，欧洲各国教育部长对博洛尼亚进程的组织结构进行了协商和调整，重新成立两个小组，其中一个是博洛尼亚筹备组，其成员包括前后两届主办部长会议的国家代表、两个欧盟成员国代表和两个非欧盟成员国代表（这四个国家由跟踪组选举产生）、欧盟轮值主席国和欧盟委员会。小组主席由下届部长级会议的承办国选派。原先的指导小组被撤销，原来的小组工作由跟踪组负责。

（五）欧洲高等教育质量保障联合会

欧洲高等教育质量保障联合会，原名为欧洲高等教育质量保证网络，其最初产生于1994—1995欧洲高等教育质量评估试行计划。1998年9月24日欧盟教育部长理事会根据这一计划提出了《关于欧洲高等教育领域质量保障合作的建议》报告，并被写入1999年的《博洛尼亚宣言》之中。[①]1998年的这份报告提出了关于质量保障合作的四项目标：鼓励并发展信息和经验的交流，特别是关于方法论的发展和成功实践的实例交流，实现成员国所关心的对专门技能和建议的要求；支持高等教育机构在跨国的基础上进行质量保证领域的合作；推动与国际专家的接触。该报告促使2000年3月29日在布鲁塞尔成立了欧洲高等教育质量保证网络，并在欧洲层面上进行活动。2004年1月，欧洲高等教育质量保证网络被更名为欧洲高等教育质量保证联合会。该联合会每三年选举产生一个指导小组和成员大会。这一组织的目标是在高等教育的质量评估和质量保证领域以及其他相关的组织、高等教育机构和质量保证机构之间传播信息、经验、成功的实践以及新的发展。现在博洛尼亚进程所有的签约国都设有专门机构作为欧洲高等教育质量保证联合会的成员。

在2001年的布拉格会议上，欧洲教育部长邀请欧洲高等教育质量保障联合会建立一个质量保证参考共同框架，为到2010年建立的欧洲质量保障框架提供参考。欧洲高等教育质量保障联合会将自己的任务确定为“建立一套可行的框架为由《博洛尼亚宣言》引起的各种问题提供答案和解决办法”。[②]2004年欧洲高等教育质量保障联合会起草了一份关于质量保障的报告递交给博洛尼亚后续行动结构的董事会，并在2005年初进行了最后的修订。2005年5月的卑尔根欧洲教育部长会议通过了欧洲高等教育质量保障联合会起草的这份《欧洲高等教育区质量保证标准与准则》[③]，部长们承诺在各自国内引进对质量保证机构的审查制度。为了帮助提高欧洲高等教育的质量并促进更多的学生在相互信任的高等教育机构之间流动，需要获得在欧洲运行的各个质量保证机构的明确和客观的信息，部长们还提议根据国家的审查要求设立关于质量保证机构的欧洲注册处，并由欧洲高等教育质量保障联合会与欧洲大学联盟，欧洲高等教育机构联盟和欧洲学生信息局、欧洲学生联盟合作承担这一机构的具体实施任务。在卑尔根会议上，欧洲高等教育质量保障联合会被接纳

① Council of European Union. Recommendation on European Cooperation in Quality Assurance in Higher Education[R]. European Union, 1998.

② ENQA, Follow- Up on the Bologna Declaration: a European Quality Assurance System[R]. ENQA, 2001.

③ ENQA. Standards and Guidelines for Quality Assurance in the European Higher Education Area[R]. ENQA, 2005.

成为博洛尼亚进程的咨询性成员。

三、欧洲大学及学生相关组织

与博洛尼亚进程密切相关的大学组织主要是欧洲大学联盟。欧洲大学联盟成立于2001年，是由先前的两个组织——欧洲大学协会与欧洲大学校长联盟合并而成的，因此可以说，欧洲大学联盟是由欧洲大学与校长代表构成的组织。其使命是积极保障与支持其成员国教学质量、课程开发以及科研相关活动；推动欧洲高等教育与科学研究的共同发展。依据其创立的宗旨，欧洲大学联盟将政策与执行重心放在创造欧洲高等教育与研究区域的大学。现在其成员包括46个博洛尼亚进程签约国的800多个机构，主要包括高等教育机构、国家大学区会议、地区和国际高等教育联盟等。欧洲大学联盟一直坚持1988年“大学宪章”所制定的原则，致力于维护高等教育机构的自治权力，在政府政策制定过程中努力维护高等教育及其研究领域的利益，在欧洲以及其他地区的高等教育活动中促进其成员之间伙伴关系的发展，为其成员的活动提供信息和服务，其活动的目标是为高等教育建立一个共通的欧洲区。

2001年3月，欧洲大学联合会与欧盟大学区会议联盟共同组织了一次学术机构会议，会议地点在西班牙的萨拉曼卡召开，会议分析博洛尼亚进程的第二份发展趋势报告——《欧洲高等教育机构萨拉曼卡报告》①。他们认为通过各个签约国和非政府组织在高等教育方面的共同努力，将会为高等教育机构的发展提供一个独一无二的机遇，可以使高等教育机构“形成他们自己的欧洲特征，并在博洛尼亚进程的发展和实施中起到关键的作用”。根据这份协议，欧洲大学联合会与欧盟大学区会议联盟进行合并，形成新的欧洲大学联盟。

欧洲大学联盟从一开始就参与到博洛尼亚进程中。实际上，正是由于博洛尼亚进程的发展促使了欧洲大学联合会与欧盟大学区会议联盟的合并。欧洲大学联盟在博洛尼亚进程中的作用就是完全保证欧洲的大学在这一进程中的充分参与，并扩大欧洲的大学对博洛尼亚进程的影响。

---

① HAUG G, TAUCH C. Trends Ⅱ: Towards the European Higher Education Area: Survey of Main Reform Convened Bologna to Prague[R]. European University Association, 2001.

欧洲大学联盟作为博洛尼亚进程行动组八个正式咨询机构之一，代表欧洲的大学和学生对博洛尼亚进程进行管理，保证欧洲的大学所关注的问题可以在这一进程中得以解决。

除此之外，欧洲大学联盟最主要的活动是对欧洲的大学实施博洛尼亚进程目标的状况进行监督并总结，并为下一次的教育部长会议提供关于高等教育的信息和发展趋势报告作为欧洲各国教育部长讨论的基础。欧洲大学联盟提交的萨拉曼卡报告（2001年）、格拉茨报告（2003年）、格拉斯哥报告（2005年）和里斯本报告（2007年）是每次部长公报制定的信息来源。这些活动可以使欧洲大学联盟代表其成员发表对于高等教育改革的建议和意见。[①]

欧洲大学联盟认为对欧洲高等教育机构的全力支持是实现博洛尼亚进程目标的关键。正是由于这个原因，欧洲大学联盟积极参与博洛尼亚进程，协助其成员寻找实现博洛尼亚进程目标的最佳方式。为推动博洛尼亚进程的发展，欧洲大学联盟还一直承担着博洛尼亚进程的一些工作项目，如质量保证、三层学位体系、人员流动性、学分转换系统和学位与联合项目认证等。

欧洲比较积极的学生组织有三类：第一类是以专业为基础的组织，比如经济和商学学生联盟、欧洲法学学生联盟；第二类是具有政治与宗教性质的组织，如欧洲民主学生会和国际青年天主教学生—国际天主教学生运动会等；第三类是跨学科组织，如欧洲学生论坛、欧洲学生联合会等。

这些学生组织大多是欧洲青年论坛的成员，该论坛是欧洲各国青年协会以及欧洲非政府组织的学生交流平台，也是欧洲青年政策制定中的杰出成员。在这些组织中，只有欧洲学生会被公认为是跨越欧洲各国的国际性学生平台。欧洲学生会的前身是欧洲各国学生联合会，该组织在博洛尼亚进程中发挥着重要作用，一直积极参与博洛尼亚进程并致力于保护该政策所涉及学生的利益。而自1982年创立以来，欧洲学生会大量发展成员，如今它的成员来自欧洲34个国家的学生组织，代表着全欧洲1000多万学生。欧洲学生会的主要决策机构是由各国学生组织的代表组成的董事会，该董事会每年召开两次会议，对所有政策和内部问题做出

① WINCKLER Q. TRENDS V and its Consequences for Institutions. EUA Statement on the Bologna Proess[R]. London Ministerial meeting, 2007.

决议。

欧洲学生联合会是欧洲各国学生联合会的统一组织，它由成立于1982年欧洲学生信息局（ESIB）发展演变而来。2007年“欧洲学生信息局”正式更名为“欧洲学生联合会”，其目标是在欧洲范围内加强欧洲学生与各个机构，尤其是欧盟委员会、欧洲理事会和联合国教科文组织的联系，维护学生的相关利益。截至2005年，欧洲学生联合会已经吸纳了来自37个国家的50名代表和1100万学生。

1999年博洛尼亚进程开启之后，欧洲学生联合会成立了“2001布拉格委员会”，自此，“欧洲学生联合会”正式成为博洛尼亚进程的咨询成员之一，委员会经过逐步发展更名为“博洛尼亚进程委员会”。欧洲学生联合会对博洛尼亚进程改革的顺利推进起到了重要作用，特别是在提供欧洲各国学生信息数据采集，以及代表学生对欧洲高等教育改革政策提出意见方面。

2002年“欧洲博士和青年学者委员会”成立了，它是由欧洲学生联合会专门成立，由青年学者、博士生以及博士代表参与的欧洲学术组织。该组织在为博洛尼亚进程改革提供建议方面起到了很大作用，特别是在2003年柏林会议上，对“博士生教育正式成为博洛尼亚进程的第三级学位体系”的确立，起到了极为重要的作用。该组织主张，高等教育作为一种具有社会公共属性的事物，其发展和改革目标不应以经济效益为主，而更应注重社会层面，特别是青年和学生群体的广泛参与，因此博洛尼亚进程应该不受民族和国家范围的限制。

由于欧洲学生联合会的成员都是学生，他们普遍认为教育作为一种公共服务，应该免费提供给学生，使全社会受益。他们反对世界贸易组织将教育商品化的主张，认为高等教育应该是社会改革的合作伙伴，是知识的创造者。

第三节　欧洲学生流动政策的运作机制

博洛尼亚进程中的欧洲学生流动政策运作的原则和模式更多地参考并借鉴了欧盟的政策运作经验，特别是政策形成中的开放式协调法、政策协商中的多边会议制度以及政策执行中的多层治理模式。

一、政策形成中的开放式协调法

“开放式协调法”是一种最初在欧盟协调就业政策过程中开创的新型治理工具法，在欧盟就业政策制定与协调中发挥了重要作用。它是欧盟多层治理模式中的一种，主要包括周期性报告、指标监测体系、多维度监管机制、同行评议以及典型案例交流汇报等多项创新性治理机制。2000年3月，欧盟各国首脑在里斯本举行部长级会议，充分肯定了欧盟层面政策制定中“开放式协调法”所起到的积极作用。此后其逐渐被推广到其他方面，如教育、养老、社会融合等政治敏感领域，成为多层次治理环境中新的治理工具。[①]

在“开放式协调法”中，政策的实施是一个线性的循环过程：欧盟是政策制定的主导机构，欧盟委员会根据欧洲社会情况制定相关政策，再经欧洲理事会严格审议，然后将政策交与各成员国讨论。各成员国在充分考察本国国情的基础之上，依据欧盟制定的方针，制定本国特定的方针政策。然后各国将本国制定的方针政策反馈给欧盟委员会，委员会经过汇总审核，再制定出具体的行动方针。这与传统的治理方法存在很大差异，主要表现在：在传统的治理方法中，欧洲各成员国作为参与主体，只是机械地接受并执行欧盟委员会制定的政策，并未充分参与进来，而“开放式协调法”的独特之处则在于它允许甚至鼓励各成员国积极参与到政策制定与协商的过程中来，充分发挥其能动性。“开放式协调法”将自主权下放到各国，与传统的“开放性原则”相比，各国对欧盟政策及其行动方针的解释和执行拥有了更多自主权。

开放式协调方法的特点主要表现在灵活性、共享性、程序性和非限制性这四个方面：

第一，灵活性。在治理的过程中，并没有制定一个“放之四海而皆准”的具体行动准则，各成员国在执行政策时，应具有较充分的主动权，可以根据本国的发展背景等实际情况灵活机动地做出合理调整，制定适合本国国情的政策和行动准则，进而提高政策实施的有效性。

第二，共享性。指改革是在欧盟层面、地区层面、成员国层面等多元行政机构的联合推动下实施的，这样各个利益群体都被纳入整个行动

---

① RODRIGUES M J. The Open Method of Coordination as a New Governace Tool [EB /OL]. [2016-12-21]. http: //eucenter.wisc.edu /OMC /Papers/ rodr igues.pdf. 2013.

计划中来，而不再仅仅来自高层，这就体现了共享性、开放性的特点。

第三，程序性。程序性是指政策在制定和应用过程中有一系列固定的程序和环节，包括制定宏观政策和行动指导原则、制定改革成果评价标准、定期评估各成员国的国家行动计划并汇总上报、交流成功的实践经验以使成功经验能够在各成员国中得到共享等，这些政策与举措的实施不是杂乱无章的，而是按照一定的程序实施的，其目的是为各国及时有效地获得他国成功的实践经验，并为检测本国执行计划过程中的优势与不足提供交流的平台。

第四，非限制性。“开放式协调法”在具体的政策协调中具有一种“柔性治理”的特点，与传统法律程序中的刚性法律截然不同，特别是在社会保障、就业市场以及文化和教育等领域中，“柔性治理”的优势发挥得更为突出。

二、政策协商中的多边会议制度

在博洛尼亚进程的发展过程中，各成员国创造了一种共同解决问题的方式——多边会议制度，规定每两年召开一次各国教育部长会议。通过这一方式制定发展政策之后，各成员国再分别召开补充会议，探讨接下来的实施和监督方案。随着每两年一次的部长级会议的召开，博洛尼亚进程在不断细化和制度化。博洛尼亚进程开始后，形成了两年一次的会议制度，每次会议后都由博洛尼亚后续工作组，为下一次的部长级会议做准备。博洛尼亚工作小组负责组织某些专题的研究和讨论。此外，还有一些相关组织不定期地举行博洛尼亚峰会，这些工作机制逐渐将博洛尼亚进程推进到一个新的阶段。

自2001年“布拉格会议”到2003年“柏林会议”的两年之间，博洛尼亚跟踪组先后召开了六次小组会议，不断监督并汇总博洛尼亚进程的相关进展情况，开展与进程相关的困难、阻力以及发展趋势等问题的多方讨论。帕维尔·兹格教授被任命为博洛尼亚跟踪组成员，并成为负责关于柏林会议报告的总负责人。在伦敦会议和比利时的部长级会议之间，博洛尼亚跟踪组共召开十次会议，组织了十八次官方研讨会。这些会议和研讨会主要讨论了三个方面的问题：欧洲高等教育区资格框架的建构、人员的流动性和就业问题。

在柏林会议和布拉格会议之间，博洛尼亚筹备组先后召开了九次会议，收集并整理了博洛尼亚进程中的重要信息资源，成立了专门的官方网站。筹备组主要负责准备柏林会议，并负责联络其他相关利益负责人，包括雇主、贸易的联盟、相关专家组织等，他们虽然没有直接参加博洛尼亚进程，但他们的发展却对进程有很大影响。

值得注意的是，博洛尼亚进程运行框架的一个重要优势为它通过一种非正式的方式，使进程主要的利益相关者以合作伙伴的角色互相协作起来，调动所有参与者的主人翁意识和参与意识。

2009年在比利时召开了鲁汶会议后，欧洲部长级会议的召开周期有所调整，更改为每3年召开一次。因而鲁汶会议下两届会议分别是2012年在罗马尼亚举行的“布加勒斯特会议”以及2015年在亚美尼亚举行的“耶烈万会议”。按照惯例，承办下一届部长会议的国家应筹备并设立一个“博洛尼亚秘书处”，因此，在2012年至2015年间博洛尼亚秘书处就设在亚美尼亚。进入部长级会议准备阶段之后，“博洛尼亚跟踪组也会定期举行会议，向部长级会议提供相关的数据信息、进展计划以及起草方案等详细资料，以确保进程的正常运转。①

可以说，长期以来，欧盟在制定教育政策时，始终与相关利益者保持着密切合作，形成了积极有效的对话合作机制。这些利益相关者有：欧洲大学联合会、欧盟学生联盟、欧洲大学终身学习联合会、欧洲成人教育联合会、欧洲院校联合会、欧洲中小学校长联合会、欧洲青少年闲暇机构联合会、欧洲家长联合会、社区学院联合会、欧洲职业培训机构联合会、欧洲职业培训联合会、欧洲培训与人力资源发展联盟等。②

三、政策执行中的多层治理模式

多层治理模式是在20世纪90年代欧盟用于治理欧洲一体化进程中提出的新型治理模式，由于欧洲一体化进程是复杂的、多层次的、多方

---

① Communiqué ofthe Conference of European Ministers Responsible for Higher Education, Leuven and Louvain-la- Neuve 2009[EB/OL]. [2013-10-23]. http: //europa. eu/rapid/pressReleasesAction. do?reference=IP/09/675&type=HTML.

② CHEPS, INCHER, ECOTEC. The First Decade of Working on the European Higher Education Area. The Bologna Process Independent Assessment[R]. Twente: CHEPS. 2010.

面的进程，进程是多种动力共同作用形成的合力所推动的，其结果就是导致了欧盟的动态的多层治理模式的应运而生。多层治理模式中，由于超国家组织的中央权力的分散，出现了向上到达超国家层面、向下到达次国家层面、横向地向公共或私人部门转移的网状决策结构。通过多层结构的分散治理要比以国家为中心的垄断更具效力的优越性。博洛尼亚进程的政策运行以及执行过程正是利用了欧盟的这种治理模式在超国家组织治理中的优越性。

（一）自上而下与自下而上相结合的方法

博洛尼亚进程之所以能在短短的十几年内迅速开展并取得丰硕成果，很大程度上得益于它的自上而下与自下而上相结合的改革模式，该模式一方面能够从整体上做出规划，促进国家间的协调，以推进改革；另一方面也调动了各国及相关方面的积极性，适应了各国与各地区已有的改革意图和实践。从一开始《索邦宣言》《博洛尼亚宣言》的发表、构建“欧洲高等教育区”到后来一系列行动方案的执行等都采取了“自上而下”和“自下而上”相结合的政策制定与实施过程。《索邦宣言》政策从构想到确立行动框架再到发表，仅仅用了几个星期，且没有广泛征求意见，它的发起甚至使很多参加会议的教育部长们都感到吃惊。“自上而下”的政策制定与实施的过程，是通过欧洲层面的政策决议，敦促成员国按照行动计划和执行标准来实施的，之后成立进程相关的后续工作组，检测并督促目标的落实。而各国改革执行的具体过程更多地采取了“自下而上”的方式。比如，改革要求各国实施一致的学位体系框架，即“学士—硕士—博士”的“3—5—8”三级学位体系。在执行这一改革时，大多国家和高等教育机构采用了自愿的改革方式。以德国为例，虽然通过联邦法案要求实施三级学位体系的改革，但其具体改革方式与是否参与改革的决议是由德国各州与教授会、高校、教师协会和学生团体共同协商确定的。即使是推行了博洛尼亚进程所要求的学位改革，其方式也是异彩纷呈的。

（二）三层次的推进模式

博洛尼亚进程方案的具体实施和完成需要从各个国家、各国内部及各学术团体三个层面来实现。

在国家层面，欧洲各国通过参与博洛尼亚进程每两年一次的部长级会议，对已经完成的改革成绩进行总结，明确下一阶段发展目标，布置下一阶段的工作重点等。随后根据各国自身情况制定各自的改革政策和法案，推动博洛尼亚进程在各自国家的实施。这期间，各国派代表参与博洛尼亚进程实施的研讨会，提供各国改革进展情况并相互借鉴改革经验，在“博洛尼亚学术研讨会”的系列研讨会上，各国学者们将深入探讨博洛尼亚进程的相关事项，具体分析实施过程中所遇到的障碍和阻力，借鉴各国改革的成功经验，进一步发掘合作空间。值得注意的是，虽然博洛尼亚进程的改革方案在欧盟层面并不具有法律约束力，但经各国政府颁布相关法律条例执行改革后，具有了国家层面的法律约束力。在各国内部，各种政府间组织和非政府组织也积极参与进来。由政府代表与各国教育部门代表组织的欧洲高等教育改革论坛、大学校长论坛和学术研讨会，邀请了社会各界代表的广泛参与，其中包括学联成员代表、企业单位及雇主代表、民间组织的代表等，共同探讨博洛尼亚进程后高等教育的发展方向问题。

（三）政府间合作与信任的方式

后续行动小组在其为卑尔根部长级会议准备的报告中也讨论了博洛尼亚进程的治理这一问题。报告中指出，博洛尼亚进程开始于政府间的相互合作，其发展过程依赖于各方力量（学术界和学生代表等）的广泛参与，这意味着进程实施的基础是各方的“合作与互信”。此外，该报告还指出，《里斯本认证公约》是该进程到目前为止唯一指定的法律文件，因此所有进程方案的计划与执行都只能依赖于相互信任。①

（四）性量结合的定期检查评估制度

性量结合的定期检查评估制度对博洛尼亚进程迅速发展起了很大作用。2003年柏林会议要求博洛尼亚后续工作组对各成员国的执行进展实施评估，通过各团体组织的积极配合，进行“水平评估”，②以促进博洛尼亚进程的落实。这种评估方式主要通过各国提交的改革进展报告以及对各国进行实地调查访谈，从多个方面了解各国的实施进展、改革阻力与社会反响等。例如，欧洲大学协会每两年发布一次成员国大学开展欧洲高等教育调查报告，报告中及时分析和总结改革行动在各国高等教育机构中的进展、趋势和困难等，进而提出日后工作的方向和重点。另

① Bologna Follow-up Group. The European Higher Education Area Beyond 2010[R]. BFUG, 2005.

② Berlin Communiqué. Realising the European Higher Education Area[EB/OL]. [2013-10-23]. http://www.eua.be/eua/jsp/en/upload/OFFDOC_BP_Berlin_communique_final.1066741468366. pdf.

外，欧洲教育信息网络中心会及时公布各国高等教育机构的统计数据和相关信息，以获取欧洲各国的学生信息资源。

更为重要的是，博洛尼亚进程改革并没有将网络数据统计作为衡量进程发展的唯一信息来源，实地的调查与访谈亦是其了解各国改革情况的重要途径。通常情况下，每届部长级会议召开之前，博洛尼亚工作组都会召集专业调查人员到各个成员国进行数据汇总与调查研究，并通过对教师、学生、行政人员、企业雇主等进行访谈，了解和搜集他们对改革措施的看法和意见，及时获取改革的反馈信息，准确地掌握改革动向与社会反响，更加全面真实地了解改革实践的进程。

为实现《博洛尼亚宣言》中提出的欧洲高等教育区的学生流动目标，博洛尼亚进程实施了一系列相关举措，包括欧洲高等教育的公共经费支持、欧洲高等教育质量保障体系、欧洲高等教育的学分累积与转换体系、欧洲高等教育的三级学位体系、欧洲高等教育的文凭补充制度以及欧洲高等教育的学生流动项目等。在促进学生流动的过程中，这些措施并不是孤立实施的，而是相互作用、相互协调并相辅相成的，从而能够发挥其整体效应。在下文中，将对每个实施举措从概述、作用、政策发展历程、实施进展等几个方面进行描述。

第四节　欧洲学生流动政策的主要内容

流动对于欧洲区域整合与一体化发展的凝聚作用，使之始终摆在欧洲高等教育改革政策的核心位置。为促进多样化、多层次化的学生流动战略实施，欧洲高等教育区针对学生流动推出了一系列政策文件，这些文件包括每隔两年发布的博洛尼亚进程公约以及相关政策文件。

博洛尼亚进程公约中有关学生流动的政策内容主要集中在学生流动的重要性、指导方针及推进策略方面。1998年《索邦宣言》就强调建成欧洲高等教育区是促进公民流动和就业的关键。[①]2001年《布拉格宣言》中重申了流动的重要性，提出要努力推进流动以实现区内人员在民主观念、文化及语言多样性和不同高等教育体制中的资源共享。2003年

① European Ministers Responsible for Higher Education. The Bologna Declaration of 19 June 1999- Joint declaration of the European Ministers of Education [R]. Bologna: EHEA. 1999: 1.

《柏林公报》提出学生及学术流动是建成欧洲高等教育区的基石。2009年《鲁汶公报》提到流动既是增强高等教育合作项目质量以及科学研究的卓越性的重要方式，也是提升高等教育与学术国际化程度和卓越性的关键。鉴于流动对于学生个体发展和就业的重要性，以及其对语言多元化、支撑欧洲高等教育区多语言传统以及在增进不同高等教育体制间的相互合作与竞争的重要性，流动是欧洲高等教育的标志性特征[①]。2012年《布加勒斯特宣言》指出，不论是作为全球化进程的一种关键载体还是一种结果，流动都应当被视为不可分割的部分[②]。2015年的《埃里温公报》指出，高质量的学生流动和学术合作是开展欧洲合作的核心。[③]

除此之外，博洛尼亚进程中学生流动相关的政策内容主要集中在以下几个方面：

一、欧洲高等教育公共经费支持

广义的欧洲公共经费支持是指欧洲对各国或各高等教育机构所进行的财政投资以及财政资助。这里所提到的欧洲公共经费支持更侧重于博洛尼亚进程层面，即欧洲在对高等教育进行各方面改革的过程中对实现欧洲学生流动所进行的财政投资以及财政资助计划。欧洲高等教育的公共经费支持主要分为欧洲层面、国家层面和机构层面的高等教育公共经费支持。可以说，欧洲高等教育公共经费支持，对于促进欧洲学生流动方面发挥着重要作用。换言之，欧洲公共经费支持是实现欧洲学生流动的经费保障，也是保障学生流动各个环节顺利进行的关键。

欧洲各个大学普遍面临着经费不足的困境，2000年欧盟国家高等教育经费平均只占GDP的1.1%，比美国少一半还多。尽管如此，这并不意味着欧洲各国放弃了对高等教育经费支持的努力。《布拉格宣言》中

① European Ministers Responsible for Higher Education. Leuven/Louvain-la-Neuve Communiqué:The Bologna Process 2020 -The European Higher Education Area in the new decade[R]. Leuven and Louvain-la-Neuve:Communiqué of the Conference of European Ministers Responsible for Higher Education. 2009: 4.

② Conference of Ministers Responsible for Higher Education. Mobility Strategy 2020 for the European Higher Education Area(EHEA). 2012.

③ European Ministers Responsible for Higher Education. YEREVAN COMMUNIQUÉ [R]. Yerevan: EHEA. 2015: 3-4.

指出，在金融危机的背景下，社会对高等教育的重视程度更应该增加，因此对高等教育的财政投入不应该缩减，反而应该加大。因为在经济持续低迷的情况下，高等教育作为知识社会的中心，其社会责任更加重大，大学为欧洲经济复苏提供高素质人才储备与技术支持。

博洛尼亚进程实施后，欧洲高等教育公共经费支持的政策经历了一系列的调整。欧盟委员会于2001年2月公布的2003—2007年度的第六个总规划决定，预算投入预计增加到175亿欧元，增幅高达16.7%，这项决议已于当年11月得到欧洲议会的批准。在当年提交的教育改革决议中，欧盟针对研发重点、优化科研结构等五个方面提出新的研究计划，以便科研经费能够得到合理和有效的分配。在科研经费改革方面，首先向科研优先领域拨款125.05亿欧元，包括将各成员国的研究计划在网络上进行汇总，将众多优先科研领域，例如纳米技术、基因和生态技术、航天与航空技术、信息技术等都纳入其中，以此凸显优先领域的科研优势并加快推进欧洲科研一体化进程的步伐；其次，在建设“欧洲研究区”的进程中，拨款30.5亿欧元用于改进“欧洲研究区”的结构，改进欧盟科研领域的结构性缺陷，这些措施包括鼓励科研人员流动、减少人才外流、推进科研与创新的一体化、加强科普等方面。

根据“欧洲2020计划”中有关欧洲教育财政预算计划的决议方案，欧盟已针对高等教育交流计划和培训计划等，大幅增加对高等教育流动的经费资助，这些建议包括新设的关于教育、培训和青年计划，例如“全民伊拉斯谟计划”等，这些建议已在欧盟2014—2020年度财政预算框架中提出。在欧盟委员会向欧洲议会提交的2014—2020年财政预算计划草案中，涉及教育经费的预算增加的幅度最大，从之前的87.6亿欧元增至152亿欧元，增幅高达73.5%。

欧洲层面的高等教育公共经费支持主要资助形式是对欧洲层面的大学生流动项目进行经费支持，包括欧盟组织的学生流动计划、青年流动计划等。

“伊拉斯谟世界计划”的初始投入为800万欧元，而该计划的投资随着实施进程逐年增加，2008年达到9400万欧元，从2004年至2008年，项目总投入为2.3亿欧元。在“伊拉斯谟世界计划”中，欧盟委员会启动了一项耗资2.3亿欧元的项目，向优秀的国外学生和访问学者提供奖学金。欧盟希望借助这项举措，吸引更多欧洲以外的优秀学生到欧洲学习和研究，或使欧洲学生有机会到欧洲更好的学校进行学习，以此提高欧洲大学在全球范围内的吸引力和竞争力。这项针对参与“伊拉斯谟世界计划”学生提供的经费资助主要有以下几种方式进行分配：

三分之二的资金用于资助欧盟内部及欧盟外部的人员进行跨境流动学习；

三分之一的资金的一部分用于资助参与跨境流动的相关青年组织、教育机构、非政府组织、商业界及在政府和地区之间建立的合作关系的组织或机构等；

三分之一的资金的另外一部分用于资助欧盟成员国进行跨境流动相关的政策改革，例如，高等教育的现代化改革，或促进学生就业能力提升、科研创新或实习所进行的一系列改革等。

该项目经费资助的具体范围包括：

提供200万个奖学金名额供欧洲高校的学生跨境学习、培训或进修等，其中含45万个实习生名额；

提供2.5万个奖学金名额供欧洲高校学生参与“联合硕士学位”项目的学习（要求学生至少要在两所以上的海外高等院校进行过学习）；

提供65万个奖学金名额供高等职业院校的学生参与跨境学习、培训或工作；

提供20万个贷款担保名额供硕士研究生跨境学习一门课程；

提供50万个资助名额供欧洲青年参与“海外志愿者项目”或“青年交换项目”；

提供80万个资助名额供大学讲师、高校老师、教职人员培训及青年工人参与跨境教学或培训；

资助12.5万个高等院校、高等教育机构、职业及培训院校、成人教育机构、青年机构和企业建立2.5万个战略合作伙伴关系，促进各个高等教育院校、机构间的业务往来和经验交流。

在全球金融危机的背景下，日益恶化的经济情况在欧洲各个国家都普遍存在，这使得高等教育的收费政策改革成为大势所趋，即使过去一直实行公立大学免收学费的英国，也开始实行收费政策改革，实施对高等教育的收费。一方面，高昂的学费意味着国家在高等教育财政扶持力度上大跌，另一方面，这也意味着高等院校会不断加强对入学门槛的干预，对于学生而言，这种局面是非常不利的。[①]但在欧盟各国中，通过

① European Ministers Responsible for Higher Education. Bologna Beyond 2010 Report on the Development of the European Higher Education Area[R]. Leuven/Louvain-la-Neuve Ministerial Conference 28-2, 2009:24.

国家及地方财政力量来扶持高等教育的实例仍然存在。这种趋势在博洛尼亚进程开始实施的头几年最显著，特别是从2001年到2005年，欧盟各国对高等教育的财政投入随着GDP的增长逐年增加，2005年欧洲博洛尼亚进程的签约国对全日制高等教育学生经费投入达到了人均8300欧元。[①]

芬兰是欧洲少数几个承诺提供给高校改革专项资金的国家之一。这就从某种程度上防止了高等教育机构因推行改革而付出的代价——科研质量的下滑，因此，芬兰也是改革试行较为成功的国家之一。芬兰有着较为完善的高等教育及科研经费筹措机制，不仅有充裕的科研经费和灵活的融资机制和竞争机制，高校师生和科研人员也可接受政府的经费资助进行跨境的学习或培训。2005年，芬兰的科研经费支出占国家GDP总值的3.5%。2004年，芬兰科学院与26个国家的42个科学研究基金组织共同确立了合作协议。根据这些协议，芬兰科学院将拨款170万欧元资助科研人员进行跨境流动，到目前为止，已有218位芬兰科研人员获得到国外工作的机会，474位国外科研人员通过该项目的资助到芬兰做长期或短期的研究或参观。2005年，芬兰国际流动中心提供了8000个研究生学习和短期访学的奖学金名额供高校的学生进行跨境学习或访问。[②]在2009年的“卑尔根会议”上，芬兰教育部部长泰南对芬兰的高等教育改革进展进行了如下评价：“作为博洛尼亚进程签约国中少数拨专款支持改革的国家之一，芬兰的改革进展迅速。”

二、欧洲高等教育质量保障体系

高等教育质量被认为是构建“欧洲高等教育区”的“心脏”。建立欧洲层面统一的保障体系成为建设“欧洲高等教育区”的核心战略，也是欧洲高等教育的层次、结构走向统一的核心保证。欧洲国家一直以来对高等教育质量保障的相关建设尤为重视，自1999年《博洛尼亚宣言》签署后，欧洲已逐步建立起学校、成员国和欧洲三级质量保障系统。

① European Ministers Responsible for Higher Education. Bologna Beyond 2010 Report on the Development of the European Higher Education Area[R]. Leuven/Louvain-la-Neuve Ministerial Conference 28-2, 2009:24.

② Office for Official Publications of the European Communities. Focus on the Structure of Higher Education in Europe. National Trends in the Bologna Process [EB/OL]. [2014-03-21]. http: //eacea. ec. europa. eu/ressources/eurydice/pdf/0-integral/085EN. pdf.

欧洲高等教育质量保证体系由内部质量保障体系与外部质量保障体系共同构成。欧洲高等教育内部质量保障体系的主要职责是通过对欧洲各国质量机构内部进行的评价，授予、批准并监控资格证书；同时还要开展周期性评价，包括对学生资源和学习支持的评价，对教师和学生的评价，以及对各质量机构的信息系统和公共信息进行评价，以此来确保各机构质量保障工作的实施。而欧洲高等教育外部质量保障体系主要是提供社会认可的周期性调查、报告标准和分析结果等[①]。内部质量保障通常是外部质量保障顺利进行的基础，内外部质量保障体系相辅相成，共同维持整个欧洲质量保障体系的运行。

“欧洲高等教育区”的质量保障工作通过欧洲部长级会议、国家以及各高等院校三个层次实施，其具体步骤如下：第一，对欧洲内部与外部质量保障和外部质量保障机构设立统一的欧洲标准；第二，每五年对欧洲质量保障机构进行一次循环评估；第三，在强调自主权的前提下尽可能地实行全国性的质量评估；第四，建立一套欧洲质量保障机构相关的登记注册程序；第五，设立欧洲高等教育质量保障协商论坛；第六，欧洲注册委员在质量保障中充当注册机构“守门人”的角色。

欧洲高等教育质量保障体系主要是通过革新高等教育质量保障标准，而在促进欧洲学生流动方面发挥重要作用的。欧洲高等教育质量保障体系在确保欧洲高等教育质量和促进欧洲学位资格认可方面起着统一标准和建立信任的作用，因此其无疑是欧洲学生流动得以实现的重要保障，这点已得到了广泛认可。具体而言，构建欧洲统一的质量保障体系，可以保障学生在欧洲各个国家都能顺利进入劳动力市场，能够提高欧洲高等教育的可兼容性、吸引力和竞争力。统一的质量保障是不同国家、不同高等教育机构间相互信任的基石，也是维持欧洲高等教育区的流动性、持久性、兼容性和吸引力的重要条件。

博洛尼亚进程实施后，欧洲高等教育质量保障体系的政策经历了一系列的发展历程：

1999年，在《博洛尼亚宣言》中提出了进程实施的六项目标，其中一项便是“加强欧洲区域间质量保障合作，促进学生流动性方面的相关质量保障，建立欧洲层面同等的标准和方法，协调各国质量保障方面的

① Office for Official Publications of the European Communities. Focus on the Structure of Higher Education in Europe. National Trends in the Bologna Process[EB/OL].[2014-03-21]. http://eacea. ec. europa. eu/ressources/eurydice/pdf/0-integral/085EN. pdf.

统一与协作”。

2001年5月的布拉格会议上，33国教育部长共同商议决定，为了实现《博洛尼亚宣言》中提出的六个目标，他们决定将进一步采取有关行动，而且还将目标增至九个，其中的第三个目标就提到“提升‘欧洲高等教育区’在全世界范围内的竞争力和吸引力是欧洲高等教育质量保障的目标，为此各国应不断完善质量保障机制，并建立质量保障的欧洲统一标准，以吸引更多的外国留学生来欧洲学习”。

在2003年5月召开的柏林会议上提出建设欧洲高等教育区的核心战略是建立欧洲质量保障体系，同时会议表示博洛尼亚进程部长峰会的核心议题是质量保障，而其主要责任在学校自身。为了加快该进程的发展，2003年和2004年的三项优先行动计划已经被部长们制定出来了，这些计划是：建立健全有效的质量保障体系，积极鼓励E4集团——欧洲各国学生联合会、欧洲高等教育质量保障协会、欧洲大学协会、欧洲高等学校协会之间加强合作，从而共同制定有效可行的质量保障的标准、程序和指导手册。

第三次博洛尼亚进程会议在2005年5月于挪威的卑尔根召开。第三次博洛尼亚进程会议顺利通过了《卑尔根宣言》，其主要内容是：重申“质量”在高等教育改革与发展中的重要性，加快实施高等教育质量保障体系在各国的建设；继续建构并完善欧洲高等教育质量体系实施框架。由欧洲高等教育质量保障协会制定的《欧洲标准》在会上得到一致通过，并要求各国遵循《欧洲标准》的准则建设各自的质量保障体系。

2007年5月，博洛尼亚进程的各签约国教育部长在英国召开了伦敦会议，部长们重申了2010年建成“欧洲高等教育区”的承诺，回顾了自1999年以来博洛尼亚进程中取得的进步和不足，并发表了《伦敦公报》，通过了建立“质量保障机构的欧洲注册处”的决议。这个注册处的成立，不仅预示着负责高等教育质量保障的机构自身一定需要接受评估才能取得认可的地位，而且该中心的成立还显示了欧洲高等教育质量保障制度发展的一个新的里程碑的到来。[①]

“欧洲高等教育区”建成前的最后一次部长级高峰会议——“鲁汶会议”在2009年4月于鲁汶大学召开，这次会议由比利时、荷兰、卢森

---

① ENQA. Standards and Guidelines for Quality Assurance in the European Higher Education Area[R]. Helsinki : ENQA, 2005.

堡三国共同主办。会议强调要加强欧洲大学协会、欧洲学生联合会等组织间的合作，与会代表表示要继续贯彻《欧洲标准》在各国的实施，会议在最后还宣布要切实保证对欧洲高等教育质量保障协会的外部评估，特别是质量保障利益相关者对协会的评估。

博洛尼亚进程实施后，欧洲高等教育质量保障体系的实施进展，可分为以下几个阶段：

1999年，欧洲正式建立了“欧洲高等教育质量网络”。这项网络工程主要是为欧洲质量保障机构间的经验交流和学术研讨提供平台，以支持欧洲质量保障机构的工作，提高各级工作效率；此外，该网络还对欧洲各国有关高校质量保障机构的人员进行培训，实现欧洲内部的跨国质量合作，从而形成独具欧洲特色的质量保障系统。

根据统计显示，截至2003年，23个国家已经成功建立了34个质量保障机构（有的国家大学和非大学系统分别成立了质量保障机构）。据柏林峰会的要求，到2005年，所有签字国都要建立起质量保障系统。从学校层面来说，由于欧洲国家有大学自治的传统，高校自身对高等教育质量保障肩负最主要责任，因此，每所学校基本都应该有本校的质量保障系统。

从2005年起，虽然各个层次的学生质量都得到了一定程度的提高，但仍有诸多有待改善之处。此外，许多部长们注意到，应着重发展外部质量保障体系并提高质量保障工作中学生与国家的参与度。其中，保证国际参与度、国家接受度、开放度以及质量保证过程的透明度，已经成为未来各国质量保障体系建设中面临的巨大挑战。

2006年各质量保障机构共同设立了“欧洲质量保障机构登记处”，其目标是让所有的利益相关者和公众都能从质量保障机构中获得客观而可靠的信息和数据。

到2009年为止，在外部质量保障建设中，所有成员国和地区都建立各自国家的外部质量保障制度，其中大部分国家都公布了外部质量保障的评价结果以及采取的后续措施。功能齐全的全国性高等教育外部质量评价制度已经在33个国家和地区被建立，同时还在各级各类高等教育中得到了实施。自我评估、外部评价、公布考评结果、采取后续措施等这几个重要环节已经包括在这些国家的外部质量保障体系之中，同时同行评议也已经或即将被采用。另外，还有14个国家所建构的体系包括自我评估、外部评价、公布考评结果、采取后续措施四个重要环节其中的两个，但是同行评议的计划还没有被采用。目前只有波黑顺利完成了有关质量保障的立法工作，但还没有得到全面实施。

到2009年为止，内部质量保障体系在不同国家和地区的实施进度各不相同，其中21个国家和地区的所有高等院校、20个国家和地区的绝大部分高等学校和6个国家的少数高等学校均建立了内部质量保障体系，只有1个国家的高等教育机构中未建立任何内部质量保障体系。通常情况下，建立内部质量保障体系的做法是按学科设立的、由教师与学生一同参与的评价委员会，开展内部质量保障工作的方式包括自我评估、学生评议、雇主评议以及同行评议等。①

三、欧洲高等教育三级学位体系

欧洲高等教育的三级学位体系是《博洛尼亚宣言》中提出的欧洲两级学位体系的发展与完善。《博洛尼亚宣言》中提出，重新布局学校结构，将大学的学位统一分为学士和硕士两级，建立一个以两阶段模式为基础的二级高等教育学位体系——“学士—硕士”学位体系。完成第一阶段学习获得的学士学位，可作为进入欧洲劳动力市场的基本资格，因此学士学位与就业市场直接挂钩。完成第一阶段学习（不能少于三年）后可进入第二个阶段的学习，即攻读硕士学位。第二个学位阶段的设立是在本科教育已经在欧洲普及化了的前提下发展的，其旨在为社会提供更加专业的人才。三级学位体系是在2003的柏林会议上提出的。《柏林公报》中提出，应增加第三个高等教育的层次——博士层次，在欧洲范围内实行统一的“学士—硕士—博士”三级学位体系，以便于“欧洲高教区”和“欧洲科学研究区”保持密切联系与互动。

① KARKOSZKA T. Quality Assurance in the European Higher Education Area[J]. Journal of Achievements in Materials and Manufacturing Engineering, 2009, 37(2): 1149-1151.

表3-1　欧洲高等教育的三级学位体系及各级资格描述

学位等级	学习成果的描述	ECTS学分
第一级	1. 能展示在普通中等教育层次之上的对某个专业领域内和知识理解，通常情况下能表述所学领域的前沿知识 2. 能在工作或职业中，将所学专业的方法和技能应用于实际问题中，并在所学领域中具备讨论、设计和解决问题的技能 3. 能在所学领域通过相关资料的收集对相关数据做出解释，进而能够对相关的伦理、科学和社会问题做出基本判断或反思 4. 能与该领域的专业学者和非专业听众就专业问题的信息、思想及解决问题的办法等进行交流 5. 具备高度的自主学习所必需的相关学习技能	180—240学分
第二级	1. 具备比第一级学位资格更强的知识基础与能力，为在研究中将理论应用于实践或创造性发挥打下基础 2. 在陌生环境中具备超越所学专业领域（或多学科、跨学科的背景下）运用智力、应用知识和解决问题的能力 3. 能够在信息有限或不完整的情况下汇总知识、处理较为复杂的问题，做出判断，还有应用所学知识和判辨能力对社会责任和相关理论进行深刻思考 4. 能够清晰而明确地与专业学者或非专业学者进行相关问题的结论以及支撑结论的基本原理的交流 5. 具有持续自主学习所必备的学习技能	90—120 学分，最少在第二级水平完成60学分
第三级	1. 对所学领域的相关问题有着较为系统的思考和理解，能够掌握该领域的研究方法与相关专业技能 2. 能适应真实的研究过程，具备构思、设计和执行的能力，拥有学术诚信 3. 在拓展前沿知识的原创性研究上取得相关研究成果，其研究成果发表在国家级别或国际级别的专业正式刊物上 4. 能与同行业学者以及普通大众进行相关专业知识与技术的交流 5. 毕业后能够在相关学术圈或职业范围内对实践技术、专业知识、专业文化与社会进步等方面做出贡献并起到积极作用	没有规定

资料来源：European Commission. ECTS Users' Guide [K/OL]. [2013-5-23]. http://cc,uropa,eu/education/lifelong-learning-policy/doc/ects/guide_en, Luxembourg:Office for Official Publications of theEuropean Communities.

注：ECTS，是欧洲学分积累与转换体系的简称。

欧洲高等教育三级学位体系在通过改进学制的可比性从而促进学生流动方面发挥着重要的作用。

欧洲各国原来的高等教育体系之间差异较大，国与国之间缺乏完善的学位比较制度，各国之间专业人才的自由流动受到较大的限制。如英国学生拿到第一学位时的年龄一般是22—23岁，而德国学生却已25—27岁了。又如同样是法学学位，其学制在法国是4—5年，而在德国是5—7年。而且欧洲有不少国家是不设本科学位的，其第一学位就相当于硕士学位，有的学制4—5年，有的则更长。法德两国的高校都不设入学门槛，只要有中学毕业文凭，都可以进大学接受教育。由于欧洲各国的学位制度多样不一，在很大程度上阻碍了人才在欧洲市场上的自由流动和就业。为了建立一个透明、可比、开放的学位体系，促进人才的快速和顺畅流动，博洛尼亚进程的一项行动主线就是在欧洲范围内统一实行“学士—硕士—博士”的三级学位体系。①

大力推行统一的欧洲学分制，是促进欧洲学生流动的核心工具。三级学位体系可以将之前的学科间的分类简化，打破原有学科间的壁垒和界限，增强不同专业与学科间学制和学位的可比性。新的学位体系也增强了欧洲国家与其他地区国家间高等教育学位的可比性，扫除了不同国家间学位体系差异对学生流动产生的障碍。新的学位体系也促使欧洲各国高等教育的课程设置和学期的设置逐渐向统一的欧洲标准靠拢，课程与学位的透明度、可比度增强，减少了学生流动的障碍。

欧洲高等教育三级学位体系的政策经历了一系列的发展历程：

1999年的《博洛尼亚宣言》中正式提出建立一个以两阶段模式为基础的两级学位体系。宣言要求对欧洲各国施行统一的“二级学位体系”，将学位统一划分为学士——硕士两个层次，学生毕业后分别获得“学士学位”和“硕士学位”。第一阶段的学位直接连接就业市场，所以第一阶段的学位证书是学生进入欧洲劳动力市场的基本资格证书；第二阶段的学位要求学生在顺利完成第一阶段至少3年的学习后才能申请，其目的是为社会培养更多硕士层面的专业人才。

自两个阶段为基础的高等教育体系在欧洲各国基本建立后，欧洲的

① Bologna Working Group on Qualifications Frameworks. A Framework for Qualifications of the European Higher Education Area[R]. Ministry of Science, Technology and Innovation, February, 2005.

高等教育布局开始进行全面调整。这种体系改革的重要性在2003年9月举行的柏林会议上被再一次重申。同时，欧洲部长们意识到，要想紧密联系“欧洲高教区”和“欧洲科学研究区”，就必须在现在的两个层次上有所超越，从而建立博士层次，即第三个高等教育的层次。绝大多数已经实施了两个层次学位体系的博洛尼亚签约国，都纷纷把博士层次看作高等教育的第三个层次，并且有的国家已经着手将该层次列入法律之中，也就是说从他们加入《博洛尼亚宣言》之日起，就为该层次建立了法律保障。

四、欧洲高等教育文凭补充制度

“文凭补充”，又叫“文凭补充说明”“文凭附件”或“文凭说明书”，它是由欧盟、联合国教科文组织和欧洲理事会共同设计的，针对文凭相关内容进行具体性描述，是一份全面介绍学习科目的解释性文件，其内容非常详尽，并且可以终身使用。其目的是提供文凭相关的详实而独立的数据，以提高文凭的专业认可度、国际透明度和公平性。文凭补充制度最早是在1997年的《里兹本公约——欧洲高等教育文凭互认协议》[①]中提出的，协议要求签约国大力鼓励欧洲各国高等教育机构为学生颁发“文凭补充”。为使欧洲文凭能够进一步在各国顺畅流通并为学生就业提供学历保障，《博洛尼亚宣言》中要求，所有进程签约国的高等教育机构为毕业生颁发“文凭补充”。之所以“文凭补充”对欧洲学生就业影响重大，是因为“文凭补充”向欧洲社会提供有关学生在大学期间最主要的学习科目信息，而且是详细的、容易理解的信息。“学位补充”显示着一个学生的专业特长、能力水平；同时，这份证书又是学生“终身教育”的记录册，持证人一生中的任何时段、在欧洲任何大学中的学习或进修，都可载入该证书的记录。[②]

“文凭补充”是欧洲学生进行流动的重要保障之一，目前已经在

① 1997年4月，欧洲理事会与联合国教科文组织在里斯本召开会议并共同推出了《欧洲高等教育领域文凭互认的协议》，简称《里斯本公约》。此公约为实现学位资格互认的基础性文件，也是奠定博洛尼亚进程的基础性文件。

② CROSIER D, PARVEVA T. The Bologna Process: Its impact in Europe and beyond [R]. UNESCO: International Institute for Educational Planning, 2013.

《博洛尼亚宣言》的签约国中得到普遍运用，它通过增强欧洲不同国家、不同高等教育机构间文凭的可比性和易读性促进学生的流动，特别是学生毕业后的流动。它使学生在不同学校、不同国家中获得的知识和技能具有可行性并且在流动过程中通俗易懂，使欧洲各大学所颁发的同样学科或同等专业的文凭均能够通过统一的标准进行比对和衡量。文凭补充的目的是增加欧洲各国高等教育学位体系的公开性、兼容性和透明性，为学生的流动、文凭的相互承认和终身学习提供便利。“文凭补充”为欧洲高等教育的多样化提供了支持，促进了公民的流动，有利于简化文凭认可，使得文凭认证更加方便、快捷、高效。根据《博洛尼亚宣言》可知，“文凭补充”既是学生的“终身教育”手册，也是在欧洲各国就业的通行证；既增加了欧洲学生的跨国就业能力，也提升了欧洲高等教育的国际竞争力，而且是成为实现“学习型社会”的主要措施之一。

欧洲高等教育文凭补充制度的政策经历了一系列的发展历程：

1999年的《博洛尼亚宣言》中首次提出了“文凭补充”，并对其进行了描述，宣言中提道：为促进欧洲学生的就业能力与欧洲高等教育系统的国际竞争力，将欧洲各国学位及文凭实现相互认可，实施具有较强易读性、可比性的《文凭补充说明》。

2001年的《布拉格公报》中提道：可比性的学分系统是欧洲各个高校建立更加灵活的学习和学位资格认证系统的重要基石，欧洲学分累积与转换系统和《文凭补充说明》的普遍应用都将促进欧洲高等教育朝着这个方向发展。

2003年的《柏林公报》强调了《里兹本公约》在资格认可方面的重要性，提出应批准所有参加博洛尼亚进程的签约国家加入这个公约，同时也呼吁欧洲网络信息中心和欧盟国家信息中心网络的国家主管部门进一步实施这个公约。《柏林公报》提出，要保证所有毕业生在2005年之前都能自动地得到一份免费的《文凭补充说明》，而且使用的是一门被广泛使用的欧洲语言。①

① MARKUS M. Toward Integral Higher Education Study Programs in the European Higher Education Area: a Programmatic and Strategic View[J]. Integral Review, 2009, 5(2).

五、欧洲高等教育学分转换体系

欧洲学分累积与转换体系是在“伊拉斯谟计划”中创立并发展起来的，被认为是世界范围内试验较为成功的学分互认体系之一，与美国的“学分转移体系”并称为世界上两大高等教育学分体系。最早始于1989年，是“伊拉斯谟计划”的重要组成部分，起初只是一种用于学分转换的“学分转移系统”，其主要功能是使学生在本国所修学分以及在国外留学期间所修学分都能获得普遍的认可。欧洲高等教育资格框架对欧洲学分的范围做出了详细的要求。[①]学士学位的学习年限要求至少三年，对应为180—240个ECTS欧洲学分；硕士学位学习年限为一到两年，对应为60—120个ECTS欧洲学分；博士学位的学分和学习年限尚未给出具体要求，但博士学习年限一般在3—5年。欧洲学分累积与转换体系主要由五个关键性文件组成——信息包裹（课程目录）、学生申请表、学习协议、认可单和成绩档案。

欧洲高等教育学分累积与转换体系在通过改革学分与资格认证促进学生流动方面发挥着重要的作用。随着学生流动项目“伊拉斯谟计划”的推广与合作内容更广泛的“苏格拉底计划”的实施，该体系得到了更充分的发展。1999年《博洛尼亚宣言》签署时，各国教育部长们充分肯定了欧洲学分累积与转换体系在促进学生流动中所做的重要贡献，希望其日后还能将学分累积与转换的功能发挥下去，并在终身学习的推广中发挥关键作用。

欧洲学分累积与转换体系打破了欧洲不同国家间和不同高校间高等教育的藩篱，是实现欧洲范围内学分互认、学历互认进而实现欧洲范围内学生流动的基石，对促进欧洲学生流动起着至关重要的作用。透明和连续的学分转换程序是欧洲大学建立欧洲高等教育区并在全球知识经济中具有竞争力的关键因素之一。[②]在商品交易市场中，为了交换不同价值的商品，人们发明了一种可以衡量价值的单位——货币，从而使商品的流通成为可能。欧洲学分累积与转换系统则重新界定了学分的含义，

① Bologna Working Group on Qualifications Frameworks. A Framework for Qualifications of the European Higher Education Area[R]. Ministry of Science, Technology and Innovation. 2005.

② 泰勒斯·卡然. 实现博洛尼亚趋同：欧洲学分转换体系不能评分等级［J］. 欧洲高等教育，2004（3）.

赋予学分以“可流通的货币”的内涵，使它在人才流动中所起的作用，与商业流通的工具“货币”的作用一样。有学者指出，“对各种资格、学习经验进行评价，并适当承认学分的过程，使学生免除不必要的基础性的学习，使学生从一个课程转到另一个课程时，获得进一步的教育而没有过多的时间浪费”。这一解释道出了学分转换的实质：允许学生将已修得的学分转换到其他相关专业或学校，当学生想转专业或转校时可以承认学生原先已经付出的学习努力。由此可见，学分转换系统带来了灵活多样的学习方式，同时也具有学分积累与转换的功能。

在过去，欧洲学分是对学习者学习投入时间和工作量的描述，各院校的计算方法并不统一，再加上不同的学校所采用的标准有所差异，使得学习者在不同院校所获得的学分进行比较与转换存在较大的困难，学生要在国家间进行流动往往就会因学分问题受到阻碍。欧洲学分转换系统的实施使学习成果可以更容易地在不同学校间、不同课程间转移，使来自不同国家、不同层次、不同水平、不同类型学校的学生能够在相对统一的管理尺度下自由流动，这不仅有助于提高欧洲各国间学生的流动，也使学生所修课程更易于在国际上得到承认。

首先，学生可以以单元为单位分段学习，学生的学习成绩可以以学分累积为基础，学生修完一个课程模块就能获得相应的学分。这样，学分是可以不断累积的，当学生累积的学分满足了学位资格的最低要求时，就可以获得相应的学位，而不需要一次性的完成整个学年的学习。这不仅有利于保证学习的自主性，而且对促进终身学习具有重要意义。即使由于特殊情况中途休学或停学，当他返回学校继续学习时，中断学习前修得的学分仍然算数，原来修的学分仍然有效，而不需要重修这些课程，积累的学分是学习者能否获得学位资格的依据。当学生打算转专业或者转校时，积累的学分可以跟随学习者转换到另一个专业或学校，接受的学院或学校就将对学习者原先积累的学分和先前的学习进行评价，并转换成接受机构所认可的学分。

其次，欧洲学分累积与转换系统使不同国家、不同学校间学习模块与学习成果转换的过程更加简易。学生学习成果和教学模块的学习负荷在不同国家和不同教育机构间各不相同，在一些高等院校中，教学模块的大小及其相关学分是非常有限的，比如，一所大学规定任何专业的教学模块的完成平均不能超过15个欧洲学分以及7.5门课。按照一学年必须完成60个欧洲学分规定，可推算出一学年应包括8个7.5ECTS学分的教学模块。这种方法通过限制教学模块的大小使得课程设计变得更加简易，而对跨专业课程设计和换算，这种方法尤为有效。

联合国教科文组织与欧洲理事会在1997年4月于里兹本召开会议，共同签署了《里兹本公约》，即《欧洲地区高等教育资格认可公约》。会议中提出，这个公约能够使学生学术认证的公平性和资格评定的透明度得到有效提高，可为欧洲各国高等教育机构提供一个更综合的法律框架以及规章制度保障，因而这个公约对于各成员国实现资格互认来说是一个基础性文件。

为实现资格和短期学习得到认可，并使学生能够更自由地进行流动，1999年的《博洛尼亚宣言》提出“建立一种学分系统”，该系统能够称之为促进学生最广泛流动的合适手段。《博洛尼亚宣言》一方面肯定了学分转换系统对学生流动方面起到的促进作用，另一方面，希望在学分转换功能之上附加学分累积功能，这样不仅可以使高等教育机构认可学分，也可以使非教育机构能够认可学分，而且可以得到有效认证和累积叠加，从而最终实现终身学习。

欧洲学分系统对于学生国际流动与国际课程发展具有十分重要的促进作用，这一点在2003年《柏林公报》中做了进一步的强调。同时，《柏林公报》还鼓励进一步发展欧洲学分累积与转换系统，使其不仅能够发挥学分转换的作用，同时能够实现学分累积的作用，最终对于欧洲高等教育区的发展起到更大的促进作用。

六、欧洲高等教育社会维度建设

在博洛尼亚进程中，“社会维度”作为一项重要内容出现在改革的各项行动路线中。其含义主要是：在欧洲高等教育改革的进程中，应始终保障高等教育的社会公平性。对于所有学生而言，平等地接受，乃至享受同等质量的高等教育，从而使他们可以避免因社会地位、家庭背景等因素的差异而对其入学机会乃至学业质量造成的不良影响。可以说，“社会维度”的坚持应要求各级政府务必全面制定与实施各种法律法规，提供各种资助和咨询服务，以保证所有学生尤其是社会弱势群体的子女，使他们能够全面地发挥其潜力，实现他们的学习目标与人生诉求。总的来说，“社会维度”的建设强调的是在“欧洲高等教育区”的建设过程中，各种政策的制定与执行须立足于“社会公平”，从而整体提升欧洲社会的内在凝聚力，使区内绝大部分青年能够公平地接受教育，尤其是那些属于弱势群体的学生。[①]“社会维度”建设也是加强欧洲社会融合、社会和谐的关键措施之一。

“我们希望，任何学生，能够不因社会背景和经济情况而无障碍地完成学业，享有平等地接受并完成不同层次的高等教育的机会，这是非常重要的。因此，在坚持机会均等的前提下，我们将继续致力于为学生提供适当的服务，建立多渠道的学习途径，拓宽各类高等教育机构的入学途径，实现真正意义上的高等教育公正”。[②]

欧洲高等教育的“社会维度”建设在扫除学生公平流动障碍、促进学生流动机会均等方面发挥着重要作用。高等教育的社会维度贯穿于博洛尼亚进程几乎所有的行动纲领之中，“社会维度”建设，不仅致力于增强社会凝聚力、减少社会和性别不平等，更是实现欧洲整体高等教育质量提升和竞争力提升的关键。“欧洲高等教育区”的“社会维度”不仅包括高等教育的入学机会平等，也包括保证学生学习期间的经费支持、咨询政策、社会保障服务、就业指导与就业信息服务以及学生毕业后就业的社会支持服务等。可以说，“社会维度”的建设是欧洲学生流动的一个重要基准，是实现学生无障碍流动的重要前提之一，同时，“社会维度”建设也是保障学生流动机会均等、流动过程平等的重要保障。

欧洲高等教育的“社会维度”建设经历了一系列的发展历程：

1. 在《布拉格公报》中首次提出

1999年签署的《博洛尼亚宣言》中并没有出现“社会维度”一词，伴随着博洛尼亚进程在欧洲的不断扩大、学生参与人数的逐渐增多才开始出现在有关的议程之中。[③]“社会维度”一词的首次正式提出出现在2001年《布拉格公报》中，该词作为一个一般意义上的概念主要针对终身教育和学生流动等特定问题。该公报指出：高等教育应当作为一种公

① LOURTIE P. Furthering the Bologna Process [EB/OL]. [2013-05-23]. http//www.bologna-bergen2005. no/Docs/00-Main_doc/0105Lourtie_report. pdf.

② BOUWEL L V, VEUGELERS R. The Determinants of Student Mobility in Europe: the Quality Dimension[J]. European Journal of Higher Education, 2013, 3(2): 172-190.

③ AMHRAL A, MHGHLHES A. Epidemiology and the Bologna Sage [J]. HigherEducation Vol. 48, 2004: 79-100.

共利益，在现在和将来都负有公共责任，因而在高等教育的过程中，应实现社会维度的高等教育。[①]

2. 在《柏林公报》中成为重要议题

在《布拉格公报》之后，博洛尼亚后续工作组和相关组织召开了一系列会议，从不同的方面探讨了社会维度的概念及其重要的社会价值，并对“社会维度”的相关议题进行了协商，并最终达成了共识，其主要内容是：

社会维度应致力于扩大高等教育的入学机会以及过程中的公平性；

社会维度是欧洲高等教育竞争力的重要条件之一，是“欧洲高等教育区”的一种价值和精神的体现；

为学生创造各种条件实现流动，并且是真正意义上的流动，确保学生有机会公平地流向目的国，健全学生流动机会的相关信息系统；

社会弱势群体的受教育机会应得到更为广泛的关注；

为学生设立社会服务与支持系统，使所有学生在接受高等教育期间平等地享有各种待遇，设立健康和医疗保险、奖学金、信贷体系等；

高等教育机构必须积极地致力于社会凝聚力和社会公平的建设，特别是在当前以机构自治为特点的高等教育氛围中。[②]

社会维度的概念被强调并提出是在2003年的《柏林公报》中。《柏林公报》强调务必要在提高欧洲高等教育竞争力和提高欧洲高等教育区的社会特性这二者之间取得平衡。《柏林公报》还认为，在整个欧洲以及各国内有效加强社会凝聚力，使社会和性别不平等现象减少是欧洲高等教育区建设的目标。至此，有关“社会维度”的系统而连贯的概述已经产生，主张平等的入学机会、学习过程中无障碍完成学业、平等地进行学生流动、平等地享有终身教育，这就是对“社会维度”较为完整的诠释。

3. 在《卑尔根宣言》中被确立为行动路线

在柏林会议结束后，博洛尼亚秘书处围绕“社会维度”做了一系列调查，收集了各国学生的社会和经济背景情况，建立了学生信息数据

---

① Toward the European Higher Education Area. Communique of the meeting of European Ministers in Charge of Higher Education in Prague onMay 19th 2001 [EB/OL]. [2013-05-23]. http: //www.bologna-berlin2003. de/pdf/Prague_communiquTheta. pdf.

② Bologna Follow-up Group. The European Higher Education Area Beyond 2010[R]. BFUG. 2005.

库，指出“社会维度”应作为“欧洲高等教育区”建设始终贯穿的行动路线，应贯穿于各个具体的行动路线中。与此同时，欧洲委员会举办了一些正式研讨会探讨“社会维度”，从不同的角度进一步深入分析，会议还表示社会公共部门和其他利益相关者的共同责任是构建民主的、包容的、平等的和竞争性的知识社会，即高等教育和社会是相互协调的，彼此都应肩负公共责任。①

2005年《卑尔根宣言》对“社会维度”又进行了专门的阐述，这是博洛尼亚进程官方文件对社会维度全面到位的描述，此后，社会维度将作为改革优先考虑的方面，贯穿于改革的各项行动中。

博洛尼亚进程中的“社会维度”建设是“欧洲高等教育区”建设的重要构成要素和重要保障之一，也是增强“欧洲高等教育区”对世界的吸引力的必要条件。为贯彻“社会维度”建设，我们将提供各种条件，使所有学生享有平等地接受高质量的高等教育的机会，在接受教育过程中平等地享有各种权利，使他们不会受到社会和经济背景的限制，能够无障碍地进行学习。坚持“社会维度”应由政府采取措施扩大高等教育机会，在经费方面为学生提供资助以及信息服务，尤其是对社会弱势群体。②

伴随着欧洲高等教育区建设的逐步深入，许多国家在进行收费改革时都出台了针对特殊群体的优惠政策。瑞士颁布了“跨州大学的协议”，以保证各州的瑞士公民都能够平等地进入大学，使不同条件的学生都能够进行平等的交流。德国对某些征收超时学费的州做出了一项规定，针对某些特殊人群可以免交超时费，这些人群包括抚养孩子的学生、有残障或重病的学生以及因某种原因陷入经济困境的学生等。法国规定低收入家庭的学生群体可免注册费，同时还给这些学生提供助学金，从而有效确保贫困学生入学。俄罗斯在改革过程中，为了实现教育公正程度的最大化，保留了孤儿、农村地区的学生以及个别专业的特招

---

① KLADIS D, Which Social Dimension for the Education Higher Educaiton Area? [EB/OL]. [2013-05-23]. http: //www.bologna-bergen2005.no/EN/Bol_ sem /Seminars/050127 -28Sorbonne/050127 -28 -Kladis. Pdf.

② The European Higher Education Area-Achieving the Goals. Communique of the Conference of European Ministers Responsible for HigherEdcuation, Bergen [EB/OL]. [2013-05-23]. http://www.bologna-bergen2005.no/Docs/00-Main_doc/050520_Bergen_Communique.pdf.

生等得到了不需要经过考试和竞争就能入学的机会，同时还可以享受实名制国家财政券的较高等级，这些做法保留了俄罗斯教育法所赋予的某些群体不需要参加竞争就被录取接受高等教育的特权。[①]

七、欧洲高等教育学生流动项目

欧洲高等教育学生流动项目，作为博洛尼亚进程实施的重要举措之一，对欧洲学生的流动起着组织性的助推作用，“伊拉斯谟计划”就是其中最重要的项目之一。虽然“伊拉斯谟计划”最早发起于1987年，但博洛尼亚进程的改革将原有的计划实现了跨越式的推进；与此同时，“伊拉斯谟计划”作为博洛尼亚进程中的重要学生流动项目之一，成为博洛尼亚进程重要的推进力量，特别是在硕士生流动与学分流动方面，发挥着极为重要的作用。自博洛尼亚进程开始以来，欧盟委员会分别于2003年、2014年实施了“伊拉斯谟世界计划”和“伊拉斯谟+计划”。

“伊拉斯谟计划”是欧洲大学生流动行动计划的简称，它是欧洲高等教育领域的合作性学生交流项目。计划的得名是为了纪念15世纪荷兰杰出的教育家、欧洲人文主义运动的代表人物德西德里乌斯·伊拉斯谟[②]。发展至今，“伊拉斯谟计划”已成为世界范围内大学生交流项目的成功典范，学生流动是其主要内容。该计划最初是由欧盟（当时的欧洲共同体）制定的，通过鼓励和资助欧洲各国的大学教师和学生到其他欧洲国家进行教学和学习，开阔学生的国际视野，从而提高大学教师的整体学术水平并培养具有国际视野、适应社会需求并了解他国经济社会情况的高素质学生，促进欧洲人员的国际性流动。

“伊拉斯谟计划”成立于1987年，2004年更名为“伊拉斯谟世界计划”。“伊拉斯谟世界计划”到目前为止已经启动了两期，包括第一期“伊拉斯谟世界计划”（2004—2008年）和第二期“伊拉斯谟世界计划”（2009—2013年）。“伊拉斯谟世界计划”所设立的奖学金已成为欧盟高等教育的响亮品牌。“伊拉斯谟世界计划”是为推动欧洲与世界其他国

---

① RODRIGUES M. Determinants and Impacts of Student Mobility: A Literature Review[R]. Luxembourg: Publications Office of the European Union. 2012.

② 德西德里乌斯·伊拉斯谟（1466—1536），荷兰哲学家，16世纪初欧洲人文主义运动主要代表人物。

家和地区的大学生交流而开展的学生流动项目，该项目在提高欧洲高等教育影响力、竞争力以及国际化水平方面发挥着重要作用，甚至对世界其他国家和地区的高等教育国际化也产生了深远影响。

“伊拉斯谟计划”自实施以来，得到了欧洲各界的支持与关注，极大地促进了欧洲学生的流动，推动了欧洲高校间的合作，增强了欧洲高等教育的凝聚力和国际竞争力，也正是因此，“伊拉斯谟计划”被称为“欧洲生产欧洲人的杰出典范”，其顺利开展是实现欧洲各国高等教育相互合作与国际交流的重要保障。

2003年，欧盟委员会为了进一步推进和落实博洛尼亚进程的改革，提出了名为“伊拉斯谟世界计划”的高等教育的项目计划，该计划于2003年获得欧洲议会和欧洲理事会的正式批准通过，在2004年1月至2008年12月间执行。“伊拉斯谟世界计划”由四个子行动计划组成：

行动计划一——伊拉斯谟研究生课程计划。该计划由3个不同欧洲国家的3所高等教育机构向第三国的研究生和学者共同提供为期1—2年的研究生课程，学生每年可获得15 000欧元的资助金额，共修够60—120欧洲学分，应至少在两个以上的高等教育机构进行过学习，接受过两种以上的欧洲语言课程，学习结束后获得由学位授予机构所在国承认的联合学位、双重学位或多重学位。

行动计划二——伊拉斯谟奖学金计划。该计划是与伊拉斯谟研究生课程计划相配套的计划，每年为来自其他国家的优秀学生提供一定数量的奖学金。

行动计划三——合作计划。该计划从2005—2006学年开始实施，通过向机构、学生提供资助，鼓励“伊拉斯谟研究生课程”与第三方高等教育机构（通常为两个或两个以上）之间展开为期1—3年的合作计划，鼓励参加“伊拉斯谟研究生课程计划”的学生到第三方合作机构进行为期三个月的学习或访问。

行动计划四——吸引力提升计划。该计划旨在通过相关教育合作项目提高欧洲高等教育机构对世界其他国家的公立或私立高等教育机构的吸引力，每期计划为期1—3年，应由至少3个以上欧洲国家的3家机构参与，其资助金额视项目大小而定，上线为计划支出总额的75%。

“伊拉斯谟世界计划”第一期在2004—2006年期间实施，吸引了2325名来自世界各地的非欧洲国家的留学生；到2008年为止，共有6000多名非欧洲学生、学者获得了这项资助，前来欧洲进行学习和深造。通过英国著名咨询机构“战略与评估服务中心”的调查和访谈结果显示，参与“伊拉斯谟世界计划”的高等教育机构和学生大部分都对该计划感到十分满意。这在为欧洲高等教育品牌提高世界知名度的同时，还为其赢得了更多的市场份额。

完成伊拉斯谟计划的第一期计划之后，在2008年12月16日欧盟委员会做出了一个决定，即新的“伊拉斯谟世界计划”第二期将于2009—2013年期间启动，第二期计划总预算为9.3亿欧元，而第一期仅有2.3亿欧元，总预算有大幅度提升。第二期计划在第一期的基础上进行了较大的改革，提出了它的三大目标，即促使欧洲高等教育质量明显提高；使欧洲高等教育在世界上的中心地位得到加强和巩固；跨文化交流与理解得到有效促进。而这些目标是通过推动国际合作及第三国高教发展来实现的。主要内容包括三个行动：一是与硕士和博士项目相结合，不仅资助长期学生流动和短期教师流动（13270个奖学金），而且资助欧洲大学与第三国大学联合开办高水平的硕士（150个）或博士学位课程（35个）；二是促使欧盟大学与非欧盟大学合作项目资助，最终实现建立交流合作关系（100个）；三是欧盟高等教育推广项目的推广活动（100个），这些推广活动是为了达到提升欧洲高等教育吸引力、塑造欧洲高等教育形象的目的。

与第一期“伊拉斯谟世界计划”相比，第二期的计划进行了以下几方面的革新：首先，在持续发展欧洲硕士专业的基础上，将联合培养计划扩展到了第三级学位层次——博士层次，在2012—2013学年，第二期计划预计向欧洲学生提供更多的高层次学位的奖学金资助，推出131个硕士交流计划和34个博士交流计划。

在“伊拉斯谟计划”的资助下，2009—2010年，参与“伊拉斯谟计划”的国家增加到了32个，其中包括欧盟27个成员国以及挪威、克罗地亚、冰岛、列支敦士登和土耳其，瑞士于2011年成为第33个加入该计划的国家。2011年，通过“伊拉斯谟计划”到国外进行学士学位学习的学生共有17.8万，相比2010年增长了5.7%。在这些学生中，选择留在海外进行实习的学生有3.5万人，约占总学生人数的六分之一，比去年同期增加了17.3%。有8385名非欧盟国家的学生和学者在2009—2010学年获得了欧盟的资助，仅仅这一年的受资助人数就远远超过了第一期计划所完成的总人数。

2014年，欧盟正式启动了新一轮的“伊拉斯谟计划”——“伊拉斯谟+计划”，即欧盟“2014—2020年教育、培训、青年和体育计划”，该计划是欧盟有史以来实施的规模最大的综合性交流合作项目，旨在通过增加青年在国外的学习和工作经历，加强国家间的教育交流与国际性合作，提升欧洲青年的就业能力、技能水平和欧洲经济竞争力。项目预算约为147亿欧元，计划预计人员交流将达到400万人次，比上一期交流合作计划增加了40%。①

① FERENCZ I, WAECHTER B. European and National Policies for Academic Mobility: Linking Rhetoric, Practice and Mobility Trends[M]. Lemmens Publisher, 2012.

第四章 博洛尼亚进程中欧洲学生流动的成效及阻力

自《博洛尼亚宣言》发表至今，博洛尼亚进程已步入第二个十年，十多年的发展取得了丰硕成果。最初被看作“仅仅是个设想”的计划现在却在欧洲大陆上成真了。总结其十多年历程，成绩与问题并存。进程在实现“促进学生流动”的目标上取得了令人瞩目的成绩，总体看来，欧洲各国留学生总人数稳步上升，留学生人数占在校总人数的比例逐步增加，非欧洲籍留学生占总留学生的比例也有了很大的提升，尤其是很多欧盟新成员国在实施博洛尼亚进程中表现良好。在流动学生的数据汇总方面，欧洲各国主要通过以下两种途径来获取本国流动学生信息：第一，对参与学分流动类型（短期流动）的信息收集是通过“应届毕业学生信息调查”或“毕业生信息调查”来完成的，欧洲学生组织的调查报告以及网络数据中心是学生调查的最佳资料来源；第二，对参与学位流动（学历流动）的学生的信息通过联合国教科文组织、经济合作与发展组织、欧盟统计局等组织的国际教育统计信息或网络数据中心来获取。①

虽然对博洛尼亚进程中欧洲学生流动的数据统计尚存在各种不足，但《博洛尼亚宣言》中学生流动的两大战略目标的实施情况可得出以下几个主要结论：第一，在21世纪的第一个十年里，欧洲内部的学生流动频率逐步加快，但同20世纪90年代相比增长速度略显缓慢；第二，输入型学生流动的趋势正在加强，欧洲以外其他地方的学生大量涌入欧洲

① ORRD. Social and Economic Conditions of Student Life in Europe[M]. Bielefeld: W. Bertelsmann Verlad, 2008.

留学，而这个流动学生数量的增长已经超出了全球流动学生规模的平均增长速度，因此，从这个意义上说，《博洛尼亚宣言》中提出的“提高欧洲地区对世界其他国家和地区的学生的吸引力”的目标实现了；第三，欧洲各国的学生流动是不均衡的，甚至可以说，不同欧洲国家的学生流动情况不仅各不相同，而且有些存在很大差异；第四，在众多学生流动分类中，学位纵向型学术流动的增长趋势相对显著，更多的学生选择在完成一个完整的学位后进行流动；第五，新型流动形式正在普及。

第一节　博洛尼亚进程中欧洲学生流动的进展

随着博洛尼亚进程的实施，欧洲范围内的学生流动在数量、规模、频率和种类等方面都有着显著的变化。根据联合国教科文组织34国的统计数据显示，欧洲国家国际学生数量增长的幅度与欧洲国家高等教育领域学生数量增长的幅度趋于一致，而国际学生在全体学生中的比率正在逐年上升。随着欧洲高等教育领域中学生的总体规划持续上涨，来自国外的流动学生的比例也呈现出持续上涨的趋势（参见表4-1）。

表4-1　欧洲高等教育领域每年的总招生人数及国际学生数（2000—2010年）

	2000	2001	2002	2003	2004	2005	2006	2007	2008	2009	2010	△
总招生人数（万）	36.48	37.40	44.92	42.71	45.17	46.74	47.16	48.59	49.20	50.78	51.09	29%
国际学生数（万）	1.61	1.69	1.95	2.14	2.20	2.26	2.25	2.41	2.54	2.69	2.62	39%
国际学生占总招生比率（%）	4.41	4.52	4.34	5.01	4.87	4.84	4.77	4.96	5.16	5.30	5.13	14%

注：表中Δ指2000年到2010年间的变化比率

根据欧盟统计局2016年的统计显示，截至2015年，欧洲国家国际学生的平均注册比率在2%—14%，北欧国家的该比率相对较高，芬兰、挪威和荷兰都高达14%；而东欧国家相对较低，其中罗马尼亚和克罗地亚仅为5%和2%。[①]除丹麦、法国和意大利之外，几乎所有国家的国际学生中的女性比率都高于男性，而流动学生的生源国多是欧洲国家，根据欧盟统计局、欧洲大学联盟和国家方面的数据收集结果，2014—2015学年，来自非欧洲国家的国际流动学生占总学生人数比率的平均值是2.3%，比2008—2009学年增长0.05个百分点，在英国、法国、卢森堡和塞浦路斯超过5%，而在18个国家中低于1%。

一、学生流动目标设定的进展

促进“流动性”一直是建设“欧洲高等教育区”所要实现的核心目标之一。流动和国际化自博洛尼亚进程开启和欧洲高等教育区创建之日起就是一项重要议题，1999年《博洛尼亚宣言》中就提出了“增强欧洲高等教育体系的国际竞争力的目标”，并指出要“提高欧洲高等教育体系在世界范围内的吸引力”。为了实施“促进学生流动”的战略计划并达到《博洛尼亚宣言》中提出的学生流动目标，宣言针对欧洲高等教育的结构和体系提出了一系列改革方案并建议出台相应的配套措施。在《博洛尼亚宣言》制定的十个目标中，有六个目标是为了消除学生流动障碍而制定的，另外四个目标的主要意图在于通过促进学生流动，提升欧洲高等教育的国际吸引力。[②]虽然《博洛尼亚宣言》没有对博洛尼亚进程的目标做出明确的表述，但实际上主要是促进以下两种形式的学生流动，我们可以把它视作博洛尼亚进程中的学生流动目标：一是吸引来自欧洲以外的其他国家和地区的学生到欧洲国家进行完整学位的学习；二是促进欧洲内部国家之间的短期学生流动，或是说学分流动，其期限为三个月到一年不等。[③]欧洲各国部长在2007年的伦敦会议上也再一次强调促进学生流动的重要性，部长们重申：在流动性强化的进程中确实

① GRABHER A, WEJWAR P, UNGER M, TERZIEVA B, LITOFCENKO J. Student Mobility in the EHEA 2014. Underrepresentation in Student Credit Mobility and Imbalances in Degree Mobility[J]. Vienna: Institute for Advanced Studies. 2014(04).

② European Ministers responsible for higher education. The Bologna Declaration of 19 June 1999-Joint declaration of the European Ministers of Education[R]. Bologna: EHEA. 1999: 2.

③ TEICHLER U. Student Mobility and Staff Mobility in the European Higher Education Area Beyond 2010[M]. The European Higher Education Area: Perspectives on a Moving Target. Scnsc Publishers, 2009: 183-201.

有重重障碍，同时也表达了克服这些阻碍的决心。

鉴于流动对于学生个体发展和就业的重要性，以及其对语言多元化、支撑欧洲高等教育区多语言传统以及在增进不同高等教育体制间的相互合作与竞争的重要性，2009年的《鲁汶公报》中明确提出了学生流动的具体目标，并指出流动应当成为欧洲高等教育区的标志性特征。到2020年，实现欧洲高等教育区的毕业生中至少有20%的学生拥有国外学习及国外短期培训的经历。[①]这个目标也是欧洲各国制定本国学生流动目标的重要参考。2012年的“布加勒斯特部长级会议”上通过的《欧洲高等教育区2020流动战略》，又再次重申这一要义，提出要高度重视流动群体的多样化并提高流动的参与度，并在2020年实现这两项目标，欧洲层面学生流动目标的提出为各国推进学生流动工作提供了重要参考。具体来讲，不论是欧洲内部还是欧洲内部与外部间相的学生流动，其战略目的主要包括扩大并促进学生流动的学习类型和范围以及提高流动过程中学习的质量等。

在国家层面的学生流动目标制定的进展方面，少于半数的成员国制定了明确的国家层面的外向型学生流动（学分流动、学位流动及学分—学位混合流动）的目标，清晰的目标指的是有明确时间的定性或定量的目标以及目标完成的时间期限。

1. 输出型学生流动目标设定

在外向型学生流动的目标制定方面，根据博洛尼亚进程跟踪小组的调查统计显示，截至2015年，德国、丹麦和奥地利制定的流动目标为50%；比利时的目标是33%；[②]法国、葡萄牙、意大利、立陶宛、斯洛文尼亚制定的流动目标为20%；芬兰、匈牙利、爱沙尼亚、克罗地亚等国则制定了低于20%的流动目标；而西班牙、英国、瑞典、捷克、波兰等国则没有制定明确的流动目标。这其中比较特殊的是卢森堡，制定了学士阶段100%的流动目标，而且目前已经实现。

---

① European Ministers Responsible for Higher Education. Leuven/Louvain-la-Neuve Communiqué:The Bologna Process 2020 -The European Higher Education Area in the new decade[R]. Leuven and Louvain-la-Neuve:Communiqué of the Conference of European Ministers Responsible for Higher Education. 2009: 4.

② European Commission, EACEA. The European Higher Education Area in 2015: Bologna Process-Implementation Report[R]. Luxembourg: Publications Office of the European Union. 2015: 210.

还有一些国家制定了学生流动的定量目标，例如匈牙利的目标是到2020年实现外向型学分流动的学生达到2万名。芬兰和爱沙尼亚则制定了相对较短期的流动目标，例如，爱沙尼亚的目标是到2015年有较多博士生至少在国外大学学习一个学期。①

2. 输入型学生流动目标设定

在设定输入型学生流动的目标方面，只有极少数国家制定了明确的学生流动目标。虽然对于衡量学生流动的目标来说，输入型学生流动，特别是输入型学分流动并不是一个很合适的衡量指标，但它的确在某种程度上能够反映出一个国家在欧洲乃至全球范围内的高等教育竞争力与吸引力。调查数据显示出的结果是大部分欧洲国家都未设定输入型学生流动的目标，尤其是在输入型学位流动方面。

在国家层面，波兰设定了输入型学生流动的目标，提出在2020年实现学分及学位流动的比率达到5%，在2011年这项指标仅为1.4%。马耳他提出了到2020年实现5000个全额免费的学位流动学生的目标。爱尔兰在其2010—2015年的教育国际化战略中提出了将2010年50%的国际学生流动的比例继续提升，并于2015年实现3.8万学生参与国际流动的目标。在爱沙尼亚和芬兰，都提出了到2015年实现国际博士生占博士生总数的10%—20%的目标。法国制定了到2015年实现第三阶段国际博士生的比率达到14%的目标。

二、学生流动战略制定的进展

2012年在罗马尼亚首都布加勒斯特举办的博洛尼亚进程的部长级会议上，欧洲各国部长正式提出并通过了《为了更好地学习而流动：欧洲高等教育区2020学生流动战略》（简称《2020流动战略》）。《布加勒斯特公约》中明确指出，学习性流动对于确保高等教育的质量、提升学生就业能力并实现欧洲高等教育区内及区外的跨境合作等发挥着至关重要的作用。《2020流动战略》连同其流动目标一起作为一个附录，作为促

① European Commission, EACEA. The European Higher Education Area in 2015: Bologna Process- Implementation Report [R]. Luxembourg: Publications Office of the European Union. 2015: 212.

进高等教育国际化的重要组成部分。[①]

《2020流动战略》作为欧洲高等教育区首个针对学生流动而出台的官方战略，对下一步学生流动工作提出了战略性的实践策略。主要包括：

1. 号召成员国实施其各自的国际化流动战略，出台具有明确而可量化的流动目标的政策；

2. 以《鲁汶公约》的流动目标为主，其他的目标为辅；

3. 力争打造开放的高等教育体系和更加均衡的流动；

4. 鼓励成员国在与非欧洲高等教育区的学生流动中追求更加高质量而均衡的流动；

5. 采取措施消除现存的流动障碍；

6. 通过质量保证和透明度工具来促进欧洲高等教育区域内外的高质量的学生流动；

7. 鼓励各国高等教育机构在博洛尼亚框架下制定灵活的流动政策；

8. 通过完善学生项目的信息渠道促进学生流动；

9. 促进学生在国外期间个体、机构间的相互交流，提高社会利益；

10. 呼吁高等教育机构实施机构层面的流动策略。

2013年3月，欧洲3个国家的代表倡议并制定了《欧洲高等教育区流动与国际化行动准则》，成立了“流动与国际化专案小组”，其主要目的是联合欧洲各国平衡欧洲与非欧洲国家间的流动，这一政策旨在：

1. 补充欧洲高等教育区通过的《为了更好地学习而流动：欧洲高等教育区2020学生流动战略》在欧洲及国家层面的推进；

2. 补充2015年部长级会议中有关学生流动的政策；

3. 协助国家层面上流动战略的实施；

4. 促进《全球化中的欧洲高等教育区》战略的评估以及欧洲高等教育区的国际化进程；

5. 促进非欧洲高等教育区国家的政策对话。

为了交流信息并促进学生资助和贷款的可移动性，区域出台了针对“流动性与国际化进程规划”的补充框架——《欧洲学生资助专家网络》。[②]

---

① Ministers responsible for higher education. Making the Most of Our Potential: Consolidating the European Higher Education Area-Bucharest Communiqué[R]. Bucharest: EHEA. 2012: 3.

② EHEA. Report of the 2012- 2015 BFUG Working Group on Mobility and Internationalisation[R]. Paris: EHEA. 2015: 11.

《欧洲高等教育区2020学生流动战略》出台后，各国部长都鼓励高等院校和机构根据“博洛尼亚进程跟踪小组”的数据和国家报告，来制定并实施他们自己的学生流动战略重点关注的院校层面的学生流动的国际化程度。

根据35国有关高等教育机构层面学生流动的国际化战略的制定和采纳的有效数据显示，60%的欧洲高等教育区内国家有50%以上的高等教育机构制定或采纳了学生流动的国际化战略，具体而言，根据各国针对机构层面高等院校对学生流动国际化战略的评估数据，将区内制定或采纳了学生流动的国际化战略的机构的比率按照国家划分为6个档次，其中，芬兰、挪威、冰岛等国家中所有高等教育机构都制定了学生流动战略；瑞典、爱尔兰、匈牙利等国家的高等教育机构制定该项战略的比率为76%—99%；西班牙、法国、德国、意大利等国家的高等教育机构制定该项战略的比率为51%—75%；奥地利、亚美尼亚等国家制定了学生流动的国际化战略的高等院校的比率为26%—50%；捷克、立陶宛、罗马尼亚等国家的高等教育机构制定该项战略的比率为1%—25%；格鲁吉亚、阿塞拜疆等国家的高等教育机构制定该项战略的比率为0%。

然而，一个国家缺少学生流动以及国际化战略并不意味着这个国家的高等教育机构未采取任何学生流动的国际化发展的行动。例如，阿塞拜疆和格鲁吉亚2015年的国家学生流动报告都指出，他们的高等教育机构虽然并未制定并实施任何机构层面的官方战略，但他们都在进行着学生流动的推进工作，并且阿塞拜疆的高等教育机构的参与率为100%，格鲁吉亚的参与率在26%—50%之间。与此同时，亚美尼亚和奥地利2015年的报告中也指出，他们在高等教育机构层面制定并实施学生流动的国际化战略的机构数量非常少，仅为26%—50%，但76%—99%的高等教育机构正在参与并实施学生流动相关的推进活动。①

因此，可以说在欧洲高等教育区，不管是否制定了官方的学生流动战略，大部分的高等教育机构都参与了学生流动相关的推进工作。此外，以询证和政策导向为基础的研究报告也指出，高等教育机构层面的

① European Commission, EACEA. The European Higher Education Area in 2015: Bologna Process- Implementation Report [R]. Luxembourg: Publications Office of the European Union. 2015: 219.

战略对于学生流动战略的推动有着显著的作用。[1]正因如此，制定学生流动战略是欧洲鼓励各国推行的行之有效的促进学生流动的办法。这其中也有一些好的典范，例如，爱尔兰的国家学生流动战略、比利时的国际化指导工具“高等教育国际化手册”，这些工具目前都由政府当局和博洛尼亚进程专家组参与指导，旨在支持高等教育机构对其学生流动战略进行推进、实施和评估。

法国推出了“科研、创新与高等教育的国际化与欧洲化”框架，来定义欧洲及国际化的战略以协调高等教育、科研及创新领域的全球性战略与项目的实施。[2]一些国家则建立了国家级的公共机构负责实施流动相关的工作，最突出的例子是德国受政府资助的高等院校与学生组织在内的联合会“德国学术交流服务处”，它是目前欧洲乃至世界范围内最大的关注高等教育国际化的机构，它为学生及研究人员的流动提供资助和项目。此外，还有荷兰高等教育国际交流协会、挪威高等教育国际合作中心、英国文化协会、芬兰国际流动中心、法国教育服务中心等。尽管各不相同，但这些机构在学生项目、资格认证及国际学生服务等方面促进着国家层面高等教育领域学生流动。在一些国家中，国家级的机构和组织在推动 “伊拉斯谟+”等欧盟学生流动项目方面起着主导作用。大部分国家都非常重视“伊拉斯谟计划”“地平线2020”“坦帕斯项目”等欧盟资助的学生流动项目。这些计划尤其在非欧盟国家中对促进学生的流动发挥着极大的作用。

三、学生流动经费支持的进展

充足的经费支持对于学生流动来说至关重要，尤其对于学生流动质

---

① EUA. Internationalisation in European higher education: European policies, institutional strategies and EUA support[R]. Brussels, Belgium: EUA. 2013:10.

② Ministere de L'education Nationale, de L'Enseignement Superieur et de La Recherche. Mission Europe et international pour la recherche, l'innovation et l'enseignement supérieur[EB/OL]. [2016-11-13]. http: //www.education.gouv.fr/pid25535/bulletin_officiel.html?cid_bo=81153.

量的保障以及学生流动机会的公平获得。①而对于欧洲高等教育区学生流动来说，其经费来源主要是欧洲层面以及国家层面的，正因如此，各国部长在每次峰会上都会号召各个国家尽可能地为学生流动投入资金，并在2012年的布加勒斯特会议上呼吁欧洲联盟也参与其中。

国家级学生流动的预算设立是衡量欧洲学生流动目标及政策执行的重要指标，是否设立国家层面的学生流动预算及预算比例是反映国家对学生流动重视程度及学生流动目标和计划的体现。根据博洛尼亚进程跟踪小组欧洲范围的调查结果以及欧洲高等教育区学生流动战略框架和国家推进计划，82%的国家都针对学生流动专门设立了预算。

截至2013—2014学年，除了俄罗斯、芬兰、希腊、匈牙利、拉脱维亚等7个国家之外，几乎所有区内国家都设立了学生流动的支出预算。例如，比利时为学生流动支出设立的预算在2013—2014学年为380万欧元，计划到2019—2020学年增至700万欧元。在意大利，为输出型学分流动和学位流动的预算支出分别是1200万和500万欧元，为联合项目和国际学生的预算支出为150万欧元，并计划将流动项目及国际合作战略的经费支出增至1.3亿欧元。而在瑞士，仅2013—2016年间，国家为应用科技大学的国际项目的预算支出就达1700万欧元。在芬兰、波兰和克罗地亚等国，学生流动预算已经纳入高等教育机构及政府经费绩效考核中。例如，波兰将基于“学士—硕士—博士”三个阶段的输入—输出学生流动数量计算出的一项国际化指标，作为年度教学经费投入的重要考核指标，并纳入了政府的财政预算中。②此外，欧洲高等教育区内60%的国家为高等教育机构的对外合作交流设立了奖励基金。

四、学生流动质量保障的进展

高质量的学生流动被纳入各类政策文件中，它关乎学生各项综合素质的个体进步，包括包容性、跨文化能力、外语技能及民主意识的提

① Conference of Ministers Responsible for Higher Education. Making the Most of Our Potential: Consolidating the European Higher Education Area. Bucharest Communiqué[R]. Bucharest: EHEA. 2012: 3.

② European Commission, EACEA. The European Higher Education Area in 2015: Bologna Process- Implementation Report [R]. Luxembourg: Publications Office of the European Union. 2015: 212-214.

升。为此，欧洲号召各国在《欧洲高等教育区质量保障标准与指南》的基础上，与欧洲高等教育区质量保障联合会、欧洲高等教育质量保障注册协会及国家质量保障机构的协作下共同推进学生流动的质量保障工作。

基于欧洲议会第“2006/961”号意见和欧洲委员会2006年“教育和培训中的跨境流动”的意见，欧盟2006年出台了《欧洲流动质量宪章》，旨在为促进个人或职业发展而进行正式或非正式的学习性流动提供欧洲层面的指导方针。[①]宪章以灵活和自愿为原则，从信息与准则、个性化、语言技能、认证等10个方面对流动的质量保障提供参考依据：

1. 信息和指导

即将参与流动的人员应获得各个层面上的公平的准入机会，以便使他们获得准确而可靠的信息、指导以及准入条件。这些信息应包括输出国与目的国高等教育机构的角色、任务，以及这些不同教育及培训体系的相关知识。

2. 学习计划

在参与以教育和培训为目的的流动之前，学生输出国和接收国的高等教育机构及其合作方应制订一项包括语言准备在内的学习计划。学习计划对于流动，特别是长期流动来说至关重要。学习计划应指明流动的目的、预期学习成果、达到目标的方法及实施的措施。有关学习计划的重要修订应得到所有合作方的认可。此外，归国计划和后期评估也应纳入学习计划中。

3. 个性化

教育和培训中的流动应尽可能地与参与者个人的学习方式、技能以及动机相结合，并助其发展。

4. 常规准备

对于流动参与者来说，根据个人特殊需要而进行事先准备是明智而可取的。这些准备根据需求可包括语言、教学、财政、行政、立法、私人及文化等方面。

5. 语言技能

语言技能对于有效学习、跨文化交际以及目的国的文化理解来说非常重要。流动的参与者及其输出国和接收国的机构应对适当的语言准备予以高度重视。如果可能的话，流动的相关安排应包括：如果输出国与

① EUR-LEX. European Quality Charter for Mobility[EB/OL].[2017-01-20]. http://eur-lex.europa.eu/legal-content/EN/TXT/?uri=uriserv : c11085.

目的国语言不同，在行程出发前对流动人员进行语言测评，并提供学习目的国语言的课程；目的国应提供语言支持和建议。

6. 后勤支持

流动的参与者应尽可能地得到充足的后勤支持，包括行程安排、保险、住宿、工作许可、社会安保、输出国及目的国的政府资助等信息和援助。

7. 指导

学生流动目的国教育机构应提供帮助流动人员有效融入目的国环境的指导和建议，扮演好联络的角色，并为流动者提供持续的援助。

8. 认证

如果流动期间的跨境学习是作为一个正式学习或培训项目，那么这项内容也应写入学习计划中。在学习计划中，输出国教育机构应承担流动期间的认证工作。而在非正式的教育或培训中，应提供适当的说明文件而让参与者知晓他们的学习成果及方式。因此，“欧洲通行证”应予以鼓励和推广。

9. 回国与评估

在返回输出国后，特别是在长期流动回国后，参与者应得到关于如何发挥在国外期间获得的竞争力和技能的相关指导。如果可能的话，帮助他们重新融入输出国的社会、教育及专业环境中。参与流动的人员应与机构代表一同对流动中的经验进行评估，以审查学习计划的目标是否实现。

10. 承诺和责任

流动期间的质量标准的责任应由输出国和接收国教育机构和参与者共同承担，并且责任的内容最好以书面形式呈现。

流动分为三个阶段，“流动前”“流动中”和“流动后”阶段。流动的总体质量取决于这其中每一个阶段的质量，也包括学习、研究项目、实习等与之相关的质量。[①]而目前学生流动质量的保障措施主要集中在语言技能、资格认证及签证方面。

在语言环境方面，英语课程和项目正在非英语国家推广。截至2015年，50%的欧洲国家通过对流动学生和授课教师提供语言课程、增设英语课程、项目和联合学位项目等措施清除语言障碍。例如，意大利2014年颁布的“第104条部长级法令”规定，国家鼓励学生项目使用意大利

① EHEA. Report of the 2012-2015 BFUG Working Group on Mobility and Internationalisation[R]. Paris: EHEA. 2015:11.

语之外的其他语言，可用英语进行远程的入学考试。法国2013年颁布的《高等教育与研究法》允许高等教育机构在确保法语教学板块的基础上，设立国际外语教学课程和项目。比利时2013年颁布的法律提出要扩大高等教育机构外语项目招生规模，截至2015年，35%以上的硕士课程用英语教学。

在资格认证方面，跨境流动学生学分、学历及资格的相互认证正在逐步加深。例如，法国2011年部长级法令中提出了“国际论文联合监管”的措施。土耳其也出台了高等教育机构学历认证的审计办法，并号召各机构根据《伊拉斯谟大学章程》促进流动学生的学历认证。比利时和意大利都通过借助“博洛尼亚专家行动”“欧洲信息认证网络中心”“欧盟国家信息认证中心”等机构促进高等教育机构中流动学生的学分和学位认证。

在签证方面，大多数国家都在欧洲高等教育区的国际化战略框架内提出了针对入境学生的简化签证手续措施。意大利和拉脱维亚针对输入型流动学生出台了简易的立法框架和签证制度，克罗地亚颁布了《促进国际流动学习并清除阻碍行动计划》。[①]尽管如此，只有极少数国家能够对这些措施进行持续而有效的监管。

五、学生流动合作项目的进展

学生流动合作项目的进展主要涉及联合项目、学位授予以及海外分校的进展。

1. 联合项目及学位授予

联合项目是由两个以上高等教育机构共同合作开设课程并开展的。联合学位是指那些获得了两所以上有合作关系的高等教育机构的学生所获得的学位，这些机构可以是相同也可以是不同的机构，其授予的学位可以是相同或不同的专业领域。截至2015年，13%的国家（捷克、德国、法国等）中超过10%的高等教育机构有联合学位，50%的国家中有2.5%的高等教育机构授予联合学位。

① European Commission, EACEA. The European Higher Education Area in 2015: Bologna Process-Implementation Report[R]. Luxembourg: Publications Office of the European Union. 2015: 252-254.

在联合学位的授予方面，截至2015年，8个欧洲国家指出他们没有一所授予联合学位的高等教育机构，此外在参与了联合学位授予的这些国家中，仅有捷克、法国、德国、葡萄牙和英国的参与联合学位授予的高等教育机构的比率达到了10%。大多数欧洲国家的报告显示他们的该项比率都在2.5%左右。一些国家针对联合项目专门设立了相关机构，例如芬兰创建了专门促进联合学位及跨境学生流动的国际流动中心，其中包括致力于学生交换项目的“芬兰—俄罗斯学生及教师交换项目”以及旨在促进教育合作的中国项目。挪威设立了国家级的专门资助联合学位的“国际合作中心”，于2014年开始召集高等院校参与硕士、博士阶段的联合学位项目的竞标，并给予资助。意大利2012年为支持联合/双学位资助100万欧元，2013年为联合项目和国际流动资助1500万欧元。立陶宛则将受资助于欧洲项目的1800万欧元用于资助联合学位及项目的发展。[①]

联合学位及联合项目的开展也涉及欧洲高等教育区与海外的学生流动。调查指出，75%的欧洲国家都针对联合项目和学位授予进行了数据的统计。从欧洲国家联合学位与联合项目在全球范围内的开展情况来看，主要的合作对象还是欧洲高等教育区内的国家，其次是美国、加拿大、中国等，如图所示。

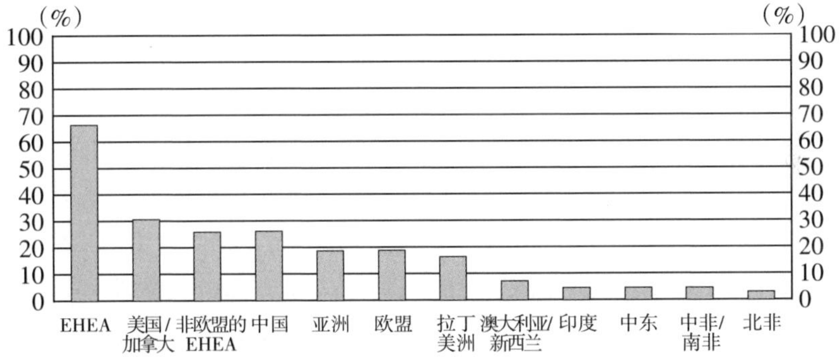

图4-1　欧洲高等教育区联合学位与项目的主要合作国家与地区（2013—2014学年）

资料来源：European Commission, EACEA. The European Higher Education Area in 2015: Bologna Process Implementation Report[R]. Luxembourg: Publications Office of the European Union. 2015: 225.

① European Commission, EACEA. The European Higher Education Area in 2015: Bologna Process- Implementation Report [R]. Luxembourg: Publications Office of the European Union. 2015: 221.

2. 海外分校

从海外分校的开展情况来看，在2013—2014学年，56%的欧洲高等教育区内国家的高等教育机构拥有1个以上的海外分校，这其中基本数量都在10所以下。海外分校的发展情况是评估机构评估学生流动的国际化程度的重要指标之一，多数院校开设海外分校的主要动机是创造收益、增加国际声誉或促进本土院校的国际化。然而单从设立海外分校的高等教育机构的数量来看，这项进展还非常有限。

第二节　博洛尼亚进程中欧洲学生流动的成效

从实现欧洲社会发展的角度看，博洛尼亚进程中的欧洲学生流动在促进欧洲高等教育发展、推动欧洲人才培养、加快欧洲社会发展以及刺激欧洲科技进步等方面确实有推动的效果。

一、促进欧洲高等教育发展

学生流动对欧洲高等教育发展的影响主要涉及促进欧洲高等教育竞争力的提升、助推欧洲高等教育公平以及促进欧洲高等教育质量提升等方面。

（一）学生流动促进欧洲高等教育竞争力的提升

博洛尼亚进程建构“欧洲高等教育区”的重要目标就是提升欧洲高等教育在世界范围内的竞争力，而不仅仅停留于提升欧洲学生流动数量的层面上。事实上，自博洛尼亚进程实施以来，统一的欧洲学分体系与学位体系使欧洲国家对外国留学生的吸引力大大增强，大量的非欧洲籍留学生涌入欧洲就学。学制与学位的统一意味着整个欧洲高等教育资源已面向欧洲的大学生开放。对于一个非欧洲国家的学生来说，到欧洲任意签约博洛尼亚进程的国家留学就可以拥有更多的到欧洲其他国家流动的机会，这对向往欧洲文化和欧洲高等教育的莘莘学子来说是一种极大的诱惑。

非欧洲学生流动数量在博洛尼亚进程实施初期就有了显著提高，随着博洛尼亚进程的实施，这一特点也更加明显。老牌欧盟成员国在吸引非欧洲籍留学生方面显现出了强大的优势。1999年，德国的非欧洲籍留学生人数为90 710人，占总留学生人数的比例为50.9%，同年法国非欧洲籍留学生人数占总留学生人数的比例为70.23%，这一比例在2001年、2002年、2003年分别上升至71.91%、74.36%、76.93%。英国的非欧洲籍留学生的比例同样呈稳步上升趋势，1999年，非欧洲籍留学生人数的比例为49.4%，随后这一比例上升到2001年的51.51%，2003年的59.72%和2006年的66.89%。

目前，中国作为世界留学生输出大国，每年向欧洲输送大量的留学生，其目的国涉及欧洲各个国家，但主要是以英国、法国、德国、意大利等欧洲大国为主。在2013年中国国际教育展上，法国驻华使馆高等教育合作专员凯若兰在接受记者采访时说："中国将很快超过摩洛哥成为法国最大的国际生源国，中国留学生目前是法国第二大留学生群体。"据她介绍，中国学生赴法国学习人数呈逐年稳定增长趋势。中国赴英国的留学生数量每年也保持稳定增长。2012年，赴英国留学的中国新生约为6.5万人，中国留学生占全英国留学生总数的15%，在英国接收的留学生中中国学生的数量最多，中国目前已经成为英国第一海外生源国。据英国驻华使馆教育处的数据统计，2012年，英国边境管理局在中国颁发了超过56 000份学生签证和9000份短期学习的学生访问签证。[①]

（二）学生流动助推欧洲高等教育公平

第一，为实现学生流动而实行的统一的三级学位体系和学分累积与转换体系是促进高等教育起点及过程公平的体现。高等教育起点公平意味着不用考虑学生社会经济地位、家庭背景等各方面因素的差异，学生享有平等的机会进入高校，而且有机会选择各种类型的学校。否则，入学公平只是停留在表面。传统上，欧洲各国间高等教育体制差异巨大，课程及学位情况也非常复杂，在教育体制、入学途径、学分要求、学位颁发等方面各不相同，导致整个欧洲高等院校间的学生流动性不强，学生对学校的选择范围仅限于本国以内。为了创造各种条件提高教育的公平性，并实现真正意义上的学生流动，欧洲实行欧洲三级学位体系和学分累积与转换体系以促进学生流动，同时，在欧洲层面和国家层面向学生尽可能地提供奖学金和助学金、完善信贷体系、健康和医疗保险等，并为学生提供适当的社会支持系统。为了提高社会弱势群体参与高等教

---

① 中国教育在线．2013年出国留学趋势报告[EB/OL]．[2017-01-20]．http://www.eol.-cn/html/lx/baogao2013/page1. shtml.

育流动的机会，欧洲也建立健全了与学生流动机会相关的信息系统，有效地保证了学生可平等地享有流动机会。

第二，为了体现欧洲高等教育起点与结果公平，博洛尼亚进程为实现学术的终身流动而确立了“欧洲终身学习资格标准”。这一标准是欧盟委员会建议的，并获得欧洲议会和欧盟理事会的一致批准，用来鼓励公民终身学习和跨国流动；同时这个标准为了使个人、雇主、各类组织机构更加容易地识别欧洲公民的知识和技能水平，它提供了一整套等级分明、定义严谨的参照标准，这都有利于促进欧洲各国间人员的流动。为了保证实现终身学习，欧洲议会和欧盟理事会还采取了很多的有效措施，从而使得欧洲公民获得了更多更广的学习机会，使自己能够置身于终身学习的体系之中。比如，在应聘时，德国企业想要了解法国申请者的实际知识和技能水平，如果在全欧洲实施“欧洲终身学习资格标准”，那么法国的资格证书上就会明确注明“欧洲终身学习资格标准”的等级，这样，即使一个德国企业在招聘一个来自法国的应聘者时，并不知道该怎样识别法国的学历或培训资格，也能够做出明智的选择。欧洲终身学习资格体系为参与终身学习的欧洲公民在人生任何一个阶段、任何一个欧洲国家找工作提供了保证，使欧洲范围内就业的流动性得以提升，从而使整个欧洲范围内教育结果也变得相对公平。

第三，为了促进高等教育起点及过程公平，博洛尼亚进程给流动学生及时地提供了信贷、资助政策和措施。近年来，欧洲许多国家不仅出台了相关政策，帮助贫困生不因家庭困难而肄业，而且制定了详细的贫困生学费减免制度，许多国家的高等教育入学公平性得到了显著提高，原因是2000年后随着欧洲层面教育经费改革政策的出台，使各国政府对社会经济地位较低的家庭增加了更多的关注。在近一半的欧洲国家里，国家资助大学教育，学生不用负担高等教育的费用，可以免费入学。为了减少甚至避免贫困的优秀学生因为无法缴纳学费而退学或失学，英国对贫困学生设立了“贷学金制度”，该制度是在学费制度的基础上建立的，旨在帮助家境贫困的学生完成学业。开始时贷款的学生不多，1990—1991学年仅仅有28%的学生享受了“贷学金制度”，由于政府贷款力度的增加，2000—2001学年享受“贷学金制度”的学生人数迅速增加到78%。英国很多高等教育机构为低收入家庭的学生提供学费、生活费等费用的相关资金支持，减轻学生的入学负担。例如，自2005年起，英国昆士大学每年提供1000英镑的助学金给家庭年收入低于1.75万英镑的学生，同时，学校也调整了学费政策，2005年一年级学生的学费仅1200英镑。响应博洛尼亚进程的改革号召，2000年后，爱尔兰调整了学费政策的相关标准，使超过50%的一年级新生不用缴纳任何费用。此外，爱尔兰对来自低收入家庭的接受高等教育的学生还提供了奖学金，即引入以家庭财产评估为标准的做法。假如家庭收入低于20 000英镑，那么该学生就有资格来申请奖学金，在2002—2003年部分爱尔兰高校的奖学金的申请数额高达2000英镑。①

第四，博洛尼亚相关组织对进程信息的广泛采集和对进程透明度的检测，保障了欧洲高等教育各个环节以及质量的公平。作为博洛尼亚进程的重要组织机构，博洛尼亚后续工作小组定义衡量和检测流动的社会维度相关数据采集的指标；考虑如何衡量欧洲高等教育区内实现流动的问题；检测博洛尼亚进程透明机制的发展，并向下一届的部长级会议做汇报；建立并维护博洛尼亚进程相关网络，更好地为进程提供信息；追踪学位以及国家行动计划等方面的分析和建议，促进和提高数据收集和信息监管能够帮助检测整个进程在实现教育公正和学生流动方面的进展。

（三）学生流动促进欧洲高等教育质量提升

由于高等教育机构的国际化程度是进行全球排名的重要指标，因而对于很多高等教育机构来说，高质量的输入型以及输出型学生流动从某种程度上说，更是一种名誉和质量的象征。②

第一，博洛尼亚进程中的学制改革有利于提高各学位阶段的教学质量。对大多数欧洲国家来说，学士3年、硕士2年、博士3年的三层学位体系相应地使本科学习年限缩短。就学士学位学习而言，一些欧洲国家打破了以往划分过细的学科学位设置，使本科阶段的通识教育得到强化。而欧洲国家间的学生流动对于跨专业的知识传播也起到了促进作用，促使各国高等教育机构从注重培养学生获取有效知识的数量转向了培养和提高学生获取知识和信息的能力。而对于博士学位来讲，学生流动使各国更加注重国家间质量保障体系与评估标准的统一，使各国高等教育机构对质量更加关注，纵向型学位流动数量的增加也为博士学位的

① ADNETT N. Student finance and widening participation in the British Isles: Common problems, different solutions[J]. Higher Education Quarterly. 2006(4): 296-311.

② GREEN M F. Measuring and assessing internationalization[R]. Washington, DC: NAFSA, Association of International Educators. 2012: 5.

跨学科研究提供了有利的条件。为了打破专业限制，许多高等教育机构设立了专门的“博士生学院”，密切高等教育与科技创新和研发的联系。

第二，构建欧洲高等教育质量保障体系有利于促进高等教育质量检测与评估标准的统一化、开放化、国际化。为实现欧洲学生流动过程中各国质量标准的统一，博洛尼亚进程进一步改革了欧洲高等教育质量保障体系，确保学生能够在统一质量的保障下在欧洲各国进行流通。为此，博洛尼亚进程呼吁各国重视质量保障机构的建设，并号召各国高等教育机构积极参与到“欧洲高等教育质量网络”的体系中。博洛尼亚进程还确立了建立统一的质量保障体系的政策，对各国的高等教育机构进行积极监督和有效比较是通过成立独立的专家组、自我评估、外部评估和出版评估报告这四个程序完成的，有效促使各国高等教育质量在竞争中得到了全面的发展。

二、促进欧洲人才培养

欧洲学生流动在人才培养方面的成效主要体现在人才培养模式的创新和学生就业能力的提升。

（一）人才培养模式的创新

传统的欧洲国家，特别是中东欧国家的人才培养模式大多坚持着知识本位的立场。也就是说，通过接受大学教育，学生们可获得大量的理论知识，而实践技能的培养甚少，学生直到步入工作岗位后才开始参与实践活动；同时，博洛尼亚进程前的欧洲各国学位制度差别很大，研究生培养的形式、结构及培养模式多种多样，这给各国高校之间的联合学位授予增加了难度。随着博洛尼亚进程的实施，欧洲各国逐步采用了统一的欧洲三级学位体系以及学分累积与转换体系，这为联合学位制度的实施打下了坚实基础。

博洛尼亚进程中的欧洲学生流动，特别是伊拉斯谟学生流动计划中的联合学位制度，是欧洲对一种新型的人才培养模式的尝试。这种联合学位的人才培养模式旨在整合欧洲区域乃至全球范围内的优质教育资源，面向欧洲全域培养具有国际视野的高层次人才，在多元文化背景下培养学生的创新思维和综合能力。其创新之处体现在：

第一，整合欧洲区域乃至全球范围内的优质学科、师资、生源等教育资源。除了遴选全球范围内的学生外，联合学位的实施还要求必须是区域内或者是全球最具优势的学科以及最优秀的师资。比如，北欧对联合学位的评价标准是：联合学位项目必须基于某学科最具影响力的研究者最前沿的研究成果，其中至少25%的专职教师是教授，半数以上的专职教师是高级职称的研究人员，且要能积极参与本领域的国际合作和研究。

第二，为区域发展培养具有国际视野及综合技能的高层次创新人才。从联合学位涵盖的学科及专业领域看，涉及面相当广泛，最常见的是经济学、工程、工商、管理、法律、社会学科等，在这些学科中尤其强调对欧洲区域经济社会问题的研究，欧洲博士学位的颁发就是一个例证。

第三，在多元文化背景下培养学生的创新思维和能力。欧洲联合学位始终坚持尊重多元文化的原则，在对学生进行合作方国家的语言培训中始终保持着欧洲多元语系的特色，以促进学生在不同国家、区域间流动和在不同文化视野中的学术争鸣。与此同时，采用设立相关服务机制等措施促使参与联合学位培养的学生与本地文化之间的融合。在多元文化融合、冲突的环境中培养学生独立思考、批判及创新的能力。

（二）学生就业能力的提升

博洛尼亚进程对“就业能力”有专门的诠释，是指学生拥有获得就业岗位、维持就业过程以及在劳动力市场进行流动的能力。“就业能力”一直是博洛尼亚进程实施的主要目标之一，宣言中也主张高等教育的各个阶段都应与劳动力市场紧密相连，还应加强雇主与学生、高等教育机构和政府之间的交流，尤其是提高本科毕业后毕业生进入劳动力市场的就业能力和实践技能的培养。《鲁汶公报》中明确强调，高等教育要提高学生的就业能力，通过学习知识和技能使他们能够在劳动力市场上充分把握机会，与此同时各国高校应与政府、企业、雇主等一起完善学生就业的相关规定，为在校学生和已经步入社会的学生提供更加充分、有效的就业指导服务。

跨境流动经历由于其对学生的影响及其对学生就业能力的促进作用，受到了越来越多的欧洲雇主的青睐，甚至把它视为一种全球化视野中拥有高素质并具备国际视野的员工的必备要素。根据欧盟委员会2013年的调查结果显示，92%的欧洲雇主希望聘用拥有在其专业领域具备横向能力（例如对新挑战、问题处理以及抉择能力持有开放而好奇的心态，对他人的价值观和行为保持自信和宽容等）的员工，91%的雇主看重专业能力素养，78%的雇主看重相关领域的工作经历。认为留学经历对就业能力至关重要的欧洲雇主数量的比率从2006年的37%增至2013年的64%。64%的雇主认为国际留学经历对新员工非常重要。据受访的64%的雇主表示，拥有国际留学背景的学生更有职业素养，而这项比率在2006年为51%。三分之一参与“伊拉斯谟项目”的学生从来自于他们生源国国籍的雇主那里获得了境外就业岗位。①

毕业生的受雇用能力被视为高等教育中的一个关键问题。虽然在许多国家学士学位和硕士学位属于新学位，所以还不清楚毕业生的就业能力水平，但是各国为了提高劳动力市场的适应性而采取了很多不同的措施。关于提高毕业生的受雇用能力学习计划在其中某些国家中现在依然存在，而现在引进两级学位制的国家也正在集中精力努力增强第一阶段毕业生的受雇用能力。一部分国家采用了包括专业要求或技能和能力的认证标准，而另一些国家则将高等教育基金和毕业生就业紧密联系起来。一些具有实践意义的措施已经实行，包括要求雇用者阐明专业条件，在高等教育机构中引进职业咨询或者是创建对求职者的支持体制，在大学第一阶段计划中积极引入实践训练等。

据“伊拉斯谟项目”学生调查分析，许多学生认为自己在国外学习时取得的进步是在国内学习所不能达到的。虽然学生会因不了解异国教学方法而感到不适应，但是当他们进入不同的教育制度和教育模式之后，不仅可以接触到不同的教学方式和研究方法，而且会接触到自己学校没有开设的课程，这些还不包括为达到拓宽知识范围的目的而接触到的训练思维模式的良好契机。交换生在具有差异性的文化背景中生活能够充分地体验异国文化和独特的习俗，更可以直接接触异国风情，可以通过学习不同的生活方式来了解和感悟不同的社会文化。这些对于拓展思维方式、开阔学生的胸襟和视野以及丰富学生的人生体验都将起到积极的作用。此外，一方面生活在一个几乎陌生的环境中，可以有效地锻炼学生的适应能力，提高他们的灵活性，从而使他们在陌生的环境中变得更加成熟；另一方面，交换生在学习期间可以认识更多的外国朋友，能够快速地提高外语水平，对于外语学习而言也是有效的途径。综上所述，跨境流动学生的异国教育经历，不仅让他们了解到异国他乡的基本

① Internationa Exchange Erasmus Student Network. Erasmus Impact Study[EB/OL].[2016-12-21]. https://esn.org/erasmus-impact-study.

常识，提升自身能力和素质，提高自己的外语水平，而且在就业机会上也会多几分筹码，还有可能使跨境流动学生在自己今后的就业中得到更多的跨国就业机遇。

2013年一项由欧盟委员会发起的“伊拉斯谟项目”学习影响的调查，在“伊拉斯谟学生网络组织”、专注于高等教育战略管理咨询的“高等教育中心咨询机构”、布鲁塞尔教育服务中心以及孔波斯特拉的大学的共同协作下得出了有关该项目对学生就业、职业生涯及生活的影响的调查数据。该项调查显示，参与“伊拉斯谟项目”并拥有一年海外留学经历的学生平均比没有流动学生的就业能力高出70%，与出国之前相比，他们的就业能力及就业素养有着非常明显的提升。[①]除了在海外单位就业以外，很多流动学生选择了在海外创业，例如，10%的流动学生通过在海外创建公司而就业，75%的流动学生正在计划或设想创建自己在海外的公司。流动带给了学生就业能力及自身能力的提升机会，通常带来远超他们预期的结果。

三、促进欧洲社会发展

（一）巩固欧洲政治稳定

建立欧洲共同安全与防务是欧洲一体化的基石。首先，欧洲一体化从一开始就着眼于明确的政治目的，即消除成员国之间的历史隔阂与对立，摒弃用战争方式解决问题。由于欧洲各国自身存在的种族、民族、文化等差异导致了认同危机，所以在第二次世界大战结束之后，欧洲并没有形成欧洲层面上的统一的外交和安全政策。与此同时，美国成功地成为欧洲外交和安全政策的实际操纵者，原因在于以它为首的北大西洋公约组织从政治与经济两方面进行了介入。在20世纪90年代以后，随着欧洲一体化进程的逐渐深入，欧盟整体角色意识的不断增强，欧盟适时调整了安全与防务政策，逐步形成了欧洲层面上的统一的外交与安全政策。卡尔·多伊奇是“一体化”理论的奠基者和开拓者，他认为，最初的欧洲共同体还仅仅只是一种“多元型安全共同体”。共同的外交和安全政策的发展，是欧洲政治一体化进程中的开端和起步。其次，社会

① Internationa Exchange Erasmus Student Network. Erasmus Impact Study[EB/OL]. [2016-12-21]. https://esn.org/erasmus-impact-study.

安全问题一直以来都是欧盟的重要议程。

进入20世纪90年代，欧洲政治一体化大步向前迈进，社会安全问题也自然变成了欧盟的一项重要议程，有关共同防务的构想再次被提上日程，欧洲提出了一体化安全这一全新的安全理念。该理念的核心是走一条非政治化之路，首先从不是特别敏感的、但欧洲各国都很关注的经济问题入手，可以促进交流，使各国信任得以增加，等待时机成熟之后，再提出合作并使之向其他领域深化和扩展。在针对改革与完善社会保障体系提出建议时，1997年，欧盟委员会要求欧盟及其成员国都围绕社会保障与经济增长、就业和老龄化之间的关系来深入且广泛地展开对话。实现各个成员国社会保障目标与政策趋同的建议是欧盟部长理事会在1992年提出的，目的是为了满足人口和家庭结构变化以及劳动力市场结构变化的需要，这样有利于劳动力的自由流动和内部市场建设计划的完成。欧盟委员会接着在1999年提出了一个新的战略，即成员国社会保障体系改革协调战略。为了协调成员国和欧盟委员会在社会保障政策领域中能够有效地合作，欧盟在2000年6月还建立了社会保障委员会。

欧盟东扩增加了欧洲一体化整合的难度。20世纪80年代末期，欧洲政局经历了一系列动荡，从某种意义上说，使社会政治制度和意识形态上阻碍欧洲统一的难题化解了，因而通过和平方式实现欧洲统一也变成了可能。欧盟在1998年1月和2000年1月分两批先后启动了同中东欧10国及塞浦路斯和马耳他共12个联系国的正式入盟谈判。最终，欧盟由原来的15国增至25国，这成为欧盟历史上最大规模的一次扩大，这次历史性扩大给世界、欧洲、欧盟及新老成员国都带来了巨大的影响。[①]鉴于欧盟新老成员经济发展水平严重失衡所带来的一系列政治问题，促进欧洲经济的整体发展以及东西文化交流与往来成为化解欧盟东扩问题的根本途径，通过博洛尼亚进程实施的大规模欧洲学生流动将会对消除欧洲东西部文化、宗教等差异起到积极作用。而学生流动作为欧洲高等教育一体化中的重要改革举措，对实现欧洲东西文化交流以及相互认可起着重要的作用。

（二）拉动欧洲经济增长

学生流动带动了欧洲地方经济与服务出口产业。高等教育服务贸易被称之为新兴的“无烟产业”，最主要的形式是留学生教育。这主要是说，国际学生的消费为留学生接收国带来了直接的经济效益。《服务贸

① 胡荣花．走向新世纪的欧洲联盟［M］．上海：上海财经大学出版社，2003：28.

易总协定》在1994年将教育归入了服务贸易的范围之内，让教育成为世界通行的13种服务贸易之一。《服务贸易总协定》还规定了跨境支付、境外消费、商业存在和自然人流动这四种方式作为教育服务贸易的基本供应方式。迄今为止，国际上用跨境支付、商业存在和自然人流动这三种贸易的数额来大致估算整个服务贸易额。使用境外消费的方式相对较少，大多时候只采用境外消费贸易的数额来做预估。[①]据统计，每个留学生的平均年花费约为人民币35 447元，而高等教育阶段的留学生花费更多，平均每人为43 843元。学生在留学期间的生活、起居、餐饮、交通、保险等一系列消费，以一种“无烟产业”的形式为目的国的各行各业带来可观的经济收入。流动学生的综合消费能力将为目的国带来可观的外汇收益的同时，也成为引人注目的新兴经济增长点。

学生流动为欧洲提供潜在的人力资本。教育是一种重要的人力资本投资方式，而留学生教育作为跨国流动的教育形式，其所带来的潜在人力资本是缓解欧洲劳动力不足的重要方法，在欧洲经济发展中发挥着极其重要的作用。如果说学生在跨国流动期间的费用开支是对输入国经济的直接贡献，那么由学生流动而带来的潜在人力资本则是对输入国经济的间接贡献。作为当今教育投资收益最大的人力资本，客观上拉动着学生输入国国民生产总值的增长，而且由于潜在人力资本所带来的一系列经济和产业价值，后者的贡献要远远大于前者。流动学生在国外学习期间的消费拉动着学生输入国的教育相关市场以及各服务行业的消费，更重要的是，这些外来学生携带着来自不同国家的文化理念和价值观，为本国特定的学科和专业领域注入了新鲜思想与活力。

（三）促进欧洲文化融合

第一，欧洲丰富的多元文化通过学生流动提供给各国人民更多的文化共享空间以及文化消费选择。欧洲文化因其多民族、多宗教，以多元化而著称，很多欧洲人认为欧洲不是一个统一体，相反它充满了多样性，而这正是欧洲文化的主要特点。倡导“欧洲一体化”的鼻祖埃德加·莫兰说过：“一旦人们试图清楚明了地思考欧洲，欧洲就解体消失了。”只有从多样性和复杂性出发，才能得到欧洲这一概念。[②]这种丰富

① 靳希斌. 国际教育服务贸易研究——理论、规则与行动［M］. 福州: 福建教育出版社, 2005: 210.

② ［法］埃德加·莫兰. 反思欧洲［M］. 康征，齐小曼，译. 北京：生活·读书·新知三联书店，2005：15.

而多元的文化却因语言、地域、签证等一系列原因处于各自相对封闭的状态，而随着博洛尼亚进程中的欧洲学生的流动，从某种程度上将欧洲丰富的文化资源实现了共享。与此同时，随着博洛尼亚进程改革，欧洲各国实行了统一的欧洲学分累积与转换体系、三级学位体系，通过统一的欧洲学分，即“教育欧元”，在各个欧洲国家学生选择留学的目的国不再孤注一掷，在校期间只要凭借这一统一标准的学分，就有许多机会可以转校或者“迁移”到其他国家，于是欧洲高等教育的“国界”逐渐消失，高教资源得以自由流通。学生的流动使得欧洲范围内的高等教育对所有参与博洛尼亚进程的国家开放，也对所有涌入欧洲的非欧洲籍学生开放，教育资源得到极大程度的共享。与此同时，具有悠久历史的欧洲多元文化也通过开放的学生流动平台向世界开放，这带给留学生的不仅是丰富的知识，更有独具特色的欧洲文化氛围。

因流动带来的文化交融不仅限于在校期间的流动过程，也外溢到学生毕业后的时间，这是因为很多学生在流动期间找到了自己心仪的伴侣，从而更深层次地推动了社会的多元文化融合。根据欧盟委员会2013年对参与“伊拉斯谟项目”的学生调查显示，参与过项目的学生有着更为国际化的生活方式，并且在之后的生活中更容易出国。

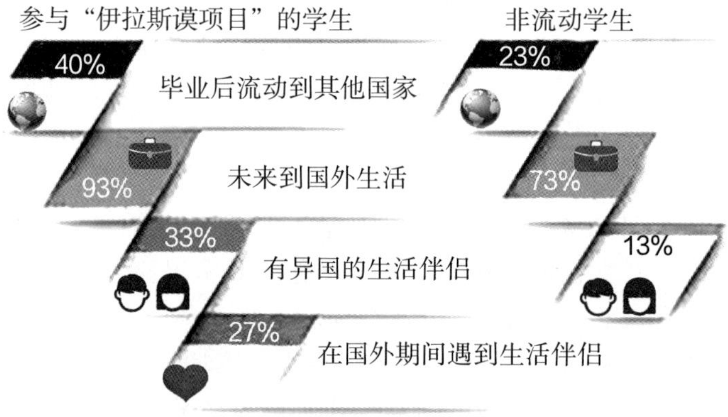

图4-2“伊拉斯谟计划”学习影响研究（2014年）

资料来源：European Commission. The Erasmus Impact Study: Effects of mobility on the skills and employability of students and the internationalisation of higher education institutions[R]. Luxembourg: Publications Office of the European Union, 2014.

第二，学生流动在构建欧洲文化认同与推广欧洲公民意识的过程中发挥着重要作用，也是实现欧洲文化融合的关键。建设欧洲文化认同的实质是让各国在欧洲共同文化的基础上实现更深层次的文化融合，进而推进欧洲一体化建设和欧洲文明的发展。对欧洲来说，实现一体化不仅是要扫除资本、贸易以及人员流动的障碍，更是一项人文主义事业。基于不同的民族历史、文化传统，欧洲各国对欧洲文化认同的理解也存在分歧，因此，与国家层面的公民意识相比，欧洲层面公众意识的形成更是困难重重。要达到更深层次的文化融合，必须使每个欧洲人拥有“欧洲公民身份”的意识，即一个欧洲人应把其他国家的欧洲人看作是整个欧洲大家庭中的成员，而且彼此是相互平等、相互尊重的，这种身份象征着“越来越紧密结合在一起的联盟”的发展。而作为接受高等教育的学生群体，其在欧洲范围内的跨境学习与学术交流，对欧洲文化融合与欧洲公民意识的传播，以及对于消除欧洲因民族历史、文化传统等产生的分歧起着积极作用。

第三，学生作为一种文化载体，其流动对传承欧洲文化传统及弘扬欧洲文化理念起到促进作用，有助于在世界范围内加强欧洲文化的学习和传递，也有助于欧洲文化产业的繁荣。从传统意义上讲，文化属于国家主权的范围，一方面它是民族文明发展的前提，另一方面它还对防止外来侵害与颠覆起到凝聚和保护作用。伴随着全球化的发展，文化作为一种“国际公共产品”[①]，成为各国发展的软实力。在博洛尼亚进程中，学生通过跨国的流动，在当地的学术及社会互动中交换了各自国家的文化传统与文化元素，通过在境外的学习过程，不仅在学术上，更在生活上与当地文化进行了多元碰撞与融合，在获得更多知识的同时促进了各国不同文化间人员的相互了解与认知。此外，作为一种文化输出形式的跨境教育活动，通过日益频繁的学生流动，带给了教育输出国和输入国更多的知识共享的渠道与空间，形成了一个欧洲范围内的高等教育知识共享领域，这为欧洲各国间进行更多文化交流与合作搭建了更广阔的平台，也对促进欧洲文化产业的繁荣做出了贡献。

① 公共产品本来只是作为一个国内概念，它指的是一国政府为满足全体社会成员的公共需要而提供的产品和劳务。由于国家文化的自助方式在全球化和区域化的发展中不断受到冲击，所以在国际公共物品的供货单上，文化成为其中新的一员。

四、刺激欧洲科技进步

博洛尼亚进程始终将促进欧洲科技研发与推动欧洲科技创新放在重要的位置。2009年《鲁汶公报》中指出："研发是社会改革和创新的基础，因此高等教育应该以所有技术发展水平的研发工作为基础。我们认为，包括应用学科在内的高等教育能够促进社会变革。因此，从事研究工作的人员数量应该增加，应为博士研究生提供更高质量的研究训练，并通过交叉学科和跨部门的学科教育提高他们的能力；公共部门和高校应该使这些早期研究者的学业训练更加有效、有吸引力。"对高新科技人才需求的上涨，使欧洲更加重视学生、研究人员及其他高技术人才的国际流动。

首先，学生流动的日益频繁不断充实着欧洲高科技人才储备，为欧洲科学研究与科技创新提供源源不断的人才资源。在2003年的《柏林公报》中，博士学位被作为第三层级学位纳入新的学位制度改革中，高新科技人才得到了前所未有的重视，博士学位阶段的纳入也意味着欧洲各国间博士群体的流动将更加频繁，这为欧洲实现技术与高科技人力资本的自由流通提供了保障，也为欧洲储备了大量高素质人才。同时，研究生教育及"欧洲高等教育区"和"欧洲研究区"之间的协同发展获得了前所未有的重视，学术质量和学术价值也因跨国间的流通和交换得到了更加繁荣的发展。

其次，学生流动所带动的高科技人才流动也在某种程度上缓解了欧洲科技人才分布不均的现状。在博洛尼亚进程之前，欧洲各发达国家间的差距是相当大的，欧洲科技人才虽逐年增加，但存在着严重的分布不均衡现象。这种科技人才需求的不均衡状况，以及欧洲发达国家间提供的机遇和待遇的差别，引发了国际移民潮。这些技术移民对技术创新和国家经济增长做出了重大贡献。而随着博洛尼亚进程的实施，越来越多的学生、教师和科研人员在欧洲各国间自由流通，各种类型的学术研讨会、讨论班和合作研究活动在欧洲国家间展开，这对缓解欧洲国家间的人才不均衡状况起到了积极作用。

第三节　博洛尼亚进程中欧洲学生流动的阻力

虽然博洛尼亚进程的实施对欧洲学生流动起到了空前的助推作用，但由于来自多方面的阻力，学生的流动还是受到了一些限制。根据欧盟委员会2009年对一些未参加流动的学生的调查报告显示：61%的学生由于缺乏资金支持而未参与流动；38%的学生由于语言技能障碍未参与流动；36%的学生由于认证方面的困难而未参与流动；35%的学生由于流动相关信息的缺失而未参与流动。[①]这些与流动障碍，或者说是流动阻力相关的数据，引发了我们对博洛尼亚进程中欧洲学生流动阻力的思考，现阶段欧洲学生的流动究竟受到来自哪些因素的制约？这些因素又是怎样阻碍了博洛尼亚进程中的欧洲学生流动？笔者将从以下几个方面进行探究。

一、社会层面的流动阻力

在社会层面，阻碍学生流动的因素主要来自语言障碍、文化障碍、劳动力市场的压力、国家间生活水平的差异等。

（一）语言障碍

博洛尼亚进程中欧洲学生流动的一个重要的阻碍因素就是语言障碍。欧洲是个多民族、多国家、多语言的地区，欧洲大陆有2000多种语言。语言多元化向来是欧洲的传统，多样化的语言可以说是欧洲丰富的文化瑰宝，但它也对不同语种间的人员流动产生了障碍。一个不懂外语的学生是很难在外国进行学习的，他会因为语言障碍导致学习效果受到严重影响。

学生流动的不均衡性很大程度上也与语言有关，大多流向英国的学生多是因为其母语或国家提倡的语言是英语。英国流向其他欧洲国家的大学生数非常有限，而欧洲各国流向英国的学生数量却仍在持续上升，这就形成了学生流动不平衡的现象。这种大学生流动不平衡现象的原因是，在世界范围内英语得到了广泛应用，多数国家的大学生的英语水平都相对较高，但是自恃英语是世界语言的英国，由于从基础教育起就忽

---

① MARGARIDA R. Determinants and Impacts of Student Mobility: A Literature Review[R]. Luxembourg: Publications Office of the European Union, 2012.

视外语教育，从而使英国学生外语水平普遍偏低。根据调查分析，将语言障碍作为不留学的非常重要原因的学生在英国大学的学生中所占比例超过了40%。很多人往往因为对自己缺乏信心，害怕自己无法通过外语考试，所以最终没有掌握基本的外语技能。①

语言障碍会使部分大学外语学习仅限于实用性层面，这必然会对高校教育的质量产生负面影响。语言的多样性贯穿于欧洲所有国际化高等教育政策的问题中。将英语推广为非英语欧洲国家的第二外语，使英语成为国际语言并不是一件简单而容易的事。就英国和爱尔兰来说，语言是其吸引欧洲其他国家乃至世界其他国家的留学生的有利条件，相反，欧洲一些小语种国家，如荷兰、丹麦和瑞典，与其他语言的国家，如法国、德国、意大利和西班牙等，他们的前景就变得不乐观了。即使迫于国际的压力，要求这些国家对国际学生提供英语教学以达到吸引外国留学生的目的，从而使本国大学成为国际性高校，但是这些国家的学生和教师却一致坚持一种坚决的抵制态度，因为他们认为会存在同国际学生“隔离”的危险，在英语教学项目中，他们坚决使用本国语言进行教学或学习，这就对欧洲国家间的学生流动产生了阻碍。

解决语言和文化差异这一问题对于博洛尼亚进程发展具有十分重要的推动作用，但各国对于如何解决语言和文化差异却没有能够提出很好的办法。文化的载体是语言，在很大程度上，各国的文化传播和继承都依赖于其语言的影响力，没有哪一个国家能够在放弃自己的语言而学习其他国家语言的情况下，还能使其与他国的交流和沟通能力得到增强。既然如此，那么目前来看最有效而可行的方法就是倡导各个国家之间相互学习对方的语言。在国土面积较小的国家这一方式实施的状况相对而言比较好，例如在荷兰和瑞士。在荷兰，除了本国语言外，英语、德语和法语也成为人们日常生活和工作的常用语言；在瑞士，除了英语是常用语种外，瑞士整个国家被划分为德语区和法语区。相反，在国土面积较大的国家，语言问题成为制约学生流动和进行学术合作的主要障碍之一。

鉴于这一问题，部分国家强制规定在高等教育机构进行学习的人员都必须掌握两门外语，但是实施效果不佳。就法国来说，多数人选择的

① MARGARIDA R. Determinants and Impacts of Student Mobility: A Literature Review[R]. Luxembourg: Publications Office of the European Union, 2012.

是意大利语和西班牙语，因为它们与法语同属拉丁语系，相对简单一些，选择的初衷只是为了顺利通过语言考试。这样一来，在法国的其他欧洲留学生中，南欧国家的学生人数就自然而然地占据了第一位。相似的情况也同样出现在芬兰、瑞典和挪威，其人员交流和合作主要集中在北欧国家，原因在于北欧各国之间语言和文化有着较大的相似性。

（二）来自劳动力市场的压力

来自社会特别是用人部门的压力是阻碍一个国家改革进程的主要原因。比如，波兰的学生和雇主对于刚刚实施的两级学位结构没有表示出浓厚的兴趣，他们宁可选择接收受过传统学位模式的学生。早在十年前，丹麦和芬兰就引入了二级学位制度，但是并不是很成功，其原因在于绝大多数学生愿意选择继续读硕士学位，同时雇主对学士学位持有者也表示不感兴趣。由于大学和学生一致反对将现有的学制减少为三年，所以希腊对于高等教育的任何新的改革都公开持抵制态度。在博洛尼亚进程之初，俄罗斯就引入了两级学位制度，但是其学位改革的效果并不显著，原因在于大多数学生更愿意选择就读于传统的五年制学位的大学，更重要的是，雇主们对于改革后实行的新学位制度并不感兴趣。来自就业市场的巨大压力使目前很多国家的改革受到重重阻力，只能够在表面上应付改革要求，所以新旧学位制度并存的国家并不在少数。

（三）文化障碍

阻碍欧洲高等教育学生流动的一个重要因素是文化差异[①]。经过长期生活所形成的不同的文化传统对学生的生活方式和教学方式都有着重要影响。由于对别国的文化了解不够，不仅会难以适应别国的学习方式、教学环境和文化氛围等，学习的质量和学习的效率往往也会受到影响，进而还可能产生人际交往中的不和谐或矛盾。很多学生不愿意参与跨境的流动学习，原因就在于担心自己出国后不了解他国文化、不熟悉当地的生活习惯而不适应跨境生活，一个国家的文化吸引力在跨境流动中起着很重要的作用，甚至比学术条件更重要，很多学生在考虑留学目的国时，更多地考虑该国的文化氛围是否符合自己的要求，自己能否很快地适应该国的生活。

此外，流动学生在目的国所受到的待遇有时也与本土学生有所差

① 文化差异是不同文化之间的差别，当他们相遇之时会产生冲击、竞争及失落等反应。文化差异可能由于宗教界别、种族群体、语言能力、政治立场、社会阶级、性别、民族主义、年龄代沟、文学修养、艺术认知、教育程度等的不同而产生。

异，在社会生活的各个方面都存在着更多的障碍，而这些障碍也是影响学生境外流动的重要因素。一项欧洲学生联盟2015年的调查数据显示，多数欧洲国家的流动学生在目的国的学习和生活中，在住房、基础设施、语言培训、学生项目、卫生保健等诸多方面存在着与本土学生不同的待遇。

来自海外的学生不仅负担着较高的房租，特别是波兰，而且要接受着与本土学生不等的待遇。根据欧洲学生联盟2015年针对欧洲40国的流动学生统计显示，与本国学生相比，基础设施、学位差距、公共交通优惠、文凭补充、住房、学习项目、医疗和语言培训相对比较平等，但在实习就业、经费以及语言课程等方面存在较为严重的问题。这就意味着国际学生在面对这些问题时将会与本国学生区别对待。 这项调查显示出，在境外的实习及就业、经费及语言课程等因素与其他因素相比是学生在流动过程中遇到的最大的障碍。

（四）国家间生活水平差异

欧盟成员国经济发展水平的不平衡性客观上加剧了欧盟社会政策协调或统一的难度。欧盟成员国在经济结构、经济实力、失业率、工人收入水平和社会保障水平等方面都存在着很大差别，有些差别甚至是根本性的、难以弥补的。

对流动学生而言，国外的学习和居住环境的差异是学生选择目的国以及学生决定是否流动的重要影响因素。就居住条件来说，绝大多数的欧洲学生在国外采用的住宿方式主要有两种，一是住学生公寓，即服从学校安排；一是住私人公寓，由学生个人自己安排。对于部分家境或条件不是很好的学生来说，住学生公寓不仅学习环境良好，而且费用相对较低，因为学校提供的公寓租金可以得到国家资助。从图4-3可以看出，私人公寓与学生公寓的租金因地处国家不同而存在差异。在西班牙和爱尔兰，学生公寓的租金高于私人公寓，在其他国家均会低于私人公寓，大约三分之一到荷兰、芬兰和英国学习的流动学生选择住在学生公寓。①

① DAVID C, LEWIS P, Trends V: Universities shaping the European Higher Education Area[J]. Eouropean University Association, 2007(1).

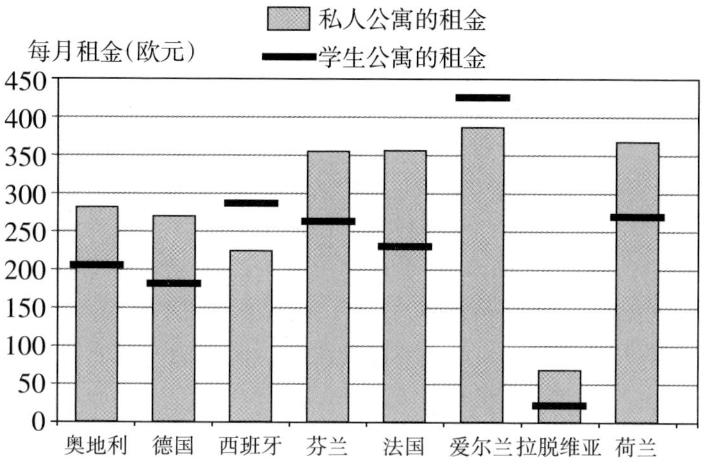

图4-3 欧洲部分国家私人公寓与学生公寓的租金差异

而国家间私人公寓的租金差异也较大，根据欧盟统计局的数据显示，2013年，英国、意大利、法国、西班牙私人公寓租金平均在600欧元左右，其中英国在900欧元以上，波兰、捷克、匈牙利、罗马尼亚在300欧元左右。①这种巨大的租金差异给学生的异国生活增加了不少障碍。

二、改革缺陷形成的阻力

博洛尼亚进程作为欧盟各国政府间合作的产物，由于各国政治、经济、文化的不同及其自上而下的改革性质，导致了在具体的实施过程中各成员国步伐不一致，所采用的方法相异，力度不统一，因而在推行博洛尼亚进程的过程中，各个国家的进展程度不一样，所以其结果与预定效果相比也大打折扣。一部分国家政策能够较快地得到实施，按照预定计划实现进程，但也会有某些国家的进展相对缓慢，甚至有的国家的政策推进十分艰难，这些使得各国在高等教育领域中的具体问题上无法衔接，出现断层，严重影响了下一步计划的开展和整个进程的发展。

参与博洛尼亚进程的国家众多，既有步入发达水平的西欧、北欧国家，也有相对落后的东欧国家。由于欧洲各国高等教育的发展程度有很

① Feargus O'Sullivan. Where Europeans Spend the Most on Rent[EB/OL]. [2017-01-13]. http: //www.citylab.com/housing/2015/06/where-europeans-spend-the-most-on-rent-mapped/396833/.

大差异，国家之间高等教育制度迥异，所以该进程遇到的难题是多样的。对于较为落后的中欧、东欧国家而言，即使积极参加了博洛尼亚进程，也会因为较低的国内经济发展水平使相关政策的实施遇到很大的阻力；相反的，就北欧、西欧国家来说，经济发展水平较高，在进程中遇到问题相对较少，故能够掌握改革的话语权，进而影响该进程的整体发展。除此之外，各国对于博洛尼亚进程的了解与认识也存在分歧，所落实的具体工作必定存在很大差异，所以在不同国家与地区实施的博洛尼亚进程的进展也是千差万别。

在实行三级学位体系方面，欧洲各国并不是同步进行的。在一些国家，如奥地利、荷兰、希腊和德国等国，已经通过立法来建立双层学位体系；但在另一些国家，这种双层的学位体系还没有建立起来。然而，就是在那些已经通过立法建立新学位体系的国家之间也存在差异，例如在奥地利和荷兰，新的高等教育学位体系完全取代了原来的学位体系，在德国这种新的学位体系与传统的学位体系是并行的。而荷兰则几乎将所有的高等教育项目都纳入这一学位体系中来，希腊的高等教育机构则只进行了最基本的调整。那些未立法的国家，对这一问题要么还未足够重视起来，要么还正在讨论中。由于这种两层的高等教育学位体系（学士和硕士）并不能很好地和双向的教育体制（即职业性和学术性的分类培养）相适应，这也导致在建立新的教育体制上出现政府和学界相矛盾的现象。例如在荷兰，大多数的高等教育机构都开始实施双向的教育体制，但是政府并没有采取相关措施鼓励高等教育的职业化和研究化分类发展；而在希腊，虽然政府主张采取双向的教育体制，但却引起了大学和相关组织的强烈反对。①

从组织结构方面看，由于博洛尼亚进程的组织形式是政府间结构，这就意味着进程决策是由各签约国共同制定的，而由于签约国数量众多、活动范围也非常广，因此与活动领域相关的政府间组织和非政府组织都不可避免地参与其中。在该政策决策过程中需要考虑的问题是政府间组织和非政府组织在博洛尼亚进程中扮演什么角色。博洛尼亚进程的组织结构相对而言是比较抽象的、薄弱的，所以其秘书处是它的正式的常设机构，然而它每两年需要换一次，原因在于教育部长会议的举办国

① HUISMAN J, HUISMAN G, MAASSEN P A, NEAVE G, Higher Education and the Nation State: The International Dimension of Higher Education [M]. Bingley: Emerald Publishing Limited, 1998.

会变动。薄弱的组织结构也使相关的非国家机构表达意见的权力受到限制，同时，根据进程发展来进行灵活反应的能力也有所降低。为了加强博洛尼亚进程，稍后欧盟委员会也以正式成员身份加入了这个进程，但是它在进程中的影响力却未能充分发挥，依然受制于主要的签约国。因为并没有法律依据能够作为充分发挥欧盟委员会重要性的依据，这在一定程度上成为欧盟继续深入推动各成员国高等教育发展的阻力。还有一些其他的组织机构只能在各次会议上表达意见，只起到咨询作用，没有实质性的决定权，类似的组织有欧洲理事会、欧洲大学联盟、欧洲学生联合会等。

信息渠道不畅也限制了学生获得流动的机会。由于学生流动的管理者和学生之间的信息沟通不畅，很多学生都不能及时获得与流动相关的可靠信息。据英国的一则调查显示，听说过“伊拉斯谟计划”的学生人数只占47%，这就是说，超过半数的学生并没有机会听说或了解到流动项目的相关信息，而非语言类的学生对“伊拉斯谟计划”更是知之甚少，其中只有不到三分之一的人听说过该计划。很多没有参与流动的学生认为，一个重要的阻碍因素是缺乏足够的时效信息。许多学生曾有过参与流动的想法，但鉴于了解该计划较少，不清楚它对自己有何意义，也就没有能够认真考虑跨境流动的问题。

在开展学生流动的联合项目及联合学位授予方面，遇到的最大的障碍是质量保证及法律法规。尽管多数国家都在为联合学位和项目颁布并修订相关法律法规，但截至2015年，成员国中23%的国家指出他们并未针对联合学位和项目制定有针对性的明确规定。超过50%的国家指出他们在联合项目中存在质量保证及认证的障碍，并且未建立联合学位的授予机制。[①]

三、财政匮乏形成的阻力

在国际金融危机的背景下，欧洲各国经济条件恶化，于是相应提高了高等教育的收费标准。以往对高等教育实施免费政策的英国也开始对

① European Commission, EACEA. The European Higher Education Area in 2015: Bologna Process Implementation Report[R]. Luxembourg: Publications Office of the European Union, 2015: 220.

高等教育实施收费政策。一方面，高昂的学费意味着国家下调了对高等教育的经费扶持力度，许多学生因为无法负担跨境流动所需要的费用而放弃留学。另一方面，教育经费的下调也意味着高校提高了学生入学的门槛，这对于学生的流动来说是极其不利的。博洛尼亚进程中欧洲学生流动的实现，有赖于欧盟、各个国家政府以及各个高校的财政支持，欧洲公共经费投入不足、各个国家财政投资力度不足以及各国财政投入差异等因素对学生的流动形成了资金方面的阻力。缺少了资金，欧洲高等教育区的各项改革都成了无米之炊。

（一）经费投入不足

缺乏充足的经费支持是阻碍学生流动的重要因素。根据欧洲学生联盟2015年欧洲40国的调查显示，阻碍学生参与流动的最突出障碍是经费不足。2015年欧洲38国调查中，89%的国家的学生因经费问题未流动，①这项调查结果也与2015年欧洲学生统计中心针对非流动学生群体的调查结果吻合。②就“伊拉斯谟计划”来说，欧盟为其提供的经费资助远不能满足整个流动过程，56%的参与“伊拉斯谟计划”的学生认为项目资助水平太低。③

自2005年以来，欧洲各国发放给学生的留学贷款和留学资助奖励项目已经有了很大改善，但大部分只能用于短期流动，也就是说，资助对学生最多提供一年。在国外的学生往往比国内学生要支付更多的学费、生活费等费用，在住宿、交通和工作方面也会遇到更多困难，因为外国学生和国内学生在接受学校补助方面的待遇是有区别的。虽然学生流动规模的扩大会引起国家补助和贷款计划的调整，但许多国家还是难以支付高昂的跨境留学费用。阶段性学习后的补助问题，对于大多数国家而言仍有很大的难度，甚至对于某些国家的高等教育机构来说是不可能实现的。

根据欧洲学生联盟2015年针对欧洲40国的统计调查显示，近半数

① European Students' Union. Bologna with Student Eyes: Time to Meet the Expectations from 1999[R]. Brussels: European Students' Union, 2015: 66.

② HAUSCHILDT K, GWOSĆ C, NETZ N, MISHRA S. Social and Economic Conditions of Student Life in Europe: Synopsis of Indicators[R]. Bielefeld: Bertelsmann. EUROSTUDENT, 2015: 4.

③ SOUTOOTERO M, HUISMAN J, BEERKENS M, et al. Barriers to International Student Mobility: Evidence from the ERASMUS Program[J]. Educational Researcher, 2013, 42 (2): 70–77.

的欧洲国家未针对流动障碍采取适当措施，没有一个国家的反馈显示他们在此方面采取行之有效的措施，而且十分缺乏对这项工作的监控和管理。在所有成为阻碍学生出国流动的障碍中，最为突出的是经费因素，在对38个国家的调查中，经费是最重要的障碍因素，89%的国家的学生因经费问题而未流动，其次是家庭背景（68%）和学历认可（58%），中等的障碍因素是缺少流动信息（39%），缺乏兴趣（39%），较弱的影响因素包括身心障碍和疾病因素（29%），境外学习质量（29%）。此外还有一些影响甚微的因素，包括签证的跨境程序（11%）等。[①]

就“伊拉斯谟计划”来说，其资助力度也远远不够。虽然欧盟的学生流动计划为学生流动提供了经费资助，但这些资助远远不能满足整个流动过程，对私立大学流动项目的资助更加有限。许多人指出，“伊拉斯谟计划”提供的资助项目分类太琐碎，其资助管理和制度也不灵活，并没有向参与合作计划的相关管理人员提供直接的经费，使得许多合作活动的负责人不得不从地方、地区或国家政府以及私人机构寻求额外资助。据2005年的一项欧盟调查显示，1/3的私立高校认为，除了“伊拉斯谟计划”的助学金外，他们的学生没有机会获得其他“伊拉斯谟计划”中的任何资助。[②]

（二）国家间的经费支持力度差异

总体而言，对于博洛尼亚进程改革中有关学生流动所投入的资金，各国所承诺的是远远不够的。由于许多国家不仅没有增加对高等教育的经费投入，反而减少了，从而对改革的实施增加了更大的阻力。此外，由于欧洲各国不仅在经济发展上有很大悬殊，而且在生活水平方面也存在很大的差异，所以贫困国家的学生向富裕国家流动就有很大的困难。在东欧的一些国家中，政府没有对大学生提供奖学金支持，在德国、奥地利等国，学生的学习和生活费来源主要依靠父母，但是在北欧国家学生不仅有奖学金支持，甚至政府也会承担学生学习和生活的费用。比如，一个学生在拉脱维亚每个月的平均生活费仅为193—267欧元，而到了英国，这个费用就是1030—1136欧元。所以，如果一个拉脱维亚学生在英国进行长期的学习，其所需要的费用较之在拉脱维亚的耗费将十分

① European Students' Union. Bologna with Student Eyes: Time to meet the expectations from 1999[R]. Brussels: European Students' Union, 2015: 66.

② TEICHLER U. Temporary Study Abroad: the Life of ERASMUS Students[J]. European Journal of Edueation, 2004.

惊人。除此之外，欧洲各国有着不同的大学收费制度，低收费甚至不收费的国家将会有更多的大学生流入。相反的，高收费的国家将面临本国大学生外流并无法吸引外来留学生的尴尬局面，从而导致流入与流出学生数严重失衡等问题。

对于留学生的资助情况，欧洲各国存在很大的差异。能受到与受访国学生一致对待的非欧盟或非欧洲经济区的留学生在欧洲国家是很少的。在德国，只有少数出国留学的大学生可获得政府奖学金，可获得国家资助的人数仅占大学生总数的21%，因此他们出国留学主要是依赖家庭资助的。在北欧国家，因为社会福利水平较高，学生出国留学受资助额度相对较高，比如芬兰大学生可以获得国家资助占其留学所需经费的比例高达83%。没有对大学生提供奖学金支持的国家也存在，例如罗马尼亚、克罗地亚、阿尔巴尼亚、塞尔维亚以及东欧的一些国家，这些国家的学生出国留学时可能会因无法获得任何的贷款和资助而遇到更多经济困难。

部分国家在正式资助以外，为补充学生在学费、旅费和住宿费方面的支出，还会提供其他一些额外资助。然而，对于学生流动来说，这些资助仍不充足，且在各国提供的资助数额也不尽相同。根据欧洲学生协会2007年的调查报告分析，可能为流动学生提供包括上述所有费用的国家只有爱沙尼亚、意大利、立陶宛和瑞典。在瑞士能获得额外资助的只有在“伊拉斯谟计划”中参与立陶宛、芬兰和意大利的流动项目的学生；在冰岛作为攻读学士学位的本科生是没有额外资助的，因为它规定只有硕士生和博士生才能获得，这样一来，学生在学士阶段参与流动的可能性就更小了。

增加学生流动，经济方面的因素还有很多。例如大学生所需要的工作岗位和攻读结合计划并没有被提供，为他们提供的仅仅只是资金上的经济资助；学生在国外学习时在住宿上花费的开销也远远多于他们住在家里的开销。如果在国外学习时要组织旅游或者其他活动来增加其对所在国家的了解就可能要花费更多的钱；在学习期间想返家探亲也会带来更多的路费支出。

四、国家层面实施的阻力

博洛尼亚进程是欧洲各国政府合作的产物，其实施依赖于各签约国在欧洲层次上的合作和协商。虽然一些签约国通过制定相关法令，并在国内强制推行一系列相关的政策，但是在大部分情况下，仍然需要各个国家相互谅解、做出让步才能实现既定目标。然而，在众多的签约国中，由于相互之间经济社会状况不一致，各国高等教育发展状况也有差异，所以各国在执行改革的时候就面临着各自不同的选择，因为他们高等教育的发展首先还是要维护本国的根本利益，满足本国的经济社会发展和人才培养需要。[①]从某种角度上说，改革进程的最大阻力来自各成员国自身，国家层面的政策方针对博洛尼亚进程的协调及重视程度将直接影响各个高校的改革，也将直接影响各个高校对改革进程的执行力度。

来自国家层面的阻力主要体现在以下几个方面：

第一，国家对待改革的态度不够积极。

许多国家政府没有采取一个积极的态度来对待改革，给进程的实施带来了巨大阻力。由于各国加入博洛尼亚进程所要达到的目的不尽相同，所以会在不同的程度上以一种实用主义的态度来对待“进程”内容，有利则支持，不利则抵制。例如，由于英国把博洛尼亚进程看成是欧洲其他国家向英国学习的一种方法，这种自负的想法产生的后果便是作为宣言及后续文件签字国的英国，其政府好像并没有为了鼓励高校积极主动参加博洛尼亚进程而采取任何实际措施，所以高等学校参与进程的热情就受到了影响，从而使高等教育体制没有从根本上得到改变。同时，部分欧洲小国因担忧本国的高等教育在欧洲范围内的优势会因这一进程而削弱甚至消失，对改革也持消极甚至抵触的消极态度，例如捷克至今仍对博洛尼亚模式持抵制态度。

第二，国家层面改革领导不力。

调查显示，许多国家的改革有名无实，参与博洛尼亚进程的意愿和采取的措施不相称，在改革中缺乏有力的领导与管理，以至于使改革过程仅停留在表面。例如，虽然欧洲学分转换和积累体系尚有很多不足，

① SCOTT P. Reflections on the Reform of Higher Education in Central and Eastern Europe[J]. Higher Education in Europe, 2002: 137-152.

但也有其可取之处，而大部分国家对于欧洲学分转换和积累体系的处理方式只是非常简单地进行换算，根本没有认真考虑，也没有认识到课程结构、课程内容和学分质量等是有深层次区别的。类似的情况也发生在学制上，如某些国家为了达到三段式学历体系的目的，并不改变原课程框架和内容，仅仅只是重新划分了旧体制的学习时间和年限。具体到国家层面，如在意大利，改革就出现了混乱的局面，原因就是改革缺乏有力的领导。虽然博洛尼亚进程中的改革措施已经被意大利大部分高校所接收，然而实际改革情况与进程的要求相差甚远，从而使意大利学分和学位与欧洲其他国家进行等值换算时存在很多障碍。例如，改革后意大利采用的新学位制度并未完全按照欧洲统一的学制执行，改革后学分换算反而更加复杂了，也就是说，一所意大利的大学的学分并不等同于欧洲其他大学给的学分。

第三，国家内部缺乏系统的学生流动政策。

尽管许多国家非常重视学生流动，但却很少有国家制定了系统而全面的流动政策来处理复杂多样的学生流动问题，许多国家没有意识到自身在政策方面的缺失。许多国家——特别是北欧国家，如芬兰、丹麦、荷兰、爱沙尼亚和立陶宛——可能仅仅制定了类似于国家层面的一般流动政策，实际上系统、完整的推动学生流动的政策，仅仅只在教育、科研、移民和劳工等各种文件中有所涉及。比利时布鲁塞尔学术合作协会指出，学生流动政策的深度和广度在各个国家大不相同，在制定国家流动政策或目标时，有些政府甚至没有弄清楚不同流动模式的区别，比如学位型与学分型、转入型与转出型的区别。

第四，各国改革执行过程中的“零散化”。

在博洛尼亚进程的改革中，对于执行一体化的相关改革措施，除了多数北欧国家之外，只有少部分国家拥有一个令人相对满意的整体进展。很多国家并没有认识到改革各内容间的关联性，只选择符合本国利益的改革项目，在执行过程中用“点菜”的方式有选择性地进行改革。然而，博洛尼亚进程中的每个项目或方案都是系统的、相互关联的，并非一个可供顾客挑三拣四的超市。如果忽视了这个特点，执行博洛尼亚进程就会变得不现实，一体化进程就会落空。例如，调查结果显示，在一体化进程中，能很好地连接所有行动方案的核心之一的学习成果，并没有被实施改革的各国所重视，特别是各国在认定学生学习经验和两级学位的提升上并没有将其采用。

五、机构层面的执行阻力

对于“欧洲高等教育区”的构建和进程的执行，归根结底要依靠基层的实施者——大学，但是在进程执行过程中，基层的反对声却是最高的。许多学校的领导者指责那些有名无实地贯彻新学分体制的行为，认为在形式的统一之下隐藏的却是学生学习质量的参差不齐，因而许多学校甚至拒绝参与高等教育区的建设进程；大学中的老师和同学主张不能为了换取学位模式一致化而牺牲学术质量。如2010年欧洲大学联合会的一份调查表明，在博洛尼亚进程的实施中，遵循国家方针的高校高达49%，强调地方特色的占23%，仅有9.2%的高校唯欧盟马首是瞻；另一项2010年出版的调查报告显示，仅有15%的欧洲高校认为博洛尼亚进程会对本国高校今后五年的发展产生重要影响。[①]欧洲46国教育部部长在2010年3月11日—12日的博洛尼亚十周年庆典上通过了《布达佩斯——维也纳宣言》，这一宣言旨在制定未来十年的行动规划。在此之前，欧洲大学联合会出台的《趋势报告2010：欧洲高等教育变革十年》针对欧洲各国高等教育对博洛尼亚进程所持态度的统计数据显示，在821所成员国的高等院校中，有38%的高校对博洛尼亚进程持观望态度，有58%的高校认为其具有积极意义。[②]这表明，博洛尼亚进程所带来的结构性变革并没有深入到院校层面，其所期待的诸如保护自治与提升体制效能之间缺乏应有的关联，与此相对的，却是大学信息系统官僚化地管理着学习的各个阶段，致使各个高校无力负担持续评估带来的重荷。然而，这些恰好印证了由欧盟委员会于2008—2010年间发布的两份评估报告《欧洲高等教育区的第一个十年：博洛尼亚进程独立评估报告》和《欧洲高等教育改革进展：治理改革》的结果。

由于欧洲大陆许多高等教育机构深受德国洪堡模式的影响，欧洲大陆高校十分注重整体性知识的传授和基础研究，所以，针对《博洛尼亚宣言》要求的两级学位结构，尤其是直接面向劳动力市场的第一级学位的调整，即使得到大部分高校认可，并且对毕业生就业和流动有利，也

---

① ANDRÉE S, HANNE S. Trends 2010: A Decade of Change in European Higher Education[R]. Brussels: EUA, 2010.

② KEHM B M, ECKHARDT A. The Implementation of the Bologna Process Reforms into Physics Programmes in Europe[M]. Mulhouse: EPS, 2009.

还是遭到了不少人的反对。法国教师联盟、法国学生联盟和教育部长在2003年进行了会晤，他们各自阐述了关于“博洛尼亚进程”的观点，并达成了共识：一致反对学分、课程一体化使法国高等教育变得没有一点特色的做法。2003年11月19日，法国8所大学罢课表示反对“博洛尼亚进程”，并在20日爆发了全国性的罢课。著名教育专家阿达利——“欧洲高等教育模式”的最初提出者——不无遗憾地说道：“作为改革倡导国的法国，却成了反对其实施的国家。”[①]

德国“英语和文学研究协会”的科尔教授认为，传统的德国大学制度是历史和国家的骄傲，对于支持一个从上到下的进口制度而抛弃传统的大学制度的做法应持谴责态度，德国大学一直以来所捍卫的理想，如今受到严峻考验，即通过大学向学生传授整体性的知识。科尔教授表示，新的学士学位制度与德国传统的学位制度不同，对专业基础知识的重视不足，在新的学位体制下，三年制的本科毕业生只能学到浅显的基础知识，对专业知识的学习更是不足，学生在校期间并未接触到真正的学术和专业性的知识体系。从某种意义上说，这种以降低成本为原则的做法，背离了“启蒙精神”。德国卡尔斯鲁厄大学校长强力谴责博洛尼亚进程，称其为“愚蠢”的行动，破坏了学校历经多年而形成的优秀的教育体系，并坚决表示：只要他在任期间，将不会接受对本科实施三年学制的改革，除非政府投入足够的经费支持，否则想获得该校学习资格的学生就必须攻读硕士学位。目前，赞同这种观点的人在欧洲许多国家中不在少数。

莫斯科大学校长萨多夫尼奇表示，相对于俄国11年的中等教育来说，3年的基础高等教育即博洛尼亚进程要求的第一阶段实在是太短了，不能保证通识教育和基础教育的普及，对下个学位阶段的人才培养的基础奠定不牢。他强调目前的俄罗斯大学，学生用3年时间接受通识教育，到第4年或第5年才开始学习专业教育的这一传统，是从德国洪堡大学继承而来的，是非常正确的。相反，假如从一年级便开始专业化训练，学生的发展前途将受到很大的影响，因此不适合过早地开始专业化教育。

① CHEPS, INCHER, ECOTEC. The First Decade of Working on the European Higher Education Area: The Bologna Process Independent Assessment[R]. Twente: CHEPS, 2010.

六、学生个体的流动阻力

导致学生流动个体动机缺失的原因很复杂，对“非流动学生群体”的调查揭示了影响学生出国动机的重要因素。不管是否有过出国的计划，只要并未出国流动都称作“非流动的学生”，尤其特指那些有出国计划但没有出国和拒绝出国的学生。①根据2015年欧洲25国学生流动的调查显示，在学分流动中，非流动的学生群体往往集中在教育背景程度较低、推迟入学以及年龄相对较大这三类群体中，且多是相互交叉的。这意味着教育背景、高等教育入学衔接以及年龄是阻碍学生流动的重要因素。经费问题是欧洲范围内阻碍学生流动的最大的障碍，特别是对于年龄较大的学生来说，来自家庭、配偶及孩子的因素是阻碍流动的主要原因，这在南欧和东欧国家体现尤为明显，这也是北欧国家输入型学生流动比例较高的原因。②

2012年欧洲16国的学生调查显示，北欧国家的学生未参与流动多是因为与亲友的分离，其中丹麦、芬兰、挪威最为典型。③

如图4-4所示，2014年欧洲15国“非流动学生群体”的调查显示，北欧国家学生的个体动机缺失比例较高，如瑞典、芬兰，挪威、瑞典在亲友分离方面的比例居欧洲前列。东欧和南欧国家的学生在语言技能、经费、信息和招生方面障碍较大。西班牙、葡萄牙、斯洛文尼亚有1/3左右的学生遇到招生限制。西班牙、斯洛伐克学生多存在语言技能障碍。东欧和南欧国家的学生多面临经费障碍，如克罗地亚、马耳他、斯洛文尼亚、爱沙尼亚等。④

---

① NETZ N. What Deters Students from Studying Abroad? Evidence from Four European Countries and Its Implications for Higher Education Policy [J]. higher education policy. 2015, 28(2), pp 151-174.

② GRHBHER A, WEJWAR P, UNGER M, TERZIEVA B. Student Mobility in EHEA: Underrepresentation in student credit mobility and imbalances in degree mobility [R]. Institute for Advanced Studies. Vienna: 2014: 14.

③ GRABHER A, WEJWAR P, UNGER M, TERZIEVA B. Student Mobility in EHEA: Underrepresentation in student credit mobility and imbalances in degree mobility [R]. Institute for Advanced Studies. Vienna: Institute for Advanced Studies, 2014: 22.

④ GRABHER A, WEJWAR P, UNGER M, TERZIEVA B. Student Mobility in EHEA: Underrepresentation in student credit mobility and imbalances in degree mobility [R]. Vienna: Institute for Advanced Studies, 2014: 14.

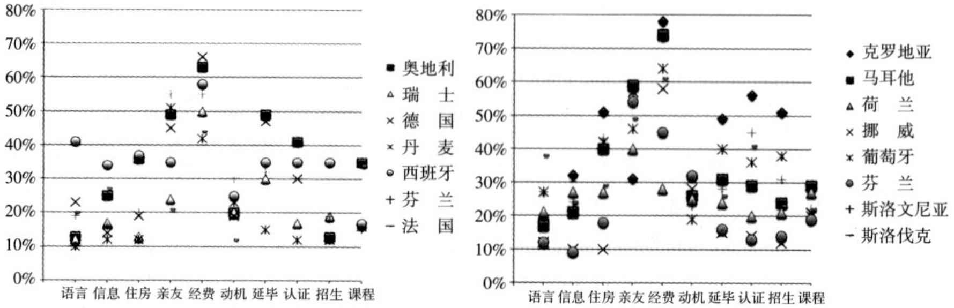

图4-4 欧洲15国学生流动的障碍因素比例（2014年）

资料来源：GRABHER A, WEJWAR P, UNGER M, TERZIEVA B. Student Mobility in EHEA: Underrepresentation in student credit mobility and imbalances in degree mobility[R]. Vienna: Institute for Advanced Studies, 2014: 14.

注：图中横坐标轴上从左至右依次代表：语言障碍、信息缺失、住房困难、亲友分离、经费困难、动机缺失、延期毕业、认证困难、招生限制以及课程适应障碍。

第五章 博洛尼亚进程中欧洲学生流动的趋势

通过分析博洛尼亚进程中欧洲学生流动的相关统计资料以及学生流动的趋势，得出博洛尼亚进程中学生的流动特点，主要包括：欧洲内部学生流动频率加快、输入型学生流动趋势加强、欧洲各国学生流动不均衡、学位纵向型学生流动的增加。

一、欧洲内部学生流动频率加快

近十多年的欧洲学生统计数据显示，博洛尼亚进程开启后，欧洲内部学生流动的频率明显加快。根据欧洲高等教育区流动学生统计报告显示，在2010年全球流动学生中，46%的学生选择欧洲国家，这其中24%来自欧洲高等教育区内部；在欧洲流动学生中，83%的学生选择欧洲其他国家，17%的学生选择非欧洲国家。[①]这就是说，大多数欧洲流动学生的目的国仍然是欧洲国家。

在欧洲内部，不管是大国还是小国，大部分参与博洛尼亚进程的国家中的欧洲学生流动数量是递增的。对于像德国、奥地利、西班牙这样的大国来说，从2001—2002学年到2008—2009学年，流入这些国家且来自欧盟国家的留学生增长比例为40%；对于像比利时、塞浦路斯、罗马尼亚、爱沙尼亚这样的小国来说，从2004—2005学年到2007—2008

① GRABHER A, WEJWAR P, UNGER M, TERZIEVA B. Student Mobility in the EHEA 2014. Underrepresentation in Student Credit Mobility and Imbalances in Degree Mobility[R]. Projektbericht Research Report. 2014: 20.

学年，流入这些国家且来自欧盟国家的留学生增长比例约13%，欧洲流动学生数量超过137万人，每个欧洲学生平均在国外学习时段为6.1个月。2006—2007学年，欧盟对高等教育的预算增加到2.3亿欧元，其中约82%的经费用于学生流动，大约有16万学生参与了欧洲国家间的流动，比上年增加了3个百分点。2009年，欧洲参与跨境留学的大学生超过370万人，比博洛尼亚进程实施之初的2000年增长了77%，其中有50万欧洲学生就读于其他欧洲国家。①

欧盟东扩后，新增成员国的学生流动数量也呈递增趋势。从2004年到2007年，新加入欧盟的12个成员国参与流动的学生人数增长了10%，超过了欧洲国家的平均流动学生增长数量，学生在国外的平均学习时段增至6.5个月。从2007年到2013年，欧盟对教育的预算将增加到每年4.5亿欧元，在各种学生流动项目中，"伊拉斯谟计划"对高等教育学生流动的影响最大且将继续扩大。②

作为以促进欧洲内部学生流动为主要目标的"伊拉斯谟计划"，在推动欧洲国家间的学生流动方面（特别是在硕士生流动与学分流动方面）发挥着举足轻重的作用，被称作"欧洲产生杰出欧洲人的典范"。现在，每年有15万欧洲学生通过该项目参与欧洲国家间的跨境流动。继1987年的"伊拉斯谟计划"、2004年的"伊拉斯谟世界计划"后，欧盟于2011年开启了"全民伊拉斯谟计划"，作为其2014—2020年年度预算框架的一部分，该项目计划七年内拨款195亿欧元，其中三分之二的资金用于资助人员跨国流动。最新一轮的"伊拉斯谟+计划"于2014年启动，该计划是欧盟有史以来规模最大的全方位交流合作项目，总预算达147亿欧元，计划资助200万名高等教育学生出国学习，2.5万名学生攻读联合硕士学位。③图5-1显示出了通过该计划参与跨境流动的学生数量显著增长的趋势，与最初的1987年相比，每年平均保持20%的增长幅

---

① CHEPS. Nuffic, e. t. The Bologna Process Independent Assessment- The First Decade of Working on the European Higher Education Area Volume 1. Detailed Assessment Report[R]. Center for Higher Education Studies. 2010: 9.

② TEICHLER U. Student Mobility and Staff Mobility in the European Higher Education Area Beyond 2010[M]. The European Higher Education Area: Perspectives on a Moving Target. 2009.

③ 李建忠．"伊拉斯谟+"计划：提升欧盟青年就业能力［N］. 中国教育报, 2014-03-19.

度，其中短期学生流动（学分流动）的增长幅度尤为显著。[①]这也从侧面显示出了欧洲内部学生流动频率逐步加快的趋势。

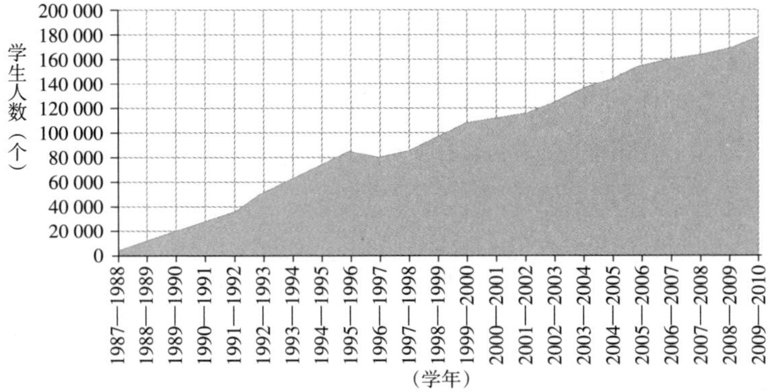

图5-1“伊拉斯谟计划”中跨境流动学生的数量变化图（1997—2009学年）

资料来源：RODRIGUES M. Determinants and Impacts of Student Mobility：A Literature Review[J]. Publications Office of the European Union，2012: 5.

二、输入型学生流动趋势的加强

所谓输入型学生流动指的是由一个国家外部流向内部的学生流动。国际上通常用输入型流动的比率作为一个国家衡量学生流动目的国在全球留学市场中的吸引力及竞争力的重要指标。输入型流动的比率是根据该国输入学生的数量占本国学生总数得出的。

博洛尼亚进程实施后，欧洲在吸引非欧洲国家的学生方面成效显著。根据学术合作协会对32个欧洲国家[②]的一项最新研究显示：欧洲大部分国家的外国留学生人数在1999年是83万人，占当年学生总数的5.4%；2003年增至112万人，占当年学生总数的5.8%，2007年增至152万人，占当年学生总数的7.0%，也就是说，这些国家的外国留学生的绝

① RODRIGUES M. Determinants and Impacts of Student Mobility: A Literature Review[R]. Luxembourg: Publications Office of the European Union, 2012: 6.

② 包括“伊拉斯谟计划”的成员国和瑞士。

对规模在八年间的增长率超过80%，其相对规模扩大了30%左右。在这些国家的外国留学生中，来自其他欧洲国家学生的比例仅从1999年的3.0%增至2007年的3.3%，而同时期来自欧洲以外其他国家或地区的学生比例从2.4%上升到3.7%。[①]由此可见，自博洛尼亚进程实施起到2007年，欧洲外国留学生增加的绝对数量相当可观，其增量超过了全球留学生增量的53%。这些数据表明，实施高等教育改革后的欧洲，在吸引世界各地留学生方面确实卓有成效，或者说对欧洲以外的留学生而言，欧洲高等教育变得更加富有吸引力了。

来自欧洲学生调查小组的数据显示，1999—2007年，从全世界各地流向欧洲高等教育区的学生数量增加了116%，相比世界范围内的流动学习者数量（60%）超出了56个百分点。欧洲接收的国际学生的数量，从博洛尼亚进程实施之初1999年的82.7万人增至2007年的150.8万人，国际学生占在读学生的比例由4.5%增至6.9%。[②]其中，法国接收的国际学生数量由1999年13.1万人分别增至2007年24.7万人和2012年的27.14万人，国际学生占在读学生的比例由6.5%增至11.3%和13.5%；德国接收的国际学生数量由1999年的17.81万人增至2007年的22.79万人和2012年的29.71万人，国际学生占在读学生的比率分别由7.9%增至11.3%和13.1%。[③]

可以说，博洛尼亚进程实施后，欧洲在吸引非欧洲国家的学生方面确实成效显著。

2010年，全世界有136万国际学生赴欧洲留学，相比博洛尼亚进程之初2000年的96.35万增加了42%。[④]根据全球五个大洲学生输入—输出情况（如图5-2）可知，2010年全世界将近半数（46%）的流动学生选

① UNESCO Institute for Statistics. Global Education Digest 2009［M］. Montreal: UIS, 2009.

② CHEPS. Nuffic, e. t. The Bologna Process Independent Assessment- The First Decade of Working on the European Higher Education Area Volume 1. Detailed Assessment Report［R］. Center for Higher Education Studies. 2010.

③ WÄCHTER B, FERENCZ I. Student Mobility in Europe: Recent Trends and Implications of Data Collection［R］. Brussels: Academic Cooperation Association. 2011: 390-392.

④ UNESCO Institute for Statistics. Global Education Digest 2003- Comparing Education Statistics Across the World［R］. Montreal: UIS, 2003: 95.

择了欧洲，27%选择了美国，25%选择了亚洲和大洋洲，2%选择了非洲。[①]这就是说，从输入学生数量的绝对值来看，欧洲成为全球最大的生源接收地，越来越多的流动学生选择到欧洲国家求学。

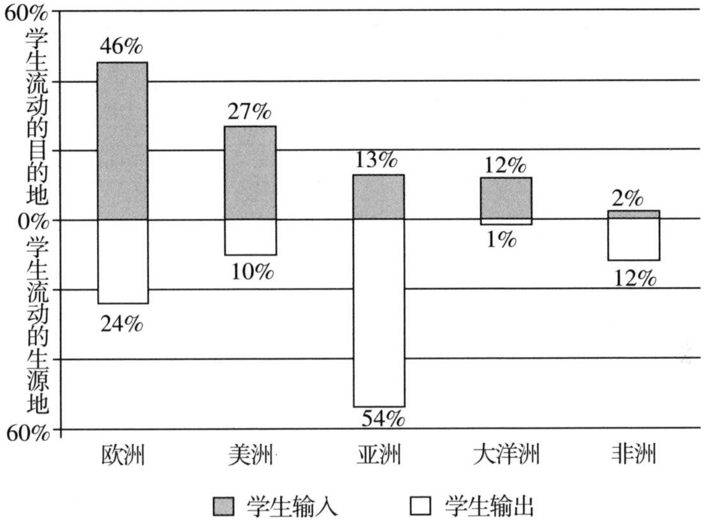

图5-2　全球跨境学生流动的目的地和生源地（2010年）

资料来源：RODRIGUES M. Determinants and Impacts of Student Mobility: A Literature Review[R]. Luxembourg: Publications Office of the European Union, 2012:34.

在对欧洲40国进行的学生流动统计中（如图5-3），25%的国家的输入—输出比例大于欧洲高等教育区的平均值，尤其是英国，净输入学生将近是输出学生数量的17倍，奥地利、法国、瑞士、丹麦、捷克等国的净输入学生数量都在输出学生数量的3倍以上；在输入—输出比例相对较低的7个国家中，除了摩尼西斯外，其他也都在10%以上。总体而言，欧洲各国的输入—输出学生的比例在世界范围内都是相对较高的，流向欧洲的国际学生正在逐年增加。

① GRABHER A, WEJWAR P, UNGER M, TERZIEVA B. Student Mobility in the EHEA-Underrepresentation in Student Credit Mobility and Imbalances in Degree Mobility [R]. Projektbericht Research Report, 2014.

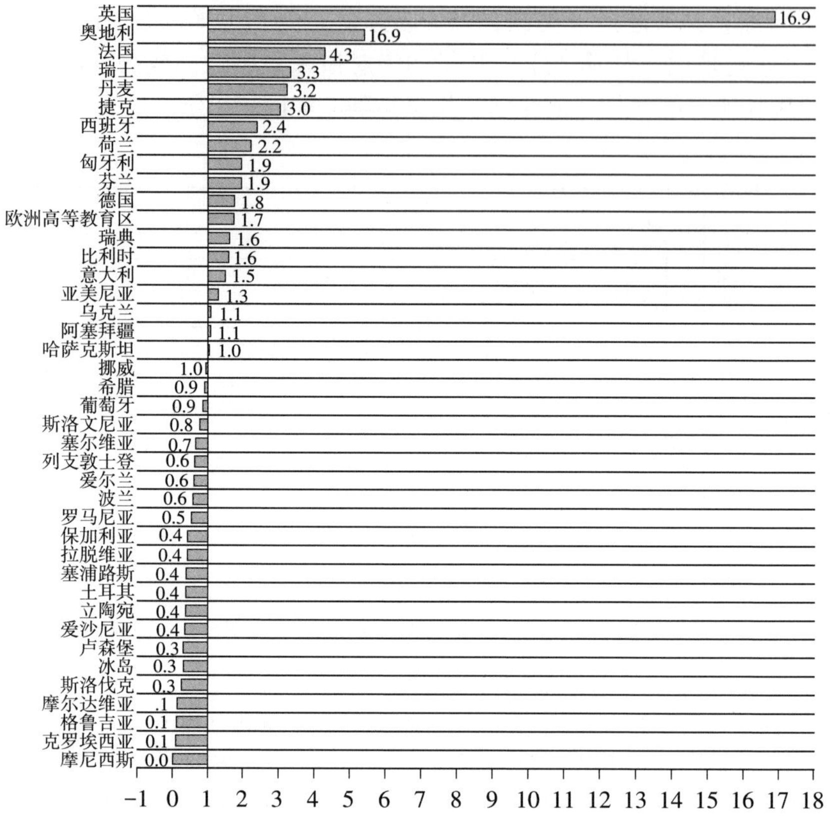

图5-3　欧洲高等教育区内各国输入—输出学生的比例（2010年）

资料来源：GRABHER A, WEJWAR P, UNGER M, TERZIEVA B. Student mobility in the EHEA- Underrepresentation in student credit mobility and imbalances in degree mobility. Projektbericht Research Report. 2014: 35-36.

注：输入—输出学生的比例 = 净输入学生总数 / 输出学生总数

根据欧盟统计局2015年的统计报告统计，从欧洲高等教育区以外的地区流向欧洲高等教育区国家的学生流动情况如图5-4所示。

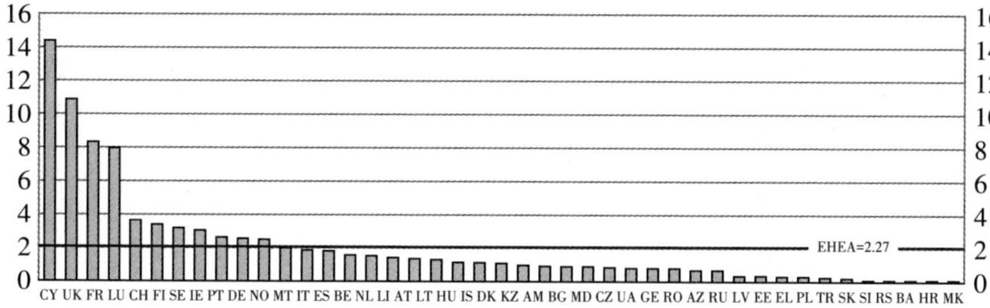

图5-4　2011—2012年部分欧洲国家输入型学位流动学生数量占目的国注册学生总数的百分比

资料来源：Eurostat，UOE

2011—2012年欧洲高等教育区输入型学位流动学生的平均比率是2.27%，比2008—2009年的2.25%增加了0.02个百分点。根据图5-4可知，输入型学位流动学生比率高于5%的国家有塞浦路斯（14.40%）、英国（10.91%）、法国（8.35%）、卢森堡（7.97%）。另外有18个国家的输入型学位流动学生的比率低于1%。

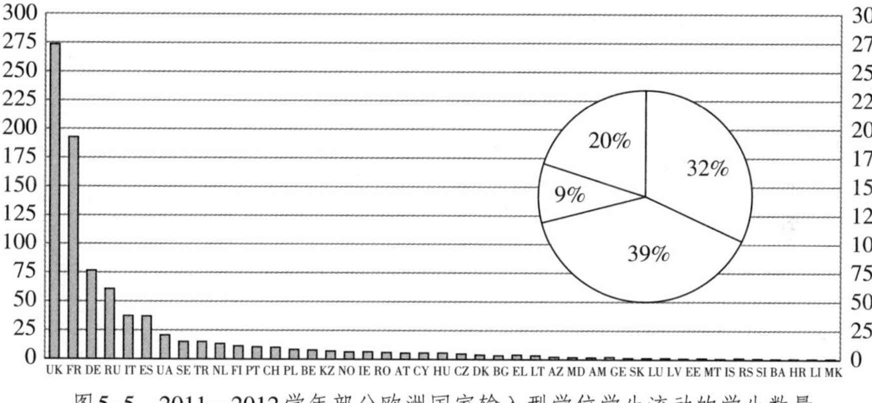

图5-5　2011—2012学年部分欧洲国家输入型学位学生流动的学生数量

资料来源：Eurostat，UOE

根据图5-5可以看出，英国、法国、德国和俄罗斯是吸引来自欧洲高等教育区以外的国家学生前来学习的学生人数最多的四个国家。这四个国家吸收的学生人数占所有欧洲高等教育区注册的非欧洲高等教育区流入学生总数的71.3%。也就是说，对于欧洲以外的国家的学生来说，这四个国家是主要的欧洲留学目的地，且学生输入量占欧洲总体学生输入量的70%以上。特别是输入学生数量最多的英国，其学生流入量（27万人）约占整个欧洲流入学生总量的三分之一，其次是法国（19万人），其流入学生数量约占欧洲学生流入总量的四分之一，紧随其后的是德国（9%）和俄罗斯（7.1%），而剩下的其他国家的该比率则从0.7%到2.6%不等。

三、欧洲各国学生流动的不均衡

在国际学生流动的数据统计中，通常将学生流动的不均衡分为“绝对失衡”和“相对失衡”。学生流动的“绝对失衡”通常发生在当“从A国家流向B国家的学生人数”减去“从B国家流向A国家的学生人数”大于1000时（在这个定义中，东道国高等教育体系中的学生人数不算在其中）。

在欧洲，不同国家学生流动的规模各不相同，国与国之间呈现出显著的不平衡。各国的流出和流入学生数也表现出了明显的不平衡，从流动方向的大致趋势来看，欧洲学生流动表现为从欧洲南部流向欧洲北部，从欧洲中东部流向欧洲西部，从非英语国家流向英语国家。

欧洲学生流动政策对于流动的均衡尤为重视，2012年博洛尼亚进程部长级会议签署的《布加勒斯特公约》中就着重强调了均衡流动的重要性，欧洲各国部长们都倡导加强更加均衡的流动，尤其是学位流动。因为流动的均衡性不仅对生源国和目的国都产生持续而重大的影响，而且也能加强双方国家的建设和合作能力。①

值得注意的是，均衡流动并非往往都是好的征兆。例如，假使一个国家实现了均衡流动，但它的流动水平保持在很低的状态——输入及输出的学生比例都非常低，这种情况下的均衡流动远不如输入与输出都能达到较高水平的均衡流动。

学生比例数量在国与国之间是有差别的，甚至是差别很大的。瑞士、英国在2007年的留学生比例为15%和20%；比利时、法国、德国和瑞典的留学生比例稍高于10%；而波兰、斯洛伐克和土耳其等国家的外国留学生比例不足1%。西欧各国去国外留学的学生数占本国高等教育

① Conference of Ministers Responsible for Higher Education. Mobility for Better Learning. Mobility strategy 2020 for the European Higher Education Area [R]. Paris: EHEA. 2012: 2.

在校生数的比例从1999年的3.3%降至2007年的2.8%，同时期中欧和东欧国家的相应比例一直保持在1.7%。

有关均衡流动的调查统计分为欧洲高等教育区内的流动情况以及区内与区外的流动情况。

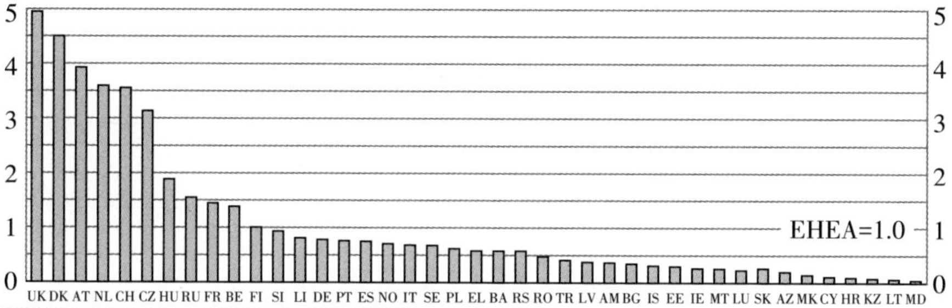

UK	DK	AT	NL	CH	CZ	HU	RU	FR	BE	FI	SI	LI	DE	PT	ES	NO	IT	SE	PL	EL
12.82	4.56	4.00	3.65	3.59	3.18	1.92	1.56	1.47	1.42	1.02	0.95	0.83	0.79	0.78	0.77	0.71	0.70	0.69	0.63	0.58
BA	RS	RO	TR	LV	AM	BG	IS	EE	IE	MT	LU	SK	AZ	MK	CY	HR	KZ	LT	MD	
0.58	0.58	0.48	0.42	0.39	0.37	0.36	0.33	0.31	0.27	0.27	0.26	0.26	0.21	0.15	0.11	0.08	0.07	0.07	0.04	

图5-6　欧洲高等教育区内学生输入—输出的比率（2011—2012学年）

资料来源：Eurostat（UOE data collection）and additional collection for the other EHEA countries

从图5-6可以看出，根据国别统计的学生输入与输出比率来看，国家间存在着差异巨大的不均衡流动。流动比率最高的英国以12.82%的学生流动比率远超第二名丹麦（4.56%）。流动比率在3%以上的国家有英国、丹麦、奥地利（4%）、荷兰（3.65%）、捷克（3.59%）、瑞士（3.18%），除此之外，其他大部分国家都在1%以下。而欧洲高等教育区学生流动比率的平均值为1%，这就意味着大部分欧洲国家的学生流动的总体数量还相对偏低，国家之间的学生流动严重不均衡，少数几个国家承载着大部分欧洲高等教育区内的流动学生。

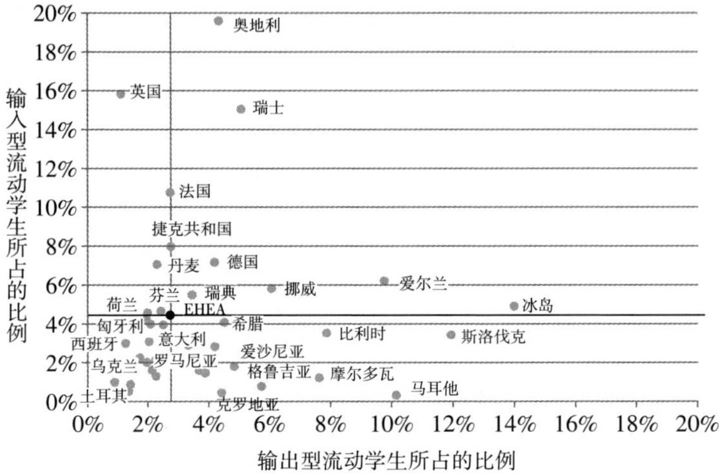

图5-7 欧洲27国学位流动中输入型与输出型流动学生所占比例（2010年）

资料来源：GRABHER A, WEJWAR P, UNGER M, TERZIEVA B. Student mobility in the EHEA- Underrepresentation in student credit mobility and imbalances in degree mobility[R]. Projektbericht Research Report. 2014: 38.

注：输出型流动学生的比例=从A国家输出到某一国家的学生数÷A国家原有学生总数；输入型流动学生的比例=从某一国家输出到A国家的学生数÷A国家原有学生总数。

图5-7显示出了欧洲高等教育区内输入型流动与输出型流动间的关系，以及输入型流动学生、输出型流动学生与东道国学生总数间的关系。通过对该组数据的进一步统计得知，3%的欧洲学生正在他国进行学习；高等教育区中4%的学生是流动学生。[①]通过与欧洲高等教育区的平均值相对比，可将这些国家分为如下六个类型：

1. 输入型、输出型比例均偏高的国家：爱尔兰、挪威、德国、瑞士、奥地利；

2. 输入型比例偏高、输出型比例持平或偏低的国家：法国、英国、丹麦、捷克共和国；

3. 输入型、输出型比例均持平的国家：芬兰、希腊、瑞典、匈牙

① GRABHER A, WEJWAR P, UNGER M, TERZIEVA B. Student Mobility in the EHEA-Underrepresentation in Student Credit Mobility and Imbalances in Degree Mobility [R]. Projektbericht Research Report. 2014: 39.

利、荷兰；

4. 输入型比例持平或偏低、输出型比例偏高的国家：冰岛、比利时、斯洛伐克、马耳他、摩尔多瓦、保加利亚、格鲁吉亚、爱沙尼亚、克罗地亚、拉脱维亚、立陶宛、塞尔维亚；

5. 输入型比例偏低、输出型比例持平的国家：阿塞拜疆、罗马尼亚、葡萄牙；

6. 输入型、输出型比例均偏低的国家：乌克兰、土耳其、波兰、斯洛文尼亚、哈萨克斯坦、亚美尼亚、西班牙、意大利。[①]

值得注意的是，奥地利成为欧洲高等教育区中输入型学生流动比例最大的国家：在奥地利，五分之一的学生来自其他国家，超过一半的奥地利学生在邻国获得了学位，而来自德国的学生以及来自意大利的学生是奥地利输入型流动学生的主力军。瑞士在这方面的情况与奥地利相似，拥有大量来自德国、法国和意大利的学生。

表5-1 欧洲部分国家双边学生流动的相对失衡（2010年）

输出国	目的国	比例	输出国	目的国	比例
奥地利	列支敦士登	35%	列支敦士登	奥地利	0.1%
瑞士	列支敦士登	26%	列支敦士登	瑞士	0.3%
法国	卢森堡	14%	卢森堡	法国	0.1%
德国	列支敦士登	12%	列支敦士登	德国	0
德国	奥地利	7%	奥地利	德国	0.3%
德国	卢森堡	7%	卢森堡	德国	0.1%
比利时	卢森堡	5%	卢森堡	比利时	0.1%
斯洛伐克	捷克	5%	捷克	斯洛伐克	2%
德国	瑞士	4%	瑞士	德国	0.1%
希腊	塞浦路斯	3%	塞浦路斯	希腊	2.1%
德国	荷兰	3%	荷兰	德国	0*

① 张惠. 欧洲高等教育领域学生流动的历史轨迹与现实走向［J］. 比较教育研究, 2015(05): 68-75.

（续表）

输出国	目的国	比例	输出国	目的国	比例
法国	瑞士	2%	瑞士	法国	0.1%
意大利	奥地利	2%	奥地利	意大利	0*
塞浦路斯	希腊	2%	希腊	塞浦路斯	3.4%
捷克	斯洛伐克	2%	斯洛伐克	捷克	5.1%
苏里南	保加利亚	2%	保加利亚	苏里南	0*
法国	比利时	1%	比利时	法国	0.1%
意大利	瑞士	1%	瑞士	意大利	0*
罗马尼亚	卢森堡	1%	卢森堡	罗马尼亚	0*
挪威	丹麦	1%	丹麦	挪威	0.4%
意大利	卢森堡	1%	卢森堡	意大利	0*

资料来源：GRABHER A, WEJWAR P, UNGER M, TERZIEVA B. Student mobility in the EHEA- Underrepresentation in student credit mobility and imbalances in degree mobility[R]. ProjektberichtResearch Report. 2014: 45.

注：①打*的数据因数值太小，按“0”计算。

②失衡情况仅出现在输出国的学生流出量占目的国学生总数的比率超过1%时

表5-1显示出了部分欧洲国家间输入型学生流动的相对失衡，例如，在列支敦士登，35%的学生来自奥地利，26%来自瑞士，12%来自德国；而来自列支敦士登的学生仅占了奥地利学生总数的0.1%，瑞士的0.3%以及德国的0.001%，这就形成了奥地利、瑞士、德国与列支敦士登之间学生流动“相对失衡”局面。卢森堡的情况与列支敦士登相似，该国14%的学生来自法国，7%来自德国，5%来自比利时，而相比之下，卢森堡流入到这三个国家的学生仅占这三个国家学生总数的0.1%。因此，在输入型学生流动方面，来自这三个国家以及罗马尼亚、意大利与卢森堡之间存在着高度的失衡。而在看待这种失衡局面时，也应考虑到卢森堡、列支敦士登的国家面积以及他们输入型学生数量的绝对值等方面的因素。

表5-2　欧洲高等教育区内学生流动的区域性绝对失衡

输出区 / 输入区	北欧	南欧	东欧	西欧	非欧洲区
北欧	-	41.720	25.892	32.571	7.162
南欧	-41.720	-	6.903	-49.320	-
东欧	-25.892	-6.903	-	-70.834	-
西欧	-32.571	49.320	70.834	-	22.960
非欧洲区	-7.162	-	-	-22.960	-

资料来源：GRABHER A, WEJWAR P, UNGER M, TERZIEVA B. Student mobility in the EHEA- Underrepresentation in student credit mobility and imbalances in degree mobility[R]. Projektbericht Research Report. 2014: 46.

其中，非欧洲区是欧洲高等教育区中的非欧洲国家所覆盖的区域。

总体而言，欧洲学生流动的方向大致是从南欧向北欧，从中欧流向西欧，从非英语国家流向英语国家。表5-2显示了按照地理范围划分的欧洲高等教育区内的区域性绝对失衡，分析表中数据可知，从欧洲任何一个区域流向北欧的输入型流动学生的数量远远超过了它向其他任何一个区域输出的学生数量，从南欧、东欧和非欧洲区域流向西欧国家的学生数量明显多于从西欧流向南欧、东欧和非欧洲区域的学生数量。

而在“伊拉斯谟计划”中，输入型流动与输出型流动学生的各国排名略有不同。2006—2007学年欧洲超过16万学生和2.6万教师通过“伊拉斯谟计划”进行短期出国学习或培训。赴欧洲其他国家留学的最大派出国为德国（23 884名），其后的法国（22 981名）、西班牙（223 22名）、意大利（17 195名）；接收国前四名依次是西班牙（27 464名）、法国（20 673名）、德国（17 878名）、英国（16 508名）。在“伊拉斯谟计划”中，流入型学生流动数量最多的国家并非英国。在输出型学生流动中，列支敦士登输出的学生在“伊拉斯谟计划”学生总数中的比例最高。[①]

① The Sussex Centre for Migration Research, University of Sussex, University of Dundee. International student mobility [R]. Education Journal Document: EU Integrated Action programme, 2004:36.

四、学位纵向型学生流动的增加

欧洲各项学生流动的统计数据均显示出一种明显的趋势，即在各种学生流动的类型中，纵向型学位流动的学生数量呈显著上升趋势，即更多的学生选择了“纵向流动”，即在一个国家完成了一个完整学位的学习后，到另外一个国家进行下一个学位的学习，例如，一个德国学生在德国取得了硕士学位后，到法国继续攻读其博士学位。根据欧盟学生流动的相关数据显示，在德国，注册各个高等教育机构的外国学生数量在不断增长。一年级新生的留学生数量从1999年的5万人增加到2009年的7万人以上，25%的硕士生来自国外，硕士研究生中的留学生数量增长了2倍。①但一些批评者指出，实行三年制学士学位之后，课程的安排相比之前更紧凑，学生的学习日程也更紧张，没有为一学期或两学期的海外留学留下足够的时间，因而许多学生放弃了出国留学的念头。为此，超过50%的应用型科技类大学和75%的综合类大学的本科毕业生将放弃继续攻读下一个学位的想法，从而使得许多学生无法享受那种纵向流动的益处。

通过对博洛尼亚进程中欧洲学生流动的考察，为我国当前的高等教育改革提供了诸多启示。

第一，学生流动是当前国际高等教育发展的主要趋势，也是我国高等教育国际化战略及人才强国战略的关键环节。经济全球化使世界各地间的联系和依赖程度日益加深，学生作为重要的知识和文化载体，在全球化进程中扮演着关键角色。而学生流动作为提升国家教育影响力、扩展外交范围、实现文化认同的重要方式，有着广泛而深远的政治、经济、文化及科技价值，在近年来的欧洲乃至世界各国高等教育政策与改革中受到高度重视，是当今世界教育发展的重要趋势之一。作为世界最大的留学生输出国，我国也正在努力吸引国际学生，力争成为世界主要留学目的国之一。

第二，增强我国高等教育在国际学生流动市场中的吸纳能力。高等教育国际竞争力与吸引力的提升是吸引海外优质生源以及留学人员归国的核心要素。近年来，我国在吸纳国际学生方面呈持续上升势头，但仍

① RODRIGUES M. Determinants and Impacts of Student Mobility: A Literature Review[R]. Luxembourg: Publications Office of the European Union. 2012.

存在以下问题：学生流动逆差仍较大，输出学生远多于输入学生；来华学生在总体规模、层次以及占在校生比例方面仍偏低。例如，2012年国内高等院校来华学生在校比例基本低于1%，而这个数字在西方很多国家大于或等于10%；从来华生源看，亚洲仍占多数。2012年我国国外留学生中约63%来自亚洲，来自欧洲、美洲、非洲的留学生分别约为17%、11%和8%。[①]因此，在广泛吸纳国际学生的同时还应重点吸引高水平的优质生源，促进高层次学历的流动；建立健全人才引入机制，增加留学生教育经费投入，设立多层次、多类别的留学生奖、助学金等；加强学分互认、学位互授、联授等。

第三，拓宽我国高等教育领域学生流动的国际平台，实现高层次、宽领域、多样化的学生流动。首先，要进一步与境外高水平大学，特别是与享有国际声誉的世界一流大学开展强强联合、强项合作，为学生提供高层次的国际流动平台。其次，要拓宽合作范围。不仅要加强与欧美发达国家高等教育领域的合作与交流，也应加强与经济欠发达地区的合作；既要积极参与联合国教科文组织等国际组织的合作，也要注重与欧盟、东盟、非盟、阿盟等区域性组织的合作。同时，更要加强与周边国家和地区的合作，为学生流动提供更广泛的国际空间。最后，学生流动的形式要多样化，应鼓励各级各类高校和教育机构开展多种形式的国际学生交流活动，积极参与双边、多边合作与交流。

第四，加强我国内部高等教育领域的学生流动。我国内部各区域间教育及社会发展呈现出严重的不均衡态势，例如，我国八大经济区域在经济发展水平与层次方面存在着较大的差异，其中以泛长江、珠江三角洲、泛渤海湾区域的经济水平最高，以陕甘宁青经济区和西部生态区的经济最为落后，经济发展水平极不均衡；由于高等教育投入不足、资源配置不合理及相关制度的缺失，导致我国各省市、地区间教育资源分布不均。因此，加强我国内部区域间的学生流动，对于缓解我国区域发展不均衡、实现教育乃至社会经济的可持续、协调发展无疑将起到积极作用。

① 中华人民共和国教育部.2012年全国来华留学生简明统计报告[EB/OL].[2014-10-30]. http://www.moe.edu.cn/publicfiles/business/htmlfiles/moe/s5987/201303/148379.html.

参考文献

一、中文类

（一）著作类

［1］希尔德·德·里德-西蒙斯. 欧洲大学史（第一卷）：中世纪大学［M］. 张斌贤等，译. 保定：河北大学出版社，2008.

［2］卡尔·雅斯贝尔斯. 大学之理念［M］. 邱立波，译. 上海：上海人民出版社，2007

［3］埃德加·莫兰. 反思欧洲［M］. 康征，齐小曼，译. 北京：生活·读书·新知三联书店，2005.

［4］本杰明·莱文. 教育改革——从启动到成果［M］. 项贤明，洪成文，译. 北京：教育科学出版社，2004.

［5］简·奈特. 激流中的高等教育——国际化变革与发展［M］. 刘东风，陈巧云等，译. 北京：北京大学出版社，2011.

［6］米歇尔·弗兰. 教育变革的新意义［M］. 武云斐，译. 上海：华东师范大学出版社，2010.

［7］安德鲁·莫劳夫奇克. 欧洲的抉择——社会目标和政府权力［M］. 赵晨，陈志瑞，译. 北京：社会科学文献出版社，2008.

［8］彼得·D·赫肖克，等. 变革中的教育——全球化进程中亚太地区的领导力、创新和发展［M］. 任友群等，译. 上海：华东师范大学出版社，2009.

［9］彼得·M·布劳. 社会生活中的交换与权力［M］. 李国武，译. 北京：商务印书馆，2008.

［10］伯顿·克拉克. 高等教育系统——学术组织的跨国研究［M］. 王承绪等，译. 杭州：杭州大学出版社，1994：145.

［11］查尔斯·霍默·哈斯金斯. 大学的兴起［M］. 张堂会，朱涛，译. 北京：北京出版社，2010：5-7.

［12］菲利普·G·阿特巴赫. 高等教育变革的国际趋势［M］. 蒋凯，译. 北京：北京大学出版社，2009.

［13］菲利普·G·阿特巴赫，莉斯·瑞丝伯格，劳拉·朗布利. 全球高等教育趋势：追踪学术革命的轨迹［M］. 上海：上海交通大学出版

社，2010.

［14］简·柯里，等. 全球化与大学的回应［M］. 王雷，译. 北京：北京大学出版社，2010.

［15］皮特·斯科特. 高等教育全球化：理论与政策［M］. 周倩，高耀丽，译. 北京：北京大学出版社，2009.

［16］亚历山大·温特. 国际政治的社会理论［M］. 秦亚青，译. 上海：上海人民出版社，2000.

［17］瓦尔特·吕埃格. 欧洲大学史（第一卷）［M］. 张斌贤等，译. 保定：河北大学出版社，2008

［18］圣地亚哥·加奥纳·弗拉加. 欧洲一体化进程：过去与现在［M］. 朱伦，邓颖洁等，译. 北京：社会科学文献出版社，2009.

［19］安特耶·维纳，托马斯·迪兹主编. 欧洲一体化理论［M］. 朱立群，译. 北京：世界知识出版社，2009.

［20］安东尼·吉登斯，等. 欧洲模式——全球欧洲，社会欧洲［M］. 沈晓雷，译. 北京：社会科学文献出版社，2010.

［21］安东尼·吉登斯. 社会的构成：结构化理论纲要［M］. 李康，李猛，译. 北京：生活·读书·新知三联书店，1998.

［22］海斯汀·拉斯达尔. 中世纪的欧洲大学：大学的起源［M］. 崔延强，邓磊，译. 重庆：重庆大学出版社，2011.

［23］谌新民. 人力资源管理概论（第三版）［M］. 北京：清华大学出版社，2005.

［24］董泽芳，何祥林. 高校目标管理的理论与实践［M］. 北京：中国社会科学出版社，2013.

［25］董泽芳. 教育社会学［M］. 武汉：华中师范大学出版社，2009.

［26］董泽芳，陶能祥，等. 高等教育分流的理论与实践［M］. 武汉：华中师范大学出版社，2010.

［27］菲利普·库姆斯. 世界教育危机［M］. 赵宝恒，素环等，译. 北京：人民教育出版社，2001.

［28］侯定凯. 高等教育社会学［M］. 桂林：广西师范大学出版社，2004.

［29］胡瑾，王学玉. 发展中的欧洲联盟［M］. 济南：山东人民出版社，2000.

［30］胡荣花．走向新世纪的欧洲联盟［M］．上海：上海财经大学出版社，2003：28．

［31］OECD．OECD展望：高等教育至2030（人口）［M］．杨天平，王宪平，译．重庆：重庆大学出版社，2011．

［32］靳希斌．国际教育服务贸易研究——理论、规则与行动［M］．福州：福建教育出版社，2005：210．

［33］联合国教科文组织．教育——财富蕴藏其中［M］．联合国教科文组织总部中文科，译．北京：教育科学出版社，2014．

［34］赵中建．教育的使命：面向二十一世纪的教育宣言和行动纲领［M］．北京：教育科学出版社，1996．

［35］丹・英博．教育政策基础［M］．史明洁等，译．北京：教育科学出版社，2003．

［36］联合国教科文组织国际教育发展委员会．学会生存：教育世界的今天和明天［M］．华东师范大学比较教育研究所，译．北京：教育科学出版社，2010．

［37］刘宝存．守望大学的精神家园［M］．合肥：安徽教育出版社，2009．

［38］罗红波．欧洲经济社会模式与改革［M］．北京：社会科学文献出版社，2010．

［39］马胜利，邝杨．欧洲认同研究［M］．北京：社科文献出版社，2008．

［40］潘晨光．中国人才发展报告［M］．北京：社会科学文献出版社，2005．

［41］滕大春．美国教育史［M］．北京：人民教育出版社，1994．

［42］王道俊，郭文安．教育学［M］．北京：人民教育出版社，2009．

［43］王晓辉．全球教育治理——国际教育改革文献汇编［M］．北京：教育科学出版社，2008．

［44］王新凤．欧洲高等教育区域整合研究：聚焦博洛尼亚进程［M］．北京：社会科学文献出版社，2013．

［45］吴康宁．教育社会学［M］．北京：人民教育出版社，1998．

［46］徐莉．Socrates Programme：文化多元背景下欧洲的教育对策［M］．南宁：广西师范大学学报：哲学社会科学版，2005．

［47］薛天祥. 高等教育管理学［M］. 桂林：广西师范大学出版社，2001.

［48］杨善华. 当代西方社会学理论［M］. 北京：北京大学出版社，1999.

［49］余风盛，董泽芳. 高等教育60年回顾与展望［M］. 武汉：华中师范大学出版社，2010.

［50］张德祥，周润智. 高等教育社会学［M］. 北京：高等教育出版社，2002.

［51］张荐华. 欧洲一体化与欧盟的经济社会政策［M］. 北京：商务印书馆，2001.

［52］张人杰. 国外教育社会学基本文选［M］. 上海：华东师范大学出版社，1989.

［53］赵勇. 迎头赶上，还是领跑全球——全球化时代的美国教育［M］. 上海：华东师范大学出版社，2010.

［54］中国蔡元培研究会. 蔡元培全集：第三卷［M］. 杭州：浙江教育出版社，1997.

［55］中国欧洲学会欧洲一体化史分会编. 欧洲一体化史研究：新思路、新方法、新框架［M］. 广州：世界图书出版广东有限公司，2012.

［56］周弘，沈雁南. 欧洲蓝皮书：1999—2000年欧洲发展报告［M］. 北京：社会科学文献出版社，2000.

［57］周满生，等. 教育宏观决策比较研究［M］. 北京：人民教育出版社，2009.

（二）论文类

［1］芭芭拉·M·程姆，程化琴. 大学生国际流动对人力发展和全球理解的贡献［J］. 北京大学教育评论2005（01）：11-15.

［2］毕家驹. 2010欧洲高等教育区［J］. 中国高等教育评估，2002（03）：3-7.

［3］曹德明. 博洛尼亚进程：欧洲国家重大的高等教育改革框架［J］. 德国研究，2008（03）：66-71+80.

［4］汉斯·N·维勒，戈鑫，李雪平. 政府与市场——欧洲高等教育改革的竞争性范式［J］. 中国高教研究，2009（02）：33-37.

[5] 雷家彬，沈红. 欧洲高等教育机构分类框架解读 [J]. 比较教育研究，2011 (07)：40-44+48.

[6] 刘宝存. 博洛尼亚进程的最新进展与未来走向 [J]. 比较教育研究，2009，31 (10)：1-6.

[7] 刘宝存. 何谓大学精神 [J]. 高教探索，2001，(03)：13-15.

[8] 施晓光，吴振军，马丁·博利尔. 欧洲博洛尼亚进程中的“不和谐”之声——基于英国的考察 [J]. 比较教育研究，2012，34 (02)：55-59.

[9] 王超，王秀彦. 动力机制与阻力因素：欧洲高等教育一体化改革的启示 [J]. 教育研究，2012，33 (01)：148-151.

[10] 王新凤. 2010年：博洛尼亚进程的终结还是开始？——对欧洲高等教育区域整合的反思 [J]. 高教探索，2010 (03)：92-96.

[11] 乌尔里希·泰希勒. 博洛尼亚进程中的欧洲国际学生流动 [J]. 杨素红，译. 高等教育研究，2012，33 (01)：10-20.

[12] 熊志翔. 欧洲高等教育质量保障模式的形成及启示 [J]. 高等教育研究，2001 (05)：99-103.

[13] 徐辉. 欧洲“博洛尼亚进程”的目标、内容及其影响 [J]. 教育研究，2010，31 (04) 94-98.

[14] 谢维和. 教育活动的社会学分析：一种教育社会学的研究 [J]. 北京：教育科学出版社，2000.

[15] 杨伟国. 人口老龄化挑战欧洲就业 [J]. 求是. 2005 (13)：59-61.

[16] 张惠，董泽芳. 法国高等教育分流模式发展的特点、成效及启示 [J]. 高教探索，2013 (04)：47-51.

[17] 张惠，董泽芳. 法国高等教育分流模式发展的新趋向 [J]. 现代大学教育，2013 (02)：57-63.

[18] 张惠. 全球化背景下跨境高等教育的发展动因与趋势 [J]. 继续教育研究，2013 (03)：8-12.

[19] 赵叶珠. 欧洲高等教育区建设：背景、进程与意义 [J]. 比较教育研究，2003 (07)：9-13.

[20] 朱国仁. 20世纪的历程：欧洲高等教育百年回眸 [J]. 清华大学教育研究，2000 (01)：22-32.

二、外文类

（一）著作类

［1］ KEMAL G. Higher Education and International Student Mobility in the Global Knowledge Economy［M］. New York: State University of New York Press, 2008.

［2］ FERENCZ I, WAECHTER B. European and National Policies for Academic Mobility: Linking Rhetoric, Practice and Mobility Trends［M］. Bonn : Lemmens Publisher, 2012: 5–9.

［3］ OECD. Internationalization and Trade in Higher Education: Opportunities and Challenges［M］. Paris: Centre for Educational Research and Innovation. OECD Publishing. 2004, 91–99.

［4］ ROSAMUND B. Theories of European Integration［M］. New York: Palgrave. 2000.

［5］ BUSEK E. The Paradox of the Bologna Process: Education, Mobility and Employment in the Danube Region［M］. Vienna : Böhlau, 2011.

［6］ PITIRIM A. Sorokin. Social and cultural mobility［M］. New York: The Free Press, 1959.

［7］ CORBETT A, Universities and the Europe of Knowledge: Ideas, Institutions, and Policy Entrepreneurship in European Union Higher Education Policy, 1955—2005［M］. New York: Palgrave Macmillan, 2005: 25.

［8］ MARKS G. Structural Policy in the European Community［M］. Washington: Brookings, 1992.

［9］ ORRD. Social and Economic Conditions of Student Life in Europe［M］. Bielefeld: W. Bertelsmann Verlad. 2008.

［10］ KEHM B M, ECKHARDT A. The Implementation of the Bologna Process Reforms into Physics Programmes in Europe［M］. Mulhouse: EPS, 2009.

（二）论文类

［1］ ADDNETT N. Student Finance and Widening Participation in the British Isles: Common problems, different solutions［J］. Higher Education Quarterly, 2006, 60(4): 296–311.

［2］ AMARA A, MAGALLHAES A. Epidemiology and the Bologna Sage［J］. Higher Education, 48(1): 79–100.

［3］ VEIGA A, AMARAL A. Survey on the Implementation of the Bologna process in Portugal[J]. Higher Education, 2009, 57(1): 57–69.

[4] KASPER B. The Bologna Process and Integration Theory: Convergence and Autonomy[J]. Higher Education in Europe, 2005, 30(1): 23–29.

[5] KARSETH B, SOLBREKKE T Qualifications Frameworks: the Avenue Towards the Convergence of European Higher Education?[J]. European Journal of Education, 2010, 45(4): 563–576.

[6] MINK B. Reinventing Gender in Higher Education: Conference Report: 5th European Conference on Gender Equality in Higher Education[J]. Equal Opportunities International, 2008, 27(1): 107–111.

[7] MORGAN B, LYDON J. Bologna: Some Thoughts on Its Effects on the internationalisation of Higher Education[J]. Journal of Applied Research in Higher Education, 2009, 1(1): 64–72.

[8] SAMUEL C. Back to Bologna. The Long Road to European Higher Education Reform[J]. Embo Reports, 2008, 9(1): 18–21.

[9] CHANTRAIN H. Mobility of Students, Academic and Administrative Staff: A Basis for Establishing a European Higher Education Area (berlin Communiqué 2003[J]. Folia Phoniatrica Et Logopaedica, 2010, 62(5): 234–237.

[10] PUREN C. Politiques et stratégies linguistiques dans l' enseignement des langues en France[J]. Les Langues Modernes, 1999(2): 66–75.

[11] ROZSNYAI C. Quality Assurance before and after' Bologna' in the central and eastern region of the European Higher Education Area with a Focus on Hungary, the Czech Republic and Poland[J]. European Journal of Education, 2003,38(3):271–284.

[12] MILLS D. The Bologna Process and European Higher Education[J]. Bullettino Delle Scienle Mediche Today, 2004, 20(6): 22–23.

[13] KLADIS D. The Social Dimension of the Bologna process[J]. Higher Education in Europe, 2003(10):353–354.

[14] STARKIE E G. The Practicum: an Example of Changes in the Teaching and Learning Process in the European Higher Education Space[J]. Educational Sciences, 2007, 9(1): 119–134.

[15] MARKS G, HOOGHE L, BLANK K. European Integration from the 1980s: State–Centric v. Multi–level Governance[J]. Jcms Journal of Common Market Studies, 1996, 34(3).

［16］ HADL P. Student Mobility within the European Union［J］. Vocational Training European Journal, 1997, 24(1): 60–65.

［17］ HENSEN P. The "Bologna Process" in European Higher Education: Impact of Bachelor' s and Master' s Degrees on German Medical Education［J］. Teaching and Learning in Medicine, 2010, 22(2): 142–147.

［18］ GOETSCHY J. The European Employment Strategy from Amsterdam to Stockholm: Has It Reached Its Cruising Speed?［J］ Industrial Relations Journal, 2001, 32(5): 401–418.

［19］ BURNETT J. Tilling the soil of the European higher education area［J］. Educational Action Research, 2007(2): 283–293.

［20］ BOUWEL L V, VEUGELERS R. The Determinants of Student Mobility in Europe: the Quality Dimension［J］. European Journal of Higher Education, 2013, 3(2): 172–190.

［21］ MAREK K, The Changing Attractiveness of European Higher Education in the Next Decade: Current Developments, Future Challenges and major Policy Issues［J］. European Educational Research Journal, 2009, 8(2): 218.

［22］ MARKUS M. Toward Integral Higher Education Study Programs in the European Higher Education Area: a Programmatic and Strategic View［J］. Integral Review, 2009.

［23］ MILLER S M. Comparative social mobility［J］. Current Sociology, 1960, 9(1): 1–61.

［24］ ROMAN M, MIZIKACI F, GOSCHIN Z. The Bologna Process And The Dynamics Of Academic Mobility: A Comparative Approach To Romania And Turkey［J］. Revista Romana de Economie Vol. 27, 2008(2).

［25］ MONTESINOS M. The Construction of the European Higher Education Space［J］. Revista de Escola da Enfermagem da USP, 2007, 41(1): 7–12.

［26］ MONTSERRAT D M, GUMMESSON E. Value Co– creation and University Teaching Quality: Consequences for the European Higher Education Area［J］. Journal of Service Management, 2012, 23(4).

［27］ MORAVCSIK A. Preferences and Power in the European Community: A Liberal Intergovernmentalist Approach［J］. Jcms Journal of Common Market Studies, 1993, 31(4): 473–524.

［28］ POTESTIO P. The Employment of Young Graduates in the Period

2000–2010: a Comparison Between six European Countries[J]. Modern Economy, 2011, 2(5): 880–892.

[29] FURLONG P. British Higher Education and the Bologna Process: An Interim Assessment[J]. Politics. 2005, 25(1): 53–61.

[30] MASSEN P. Quality in European Higher Education: Recent Trends and their Historical Roots[J]. European Journal of Education, 1997, 32(2): 111–127.

[31] SAHLBERG P. Education Reform for Raising Economic Competitiveness[J]. Journal of Education Changeal, 2006, 7(4):259–287.

[32] SALZER R, MITCHELL T, MIMERO P. Analytical Chemistry in the European Higher Education Area[J]. Analytical and Bioanalytical Chemistry, 2005, 381(1):33–40.

[33] SCOTT P. Reflections on the reform of higher education in Central and Eastern Europe[J]. Higher Education in Europe, 2002.

[34] GONZÁLE S, MCSOLANO R. The Convergence Process in European Higher Education and Its Historical Cultural Impact on Spanish Clinical Nursing Training[J]. Nurse Education Today, 2011.

[35] KARKOSZKA T. Quality Assurance in the European Higher Education Area[J]. Journal of Achievements in Materials and Manufacturing Engineering, 2009, 37(2): 1149–1151.

[36] TEICHLER U. International Student Mobility and the Bologna Process [J]. Journal of International Mobility, 2013.

[37] TEICHLER U. International Student Mobility in Europe in the Context of the Bologna Process[J]. Journal of Higher Education, 2012.

[38] TEICHLER U. Temporary Study Abroad: the Life of Erasmus Students [J]. European Journal of Edueation, 2004, 39(4): 395–408.

[39] PAPATSIBA V. Making Higher Education More European Through Student Mobility? Revisiting Eu Initiatives in the Context of the Bologna Process [J]. Comparative Education, 2006, 42(1): 93–111.

[40] VERRI G. Challenges to Academe in a Time of Globalization[J]. Higher Education in Europe. 2003, 28(3): 307–310.

[41] VOGEL M. Diversity and Comparability–towards a Common European Higher Education Area[J]. Analytical and Bioanalytical Chemistry, 2007, 387(1): 131–133.

(三)其他类

[1] Bologna beyond 2010 Report on the development of the European Higher Education Area[R]. Leuven/Louvain-la-Neuve Ministerial Conference, 2009.

[2] Bologna Follow-up Conference of European Ministers Responsible for Higher Education. Bologna Process Stocktaking Report[R]. Bergen: BFUG, 2005.

[3] Bologna Follow-up Group. The European Higher Education Area Beyond 2010[R]. BFUG. 2005.

[4] Bologna Working Group on Qualifications Frameworks. A Framework for Qualifications of the European Higher Education Area[R]. Ministry of Science, Technology and Innovation, February 2005.

[5] O' MALLEY B, MYKLEBUST J P. Ministers to consider mobility measures as countries fall short of target[N]. University World News, 2012.

[6] CHEPS, INCHER, ECOTEC. The First Decade of Working on the European Higher Education Area. The Bologna Process Independent Assessment [R]. Twente: Cheps, 2010.

[7] WESTERHEIJDEN D F, BEERKENS E. The Bologna Process Independent Assessment: The first decade of working on the European Higher Education Area -Volume 1 Detailed assessment report[R]. Austrian Federal Ministry of Science and Research, 2010.

[8] EHEA. Budapest- Vienna Declaration on the European Higher Education Area[R]. Budapest, Vienna: EHEA. 2010.

[9] EHEA. Making the Most of Our Potential: Consolidating the European Higher Education Area Bucharest Communiqué(Final Version)[R]. Bucharest: EHEA, 2012.

[10] EHEA. The Bologna Declaration of 19 June 1999- Joint declaration of the European Ministers of Education[R]. Emilia-Romagna: EHEA, 1999.

[11] EHEA. The Bologna Process 2020 -The European Higher Education Area in the new decade Communiqué of the Conference of European Ministers Responsible for Higher Education[R]. Leuven, Louvain-la-Neuve: EHEA, 2009.

[12] EHEA. Towards The European Higher Education Area-Communiqué of the meeting of European Ministers in charge of Higher Education[R]. Praque: EHEA, 2001.

[13] EHEA. London Communiqué–Towards the European Higher Education Area: responding to challenges in a globalised world[R]. London: EHEA, 2007.

[14] EHEA. Realising the European Higher Education Area–Communiqué of the Conference of Ministers Responsible for Higher Education[R]. Berlin: EHEA, 2003.

[15] EHEA. The European Higher Education Area –Achieving the Goals–Communiqué of the Conference of European Ministers Responsible for Higher Education[R]. Bergen: EHEA, 2005.

[16] ENQA. Standards and Guidelines for Quality Assurance in the European Higher Education Area[R]. ENQA, 2005.

[17] European Commission. The European Higher Education Area in 2012: Bologna Process Implementation Report[R]. Education, Audiovisual and Culture Executive Agency, 2012.

[18] European Commission. The Role of the Universities in The Europe of Knowledge[R]. Brussels: Communication from the European Commission, 2003.

[19] European Universities – Looking forward with confidence[R]. EUA Prague Declaration, 2009.

[20] BLOED B J. Funding Higher Education: Options, Trade–offs and Dilemmas. Paper for Fulbright Brainstorms–New Trends in Higher Education[R]. University of Twente. Netherlands, 2004.

[21] RODRIGUES M. Determinants and Impacts of Student Mobility: A Literature Review[R]. Luxembourg: Publications Office of the European Union. 2012.

[22] OECD. Education at a Glance 2011[R]. Paris: OECD, 2011.

[23] JUNOR S, USHER A. Student Mobility and Credit Transfer: A National and Global Survey[R]. The Educational Policy Institute, 2008.

[24] TEICHLER U. Student Mobility and Staff Mobility in the European Higher Education Area Beyond 2010[R]. The European Higher Education Area: Perspectives on a Moving Target. Scnsc Publishers, 2009.

[25] The Sussex Centre for Migration Research, University of Sussex, University of Dundee. International student mobility [R]. Education Journal Document: EU Integrated Action programme, 2004.

[26] TEICHLER U, FERENCZ I, WÄCHTER B, Mapping mobility in

European higher education Volume I: Overview and trends[R]. The Directorate General for Education and Culture of the European Commission. 2011.

[27] UNESCO, International Standard Classification of Education[R]. Paris: UNESCO, 2007.

[28] WINCKLER Q. TRENDS V and its consequences for institutions. EUA statement on the Bologna Proess[R]. London Ministerial meeting, 2007.